文化研究丛书（第二辑）

从道教到爱因斯坦

——中日思想“气”与“理”概述

［瑞典］奥洛夫·李丁　著
张文　译

河南大学出版社
中国·郑州

FROM TAOISM TO EINSTEIN
KI AND *RI* IN CHINESE AND JAPANESE THOUGHT

By Olof G. Lidin

First published in 2006 by

GLOBAL ORIENTAL LTD
PO Box 219
Folkestone
Kent CT20 2WP

www.globaloriental.co.uk

British Library Cataloguing in Publication Data
A CIP catalogue entry for this book is available
From the British Library

ISBN 1-901903-78-8
978-1-901903-78-2

图书在版编目(CIP)数据

从道教到爱因斯坦:中日思想“气”与“理”概述/[瑞典]奥洛夫·李丁著;张文译. 一郑州:河南大学出版社,2015. 4

ISBN 978-7-5649-1948-1

Ⅰ. ①从… Ⅱ. ①李… ②张… ③张 Ⅲ. ①比较哲学—中国、日本 Ⅳ. ①B2 ②B313

中国版本图书馆 CIP 数据核字(2015)第 071272 号

First published 2006 by
GLOBAL ORIENTAL LTD
PO Box 219
Folkestone
Kent CT20 2WP

书　　名　从道教到爱因斯坦——中日思想“气”与“理”概述

著作责任者　〔瑞典〕奥洛夫·李丁　著
张文　译

责任编辑　杨风华

责任校对　木　易

封面设计　郭　灿

出版发行　河南大学出版社
地址:郑州市郑东新区商务外环中华大厦 2401 号　邮编:450046
电话:0371-86059701(营销部)　网址:www. hupress. com

排　版　郑州市今日文教印制有限公司

印　刷　河南省瑞光印务股份有限公司

版　次　2016 年 1 月第 1 版　**印　次**　2016 年 1 月第 1 次印刷

开　本　787mm×1092mm　1/16　**印　张**　13

字　数　211 千字　**定　价**　26.00 元

目 录

丛书总序

——国外文化研究的理论路径和研究趋向值得关注

早在20世纪70年代，佩里·安德森在《西方马克思主义探讨》一书中就指出，西方马克思主义理论和经典马克思主义理论的不同就在于，它把研究的重心越来越转向了文化和意识形态问题研究他们把理论批判的锋芒指向了第二国际的马克思主义理论。通过这种批判，他们建构了一种文化哲学形态的马克思主义哲学理论体系，并将哲学研究的主题转向了文化和意识形态问题研究。

"二战"后，由于科学技术的迅猛发展，极大地提高了生产力，社会物质财富迅速增加，工人阶级的工作条件和物质生活水平都有较大的改善和提高，西方社会结构出现了分化，出现了蓝领工人和白领工人之分。工人阶级和整个社会在资本主义的高生产、高工资和高消费的引导下，朝着消费主义的方向发展，产生了非政治化的倾向。对于这一现象，马尔库塞在《单向度的人》一书中指出，发达资本主义社会由于科学技术的进步呈现出了两种发展趋势，一方面由于技术的进步带来了物质财富的增加和人们物质生活水平的提高；另一方面则是社会对人的控制不断加强，人们丧失了内心的真实需求、批判和否定能力，成为只知道追求物质商品享受的"单向度的人"，整个社会则成为无对立面的社会。可以说当代西方社会对人、人性的压抑在深度和广度上已经到了无以复加的程度，法兰克福学派在此基础上提出了他们的"支配理论"。法兰克福学派指出，在资产阶级意识形态和大众文化的双重作用下，当代西方人被以广告等大众媒体为主导的大众文化不断制造的"虚假需求"所控制和支配，进而把生存的全部希望和热情放在追求物质商品消费上，同时人们的这种对物质商品的追求并非是自愿的，而是为了满足资本追求利润的需要，由社会制造出来的“虚假需求”。更为可悲的是，当代西方人对这种异化的状态不仅不反抗，反而还沉溺于预期之中，这突出地表现在当代西方社会盛行的消费主义文化和消费主义生存方式中。对此，生态学马克思主义认为，这正是当代资本主义新型的统治方式。当代西方资产阶级统治的合法性就是通过向人们许诺提供越来越多、越来越新的商品实现的。但是，生态系统的有限性必然使这些许诺最终落空，生态学马克思主义称之为“期望破灭的辩证法”，这一辩证法促使人们反思消费主义生存方式的危害，使人从被商品的牵引中摆脱出来。针对当代西方资本主义社会的上述变化，霍克海默、阿多诺在《启蒙的辩证法》一书中，集中批判了“启蒙理性”。他们认为，正是由于“启蒙理性”使得技术合理性思想盛行于西方，从而使得曾经是使人们从神话的束缚中摆脱出来的“启蒙理性”变成了极权主义的神话，并造就了完全充当当代西方社会统治工具的“文化工业”；生态学马克思主义理论家威廉·莱易斯在《自然的控制》一书中则考察了西方“控制自然”的哲学世界观的发展及其当代危害；此外，阿尔都塞、弗洛姆则详细研究了西方资产阶级是如何使资产阶级意识形态转变为大众的社会心理的。可以说，这些理论路径和研究趋向直接导致日后文化哲学和“文化热”的兴起。

西方马克思主义和“新马克思主义”者们朝文化哲学的转向具有深刻的社会及文化根源。首先，西方马克思主义文化哲学的转向和20世纪西方哲学运动之间存在着密切的联系。其次，西方马克思主义文化哲学的转向也和马克思主义哲学发展过程中内部的谱系密切相关。西方马克思主义文化哲学的转向实际在某种意义上就是突破知识论谱系的马克思主义解读模式，承接马克思主义文化哲学传统的必然结果。另外，西方马克思主义理论家所处的历史文化传统对西方马克思主义文化哲学转向起了很大的作用。早期西方马克思主义理论家则是把这种历史主义的文化哲学同马克思早期的思想学说结合起来，对当代资本主义社会进行文化和意识形态批判。而法兰克福学派则是在西方古典人道主义的理论趣旨的引导下，结合弗洛伊德的精神分析学、青年马克思和卢卡奇的批判理论，建构出他们的社会批判理论。

不过，从伯明翰学派诞生以降，这种转向又有了新的发展趋向，特别是活跃在欧美理论界的“新马克思主义”者们一直与20世纪整个社会历史进程同呼吸、共命运，关注着人类的精神状况和文化境遇，关注着发达社会条件下人的解放和自由。而这些正是20世纪人类社会演进的核心问题。如果说早期西方马克思主义者们更多的是关心“文化革命”，那么“新马克思主义”者们更多的是关心“文化批判”，包括意识形态批判、技术理性批判、大众文化批判、性格结构与心理机制批判、现代国家批判、现代性批判等等。由于他们的研究紧贴社会实际，因此新一代的学者们的研究领域已不仅仅局限在哲学、社会学、美学或文学艺术，电影、电视、新闻、广告、互联网、流行音乐乃至语言、时尚、习俗、信仰……文化生活的各个领域都留下了他们的声音。总之，从美学的革命、从审美乌托邦向更广阔的文化领域的转向，确实是20世纪后期西方马克思主义理论研究者们的一个共同点。20世纪90年代以来，这些“新马克思主义”者们更加潜心于研究现实生活问题。他们的研究动向值得我们密切关注。因为，他们抓住了当今人类精神生活的各个领域的核心范畴，他们的研究为我们全面理解20世纪后期至当今全球性文化危机和文化批判理论提供一个有价值的范例。

如今，在全球范围内活跃的一些西方马克思主义理论家、欧美新左派中已经产生了一大批国际著名学者，他们的研究成果几乎涵盖了文化领域的各种问题，这些研究对我国知识界产生了广泛的影响。我们知道，文化研究在西方被作为一个准学科，有具体所指，包括文化诗学、文化批评，还有文化唯物主义等等。这种新理论的特点首先是对于文本中心主义的超越。在21世纪西方理论界，文本中心主义与形式研究盛行了相当长的时期，作为对此的一种反驳、改造和容纳，文化研究应运而生。但是，文化研究一方面是对20世纪文本中心的反驳，另一方面又是对20世纪60年代以来的理论成果进行保留、改造后的新理论。同时它也是对学术中心主义的改造与超越。西方长期以来学术化、专门化的发展方向在20世纪90年代走向文化研究时，实际上已从学术中心主义转向政治思想、政治文化。

近20多年来，我国学术界围绕文化研究的历史、特征，特别是西方马克思主义文化研究的理论路径展开了深入的探讨。通过研究、讨论，学术界的基本共识是：文化研究是探讨普遍社会问题的特殊途径，而不是属于少数人的或专门化的研究领域。文化是不同群体或民族乃至国家的象征行为的空间，文化研究必须考虑各个社会群体之间的关系。中国理论界也普遍接受哈贝马斯的观点,认为各群体之间总是存在着某种张力,既相互排斥又相互吸引。孤立的文化是不存在的。我们今天从事文化研究应强调当前所在的语境,要从世界格局和地缘政治及文化关系来考虑问题,必须关注社会文本与国际化的大背景。理论界已经意识到,在我们今天的理论视野中,文化研究已经不是对精英文化的研究,而是特指当今西方(主要是英语世界)的一种反精英意识的文化理论思潮和研究方法。文化研究有着鲜明的反建制和反理论倾向,并有着跨学科研究的特色。虽然文化研究至今仍是一门界定含糊的准学科批评话语,它虽有着强烈的批判精神。尽管它的政治性并不能达到对文学艺术现象的美学批评和分析,但作为一门正在形成中的准学科,文化研究的这些局限已经得到一些著名学者和理论家的重视,他们中的一些有着良好文学修养和理论功力的人正试图把文学研究的范围扩大,使之置于一个广阔的文化语境下得到观照。

当然,20 世纪 90 年代在我国理论界兴起的"文化热",说到底是当今中国本土社会文化语境的产物,它也应当在自己的语境中形成自己的问题意识、价值取向与研究方法。西方文化批评,特别是西方马克思主义文化批评,作为一种批判话语,产生于西方的语境中,它的主流具有强烈的反思与批判西方资本主义现代性倾向;而在中国,由于社会环境的不同,我们不能原样照搬。中西方文化背景既有相似也有错位,理论界普遍意识到了,要在这种复杂的环境下,建构我们自己的文化研究与文化批评,意义与难度同样巨大。同时,理论界还注意到了中国文学研究中的文化研究方法的适用性。有学者结合新文学的发展指出,新文学是在新文化运动中产生的,现在看来,新文化运动的中心就是文学革命。中国古代文学与艺术的特征是社会意识和个人意识分离,它受到传统的政治体制、意识形态的压制,停留在个体才能或私人情感单向交流的层面。这样的文学不具有整体的社会性,用现在的话说,不是国民文学,而是知识分子这个特殊阶层的文学。"五四"时期的新文化运动把个体人和整体社会结合在一起,感受的是整体的社会,形成了朦胧的、不自觉的公民意识。这样,他们的文学活动就和他们的公民意识紧紧结合起来,在独立知识分子中产生了个人与社会沟通的文学。但是这种文学受到两方面的压制:一是大众的功利主义的阅读态度;另一个是政治权力,现代文学就是夹在两者之间。文学界最近的研究吸收了文化研究的方法,解决了一些过去很难解决或不被重视的问题。这种研究在现当代文学研究中产生了有意义的影响，扩大了文学研究的空间。

同时我们也得承认，对“新马克思主义”者们的研究成果，有些我们已经了解，有些还比较陌生。我们知道，文化研究的重要奠基者、伯明翰学派的代表雷蒙德·威廉斯的《关键词》一书与词典的本质差别在于对词汇“内在关联性”的重视。为了呈现这种关联性，威廉斯精心编排词汇，在按照字母排序的同时用“互相参照”的方式提醒读者注意词汇重要的关联，即在阐释词条时威廉斯有意识地将词语与其相关词语进行比照，并把该词放到不同观点中进行展示。与此同时，他在词条后列出“参照”词汇，这种回到词语使用的情境和与其他词语相互对应的特点，极大地影响了他那个时代之后的文化研究。很多学术后人继承了他的研究方法和理论路径。其中安德鲁·埃德加和彼得·塞奇威克著《文化理论：关键概念》正是威廉斯的研究方法和理论路径的延续，是一部不可多得的工具书。由于文化研究的综合性特点，也由于我们的知识储备的局限，在文化研究中，我们经常会面对诸多所谓核心话题感到茫然不知所措。西蒙·杜林著《文化研究：批评导论》正是由一系列关于这门学科核心话题的短文组成，从电视到多元文化主义，从文化遗产到酷儿政治，作者几乎都有所论述。我们当今生活中的手机、笔记本电脑、掌上电脑……这些快捷的信息和交流技术，领先其他所有相关技术，加速了21世纪的生活节奏，增加了人们的期望值，也使家庭和私人生活作为安全的避风港最终破灭。这些现代化工具抢占我们的时间，迫使我们无论什么时候、无论处于什么地点都要成为工作的奴隶，本·阿格与贝丝·安妮·谢尔顿在《快速家庭，虚拟孩子》中这些所谓当代社会病给予了猛烈的批判。在西方，牛顿和笛卡尔出现后，21世纪的科学家们接踵而至。与“天”相关的真理被抛弃，只有相对知识被保留下来。许多关于物质世界的全新发现相继出现，思想家们在这些新发现面前成了怀疑论者和无神论者。宇宙成了无需造物主和精神观念的进化物。科学作为新的标志代替了东方“天”的地位，同时也取代了西方上帝的位置。这个知识系统在未来应该是怎样的呢？奥洛夫·李丁著《从道教到爱因斯坦》给了我们一个别样的哲学解读……这些也是本丛书奉献给读者们的“热点”和“看点”。

不难看出，与20乃至30多年前的文化研究迥然不同的是，当今欧美学者的文化研究已经超越了经院哲学式的研究方法。他们不再把文化研究仅仅看作是一种研究方法或研究形式，更脱离了无休止的概念界定的窠臼。正如本·阿格在《作为批评理论的文化研究》中所提出，文化研究的中心见解之一就是没有单一的文化研究形式。在某种意义上，没有程序化的文化研究，没有固定的方法论和明确的批评话题。高雅文化和流行文化的区别日渐削减的晚期资本主义社会里文化无处不在。因此，文化研究拒绝对其关注的文化产品经典化，从科学到科幻，没有经典，只有异质文化形态。这股强大的力量能够帮助扭转把文化研究变成一门独立于其他学科的学科趋势。去经典、去学科、去单一的文化研究方法与模式，同时去挑战忽视其他文化形式存在的主流文化，恰恰是本·阿格等学者竭力倡导的研究路径，这个研究路径值得中国学术界关注。这种看似激进的研究路径并不是说文化研究只探询文化的差异，不再关心文化的共性，恰恰相反，他强调的只是文化研究"没有先决的方法论"，他显然已经预料到会有人指责说文化研究只不过是一种没有严格理由的文化阐释混杂方式。但他更希望人们认识到，文化研究的学院化能使文化研究致命地偏离政治参与，这是他所不愿意看到的。本·阿格无意于讨论什么是文化这样一个亘古的、带有经院哲学意味的古老话题，而是通过梳理文化研究中应当关注的各种共性问题，全面论述了什么是文化研究这个核心问题。

呈现在读者面前的《文化研究丛书》(第二辑)中的著作，虽研究视阈有所不同，但大都体现出去经典、去学科、去单一的文化研究的理论路径和研究方法。愿这套丛书为国内学术界打开另一扇新的窗口。

丛书总编写在《文化研究丛书》(第二辑)付梓之际

谨将此书献给

阿里尔德、比约克、埃尔维拉和塞尔达

阴阳图可追溯至上古时期(周朝以前)。它体现了古代中国对于世界的认知。外圆象征“万物”,而其中的黑白则象征两种能量的作用关系,谓之阴(黑色部分)与阳(白色部分),阴阳生万物。阴阳之意义在于黑白相融相生、相辅相成,这在现实生活之中亦是如此。

致　谢

在从事一项长达数十载而非寥寥数年的研究时，除了书本和图书馆外，研究者必然还会得到许多其他援助。来自至少三个大洲的众多学者和同事给予了我研究的灵感。因其数量之多，在此我不一一列举他们的姓名，而是列举一些在我工作中给予我大力支持的高校和机构。在我离开斯德哥尔摩大学和我的老师高本汉教授之后，加州大学伯克利分校的唐纳德·夏夫利教授首先为我打开了大门。接下来，我接受哥本哈根大学汉学家易家乐教授的邀请开始了一项有关日本的项目。从哥本哈根大学退休后，图宾根大学、柏林洪堡大学为我提供了办公室和图书馆资源。该书就是在这些机构和教授、学者的帮助下完成的结晶之作。此外，在东京我还受到了日本东京大学、东海大学以及国际日本文化研究中心的热情接待。在此我要特别感谢东京的视觉系乐队经纪公司和平山孝志，他们在我驻日期间一直为我提供办公室设施，同时也特别感谢我的助手们，东京的双海、柏林的米沢等。最后，我由衷地感谢我的妻子，她总是以无限的耐心伴随左右。

序

"气"的哲学概念首先出现，数千年来它一直贯穿于中国哲学之中。"理"的哲学概念出现于宋朝。在宋朝(960－1279)、明朝(1368－1644)和清朝(1644－1911)，"气"和"理"成为中国信仰的支柱和核心。

我们不妨将"气"的概念和欧洲哲学做一个比较。在中国，"气"的思想始于"元气"。"元气"为世间万物的始原，该思想从整体出发。然而恰恰相反的是在希腊，随后在欧洲，相关的思想则从宇宙的独立单位——原子出发，以此来探寻真理。真理因此存在于部分之中。由此可见，东西方传统都信奉一种早期的"理论"——东方的"元气论"和西方的"原子论"。

这两种理论的方法有所不同，哲学范畴亦不相同。东方的理论被称为"有机主义"，西方的理论则被称为"唯物主义"。① 由于哲学需要在范畴上进行分门别类，因此数千年以来的东西哲学在根本上有所不同，并且它们的现代化进程也可能因此不同。东方和西方：东方哲学有机论持续发展，西方哲学唯物论不断进步；东方哲学注重整体，西方哲学注重部分；东方哲学家强调有机整体，西方思想家深入研究部分，最终形成了现代的微小粒子研究；当中国日益漠视原子研究时，欧洲也逐渐丧失了以广阔眼光看待天地的兴趣。

《易经》，简称《易》，著于公元前1000年左右，是中国第一部经典著作。"气"的哲学概念最初出现于《易经》中，不同时期的哲学家相

① 本书后文中提到的"物质主义"指现代(西方社会)物质主义，不具有形而上学意义。

继以该著作为参考。①《易经》中有关"气"之变化的思想与早期道家著作《道德经》中的道教思想相似。②"气"的概念在《易经》中零散不成体系,而《道德经》则相当系统地呈现了"气"这一哲学概念。因此,尽管佛教由国外传入中国,但它对于建立新儒家思想起了重要作用。"气"是最原始的物质,它是构成一切事物的本原且植根于自然宗教、祖先祭拜以及精神崇拜之中。③

自从"气"在《易经》和《道德经》中出现以后,长期以来它一直出现于儒学中。中国人出于民族自豪感总是有意无意地指出"气"始于古代中国。然而值得注意的是,新儒学的倡导者并非只拥有本国背景,同时还拥有佛教背景。所有的新儒学倡导者,包括最著名的朱熹,在集成和创立新儒学前,都一直致力于佛教和道教研究。

作为"三教"即佛教、儒教、道教之一的佛教仍然保持其自身传统。④佛经的中文译本依傍于道家词汇。因此从很大程度上来说,佛教成为一种中国宗教。

中国的宇宙论最终形成于汉朝(公元前 206—公元 220)。以万年变化为名,宇宙轴心持续经历演变。"气"作为一种物质能量,是宇宙宏观世界和自然微观世界的本源,使得万物和谐有序。"气"可分为自然物质之气、生命生理之气和人文精神之气三个层面。"气"不断变化,使得来去事物合而有形。因而出现了万物有生命的论说。

如果说除了"气"的概念之外,还存在着另一个贯穿中国哲学的

---

① 参见 J. Legge 的著作 *The Yi King*,卷十六"The Sacred Books of the East"(1879)和 R. Wihelm 翻译的 *The I Ching*(1967,原书为德文版)。对《易经》的简短介绍参见 S. L. Field 的著作 *Great Thinkers of the Eastern World*(1995),第 60—66 页。

② 《道德经》是一部面向所有人的古代经典。在书中,事事无确定。参见 U. K. Le Guin 的著作 *Lao Tzu Tao Te Ching: A Book about the Way and the Power of the Way*,第 ix 页。

③ 参见 B. I. Schwartz 的著作 *The World of Thought in Ancient China*,第 16—39 页。

④ 西方将始于孔子 Confucius 的中国思想传统命名为"Confucianism"。中国思想传统穿越世纪,其中包括自十一世纪起成为显学的宋朝传统。宋朝思想关乎伦理,带有更多形而上学色彩,成为历史最悠久的世界传统之一。参见 J. Ching 的著作 *Confucianism & Christianity*,第 7—12 页。A. C. Graham 指出儒道文化的区别在于道家文化代表中国社会中一切自发的、想象的、不同寻常的事物,而儒家文化代表克制的、务实的、公开的、正统的事物,参见 A. C. Graham 的著作 *The Book of Lieh-tzu*,第 9 页。

概念,那么它便是“道”。①它不仅是道家的关键字,也是儒家及其之后的法家和中国其他哲学思想的关键字。在欧洲现代思想里,“道”几乎已经被人遗忘。几世纪以来所有的经典都曾指出“道”最初指引着“气”形成于宇宙之中,这一切又成形于“礼”之中。“礼”被视为一种“自然法则”,它反映着天道。

“道”处处体现于宋朝宇宙学的“理”之中。因此“道”和“理”常常合在一起被称为“道理”。“天”居于“道”和“理”之上,是“道”和“理”的起源。因此,“天理”这一形而上学概念与佛教中“天”的概念类似,有助于培养智慧和贤明。

“气”和“理”的概念在每个时期都得以重复,并且每次重复都万变不离其宗。直到现代人们才将这两个概念与西方哲学联系在一起。本研究旨在陈述“气”和“理”这两个重要概念,以及它们在丰富悠久的儒家传统文化中一直所占有的中心地位。

本书语言简洁,通俗易懂,主要面向非专业人士。内容按时代划分,将三千多年的悠久传统“串为一线”,简明扼要。

本研究分为三个独立部分,三部分之间又相互联系。第一部分描述“气”和“理”这两大哲学思想在中国的形成和发展。第二部分陈述1600年至1868年间日本江户时代的儒学发展。第三部分以总结东西方和当今世界的形势结束本书。

由于传统具有持续重复性,因此本书陈述亦是如此。思想家们历来崇尚圣贤这一共同传统使得这种重复顺理成章。历代西方哲学中丰富多变的辩证法却在中国思想中无处可寻,研究因此显得略不吸引人但却因而相对容易。人们可以在一定范围之内努力适应一项很少涉足的未知领域的传统。道家为左派,儒家为中间派,法家为右派。哲学家们在此范围内,将道家思想、儒家思想以及法家思想分别与个人生活、社会生活以及政治生活联系在一起。一天之内,法家思想可现于官场,儒家思想可现于社会,道家思想可现于诗歌之中。这些都各有其范围。尽管在西方,从最初的希腊原子论到现代唯物论,其界限一直在不断变化,然而在东方相关模式一直都没有发生变化,即使知识分子已经接受了西方唯物论。

① “道”、“天”、“地”在儒家思想中占中心地位,因此英译词“Way”、“Heaven”、“Earth”的首字母都需大写。在中国文化中,名于姓后。本书中提及的著名学者姓名在首次出现时以完整姓名形式出现,之后仅以名出现在书中。

作者认为即使有时推理过程会显得错综复杂，但是没有必要将陈述也同样复杂化。简单事物可以简单表达，复杂事物也可以相对简单化。

中国和日本的儒学家构成有文化有道德的社会精英团体，然而却存在着一个明显的不同之处：大多数中国儒学家在其研究之后都进入官场开始从政，参与国家管理。而日本儒学家却很少从政，他们多在社会下层发挥作用。因此与日本儒学家相比，中国儒学家对于国家而言具有更重大的意义。在日本，识字的儒学家希望自己的社会地位高于普通人，因此他们显得相对清高。日本的儒学家大多来自武士阶层的下层，常常是浪人①或是医生之子，其国家俸禄相对较少。他们被称为社会的闲置阶层。②

本研究涉及三千多年的历史，相关资料非常丰富，因此难以整理。中国和日本著作数量众多，西方资料来源也极为丰富。在孔子之后，一批又一批的思想家不断涌现，他们撰写了大量关于中国哲学的著作，这些著作首先出现在中国，随后又出现在朝鲜和日本。因此博览所有著作于我而言为不可能之事。近几个世纪以来，许多描写中国思想的西方文学也不断涌现。因此我们必须选择相关文献，有所选择地阅读。本研究参考了相关著作，间或对部分著作进行翻译，并且借助二次文献，同时也深受中国和日本优秀专家们的启迪。阅读这些伟大思想家的经典著作使人备受启发，受益匪浅。

---

① 译者注：浪人指到处流浪、居无定所的日本穷困武士。

② 参见 H. Ooms 的著作 *Tokugawa Ideology*，第 208 页。

中国和日本的历朝历代

中国

远古时代：
三皇五帝(黄帝、颛顼、帝喾、尧、舜)

古代中国：
夏朝（神话纪元）
商朝（约公元前1600—前1046）
周朝（公元前1046—前256）

中国王朝：
秦朝(公元前221—前206)
汉朝(公元前206—公元220)
三国时期(220—280)
两晋南北朝(民族分裂,约265—589)
隋朝(581—618)
唐朝(618—907)
五代十国(907—960)
宋朝(960—1279)
元朝(1279—1368)
明朝(1368—1644)

清朝(1644—1911)

中华民国(1912—1949)

中华人民共和国(1949—)

日本

绳纹时代(约公元前 10000—公元前 300)

弥生时代(约公元前 300—公元 300)

古坟时代(约公元 300—公元 600)

飞鸟时代(592—710)

奈良时代(710—794)

平安时代(784—1192)

镰仓时代(1185—1333)

室町时代(1338—1573)

江户时代(1603—1867)

日本近现代(明治、大正、昭和、平成)(1868—)

第一部分　新儒学理气论概述

引　　言

新儒家思想在刚传入日本时，人们对其认识尚不清晰。但是在朱熹(1130～1200)离世后不久，人们对它有了清楚的认识。① 来访中国的日本禅僧们不仅学习中国儒学家②进行“禅坐”(即坐着冥想)，而且学习“静坐”。③他们开始对当时刚出现的儒家思想产生了兴趣，甚至在打坐期间也专心致志地学习儒家形而上学体系。对此临济寺禅院的禅宗住持曾抱怨禅院里学习哲学的学生过多，打坐的学生却太少了。然而在镰仓时代和室町时代(约 1200～1600)，那些真正的禅僧们似乎不再以学习新儒家思想为主，新儒学退居到边缘地位。

在镰仓时代和室町时代的四百年间④，人们的兴趣主要在禅教及其相关文化上。禅僧们对新儒学逐渐产生了兴趣。他们融合了儒

① 有关中国新儒家思想的起源，参见冯友兰的文章“The Rise of Neo－Confucianism and Its Borrowings from Buddhism and Taoism”，发表于 *Harvard Journal of Asiatic Studies* 卷七(1942－1943)，第 89－125 页。

② 有关“禅坐”，参见 T. Okada 的著作 *Zazen To Seiza* 和 R. L. Taylor 的著作 *The Confucian Way of Contemplation, Okada Takehiko and the Tradition of Quiet Sitting*。

③ 僧侣 Shunjo 和 Enji 分别于 1211 年和 1241 年离开中国返回日本，带回朱熹的著作。日本首先介绍了朱熹思想，韩国继之。参见 Y. Abe 的文章“Development of Neo－Confucianism in Japan and Korea: A Comparative Study”，发表于 *Acta Asiatica*，卷十九(1970)，第 17 页。

④ H. Ooms 将这个时期延长为 500 年，参见 *Journal of Japanese Studies*，第 444 页。

学和佛教，即佛儒合一，甚至还使神道、儒学以及佛教相融合，即神儒佛合一。无论如何，新儒学在当时并非孤立存在。

(新)儒学在镰仓时代和室町时代引起了人们的兴趣。北畠亲房(1293－1354)在撰写《神皇正统记》时深受朱熹影响。该书以儒家经典为中心内容，完稿于1339年。1558年，武田信玄遵循了书中的九十九条训诫。南浦文之(1555－1620)一直在京都五山的寺庙里学习新儒学并且在萨摩藩发展了萨南学派①从而肯定了朱熹的诠释。禅僧桂庵玄树(1427－1508)在1448年(或1449年)来到土佐，创建土佐派(所谓南学派)，并且于1481年发表朱熹的《大学章句》。室町时代以文化兼容并蓄而闻名。儒学和佛学之间没有分明的界限。例如岛津忠良(1492－1568)以三教合一而为人所知。此外，早期京都的从政学者也对新儒学颇感兴趣。②

江户时代初期出现了第一批离开临济寺的僧侣，他们以儒家自居。这批学者冲破佛禅合并的体系，甚至常常否定佛教，开始宣讲儒家教条。他们更多地学习神明教义而非佛教，因此他们的儒家教条具有日本民族特性。佛祖被孔子所取代。此后儒学，更确切地说新儒学有了自己独立的地位，一些思想术语也随之出现了很大的改动。③ 1603年开始了新的纪元——江户时代，新儒学的独立地位从此得以确立。

从传统意义上说，藤原惺窝(1561－1619)和林罗山(1583－1657)被称为日本新儒学时代的先驱。④他们放弃佛教是出于信仰还是出于投机很难说清。藤原惺窝一直品行高尚，他的选择出于对宗教的虔诚信仰。而林罗山则可能是出于机会主义，他希望能够在幕府第一代将军德川家康(1542－1616，1603－1616在位)建立的新统治中崭露头角。藤原惺窝从未担任过任何官职。然而1607年，林罗山却欣然进入江户幕府。在江户时代期间(历经十二代)，他与德川家族联系密切。林氏家族成为朱子学承载者。即使新思想出现，

---

① 译者注：萨南学派指室町后期临济宗的僧侣，克行释奠(祭祀孔子的仪式)，讲授儒学。

② 包括Abe、Oe和Sugawara这些家庭。

③ 参见P. Nosco的著作*Remembering Paradise, Nativism and Nostalgia in Eighteen-Century Japan*，第33页。

④ 对中日新儒学的回顾，参见Wm. T. de Bary的文章“Sagehood as a Secular Ideal in Tokugawa Neo－Confucianism”，发表于*Principle and Practicality*，第127－188页。

林氏家族的中心地位也不会动摇。① “气”的概念与神道教关系之密切使得儒家之“理”和国教神道共存于儒学神道之中。继藤原惺窝和林罗山后，其他诸如中江藤树、山崎暗斋和山鹿素行等儒家学们继续研究儒学神道。

一、新儒学思想之理学

如何用一种简单的方式来阐明新儒学思想之理学的概念？我们可以将“理”形象化为上天指定给世间的总“线路系统”。“天理”即“天的构成要素”，“天理”可以使人们感受到天和地之间的密切关系。② 人们发现“天理”的说法近似于“天道”。仅有“理”是不够的。“气”犹如“电流”，使整个电网得以运行。③ 因此若无“气”这一“电流”，“线路系统”也就失去意义了。在整个电网中，“气”是一种搏动的能量，世间奇迹都以电网为基础。

三浦梅园（1723－1789）用了树枝和田沟这两个比喻对“理”作了解释。“理”是树木的叶脉，也是田间的水渠：

> 何为此构成要素之用途？“理”乃载“气”之物，使“气”具形，故树木有形。同理，水灌于田，须开凿得渠。渠（“理”）乃水（“气”）之必经之路，所及之处分流数以千计。然保留此渠，纵使稻田无数，水亦能顺渠灌田，故稻尖尽显生机。同理，气象游走东西，日月各行其道，河溪潺潺而流，筝飞而鱼跃：皆因万物之能量（“气”）遵其各“理”。④

另有一相似表达：

> 田间须以渠载水。渠乃水之“理”。“理”不断分支，从千至

① 参见 R. Tsunoda 等编写的 *Sources of Japanese Tradition*，第 335－352 页。

② 朱熹认为“天即理”，人们必须牢记在儒家思想中，“天”是最高际也是底线。

③ 参见冯友兰的《中国哲学之精神》，第 185－189 页。

④ 参见 Miura Baien 致 Taga Bokkyo 的信，发表于 *MN*，卷二十，第 429 页。

万，然因存“理”，纵使稻田无数，水亦能循“理”灌及上万稻叶，直至谷末。①

现代的比喻则是将“理”喻为纵横交错的公路。“理”为道路，“气”为流动的车辆。

深远悠久的新儒学传统可能给予了“理”最好的阐释。三浦梅园是十八世纪日本新儒家思想的著名倡导者之一。这些比喻反映了人们看到了一个将万物统一于规范系统的世界，该系统将所有有机分散的“气”结合了起来。②

其他的比喻则将“气”比作流经“理”动脉的血液，直到流入最远最小的毛细血管。③“理”是稳定的基因，赋予“气”这种可变物质能量以形。“理”亦被视为宇宙经纬线。④

我们可以将朱熹的观点即世界处于有目的的变化之中的观点加入到这些整体性的比喻之中。世界不仅是一个统一理性的世界，它还超越历史构成万物，充满逻辑，合乎道德，它还是万物繁衍再生的有机整体。新儒家宇宙论不断地提到有机物生长这一比喻。程颐认为“理”就如一棵三百英尺高的大树，从它的树根到枝叶构成一个连续性整体。朱熹则提到成千树枝和无数树叶。也有一个类似的说法，即一个家族通过一代又一代不断地得以扩大。这也是一个很好的比喻，因为它就像田间的水渠一样表现出一个关系网：家长和孩子在一条线上，一代人养育一代人。在西方也有极其相似的类比。我们可以在《圣经》中找到生命树，也可以在希腊文学以及莎士比亚的著作中找到有关家族的比喻。⑤

---

① 参见 R. Mercer 翻译的 Miura Baien 致 Taga Bokkyo 的信，发表于 *Deep Words*，第 161 页。

② 类似于西方爱因斯坦的“统一场”。

③ Miura Bainen 使用同一比喻，认为人体静脉是精力和血液的承载者。参见 Miura Baien 致 Taga Bokkyo 的信，发表于 *MN*，卷二十，第 429 页。

④ 参见 G. K. Piovesana 的著作 *Miura Baien 1723－1789*，第 411 页。

⑤ 参见 D. J. Munro 的著作 *Individualism and Holism: Studies in Confucian and Taoist Values*，第 259－291 页。

二、"理"之研究

理学可以被视为一种建于人类推理能力之上的经验主义诠释。①人类可以明辨不同事物的规律,同时也可以发现宇宙的秩序结构。②不可毁灭的条理和规律被释为万物之"理",所有"理"都相应地与"天理"密切相关,"天理"是各理之父,是万物的根本源泉。"天理"是朱子学的核心概念。它是衡量万物的普遍标准,它使宇宙运行并以自然有序为其目的和意义。"理"在万物之上,又在万物之中。例如,"理"使人和马不仅在外形上相似,在心理上也十分类似。③而马之所以为马有其之"理",人之所以为人有其之"理"。④

因此,世界是无数"理"之原型。各种"理"则存在于"气"这一可变物质中。每一样事物都有其独一无二的特性。"理"的特质和"气"的存在使得事物归属于特定的种类,并依其潜能发挥作用。

正如冯友兰所说,"理"具有动词意义,它初指玉石雕琢抛光的过程。之后"理"具有更为广泛的意义,使得万物"井然有序"。朱熹和其他新儒家们认为"理"意味着体制。约瑟夫·布鲁斯将"理"译为"法则"。⑤威廉·霍铿指出"理"即"条理"和玉石中的裂痕,到后来"理"才指品德,其中以品德"仁"最为重要。⑥之后"理"喻指"天"无所不在的特性。从明朝开始,"理"回归至其最初意义,但依旧与"天"相关,即物质世界的格局。然而在现代,"理"不再与"天"相关,仅指物

---

① 有关"理"的讨论,参见 W. Peterson 的文章"Another Look at Ri",发表于 *The Bulletin of Sung-Yuan Studies*,卷十八(1986),第 13—31 页。

② 李约瑟同样认为"理"意味事物的内在组织,参见李约瑟的著作 *Science and Civilization in China II*,第 476 页、562—575 页。

③ 参见 C. Chang 的著作 *The Development of Neo—Confucian Thought*,第 257 页。

④ 参见 *Kinshiroku III*。

⑤ 参见冯友兰的著作 *The Philosophy of Chu Hsi*,第 7 页。

⑥ 参见 W. E. Hocking 的著作 *Chu Hsi's Theory of Knowledge*,第 113—115 页。

质的构成要素。①

“理”在世间无处不在，因此万物才能井然有序。“理”是一个有机整体，阴阳于此互补聚散。经典儒学中的“天道”和朱子学中的“天道理”皆是如此。②“天道理”给予“气”的结构和秩序以目的和形式。③有形的“气”与无形的“理”两者不可分割。无论有形无形，“理”存在于“气”中，“气”静而生阴，动而生阳。

阿部良夫指出：

> “根据朱熹的说法，即使非物质形式的‘理’是无形的，不能被感官所感知，它依然至关重要。若是人们否认假设之‘理’的存在，那么这个物质世界也将不复存在。世间万物皆有其自身规律和法则，正是这些规律和法则构成了事物本身。然而它们并非独立存在，而属于单一整体——太极。太极在世间万物④中皆有所体现。”⑤

太极成为“理”之最，即“准则中的准则”。它取代了泛神论中的神，自给自足，不言自明。“太极遍布四处，支配万物，包括心智，真理，万物之秩序、规律、法则……”⑥

因此普遍之“理”为个别之“理”的基础。世间的“理”在太极处合一，被定义为“万物的绳芯”以及“人类的道德秩序”。⑦

---

① 人们问第一批来到日本的传教士(例如 Francis Xiaver 和 Joao Fermandez)：什么是上帝？传教士们回答：我们知道一切事物都有开端(拉丁语为 Pricipio)。我们还知道事物开端并非由其本身创造，因此原则(Principle)赋予一切事物开端，这一原则无始无终，我们称之为“上帝”。注意拉丁语“Principio”表示开端和原则。在此，中国“理”的思想和基督教思想何其相近！

② “天道理”是指引宇宙的道德原则。

③ 张载认为宇宙是自发的“气”的有机体，朱熹则认为宇宙是“理”－“气”有机体，因此人们对宇宙的定义观点不一。无论如何，宇宙是一个自我形成和发展的有机体。参见李约瑟的著作 *Science and Civilization in China II*，第 472－485 页。

④ “ten thousand things”指宇宙万物。

⑤ 参见 Y. Abe 的文章“Development of Neo－Confucianism in Japan and Korea：A Comparative Study”，发表于 *Acta Asiatica*，卷十九(1970)，第 28 页。

⑥ 参见 W. T Chan 的著作 *Chu Hsi，Life and Thought*，第 110 页和 J. R. Levenson 的著作 *Confucian China and its Modern Fate*，第 66 页。

⑦ 参见 Y. Abe 的文章“Development of Neo－Confucianism in Japan and Korea：A Comparative Study”，发表于 *Acta Asiatica*，卷十九(1970)，第 28－29 页。

因此如同柏拉图世界中的理想形式，“理”的特点是永恒。“它们静止不动，固定不变。”①这种超现实的静止形象对世上各现象和概念产生了巨大影响。由于万物皆反映不变的天理，因此世上各现象也是理想化地静止着，所有改革都被视为异常。②

葛瑞汉和白诗朗指出：

> “完全认识‘理’这一法则是朱子学中培养自身道德的重要一步。由于事物和人类之‘理’无异，并且人类的‘理’与其本性相一致，对于事物和人类之‘理’的领会不过是一个自我实现的过程……”③

他们还指出：

> “世上万物皆有（被赋予）法则（理）。某种模式或者结构构成了某一事物本身。它决定了事物的形成、展现和运作：如果我们对事物的法则进行详尽研究，那么就会发现万物皆有其存在理由，有其遵循的规则。这就是法则的意义。”

所有个别法则最终等同于一条包罗万象的普遍法则，“天”、“令”和“道”不过是普遍法则的不同名称而已。自然顺序向理性顺序转变。

或者按照朱熹的观点，“每种事物皆有其存在的理由”和“其所应遵循的标准”。④

因此，“理”的存在使事物各循其道，即它们负有各自“义务”。⑤事物固有之“理”为有生命的和无生命的世间万物提供了正确的标准。在现代人们还可以说“理”是最小的细胞和亚原子粒子。这些都体现了太极本身！

不妨思考下这一问题：万物从“天”处获得了“理”，那么不受情感

① 参见 P. J. Ivanhoe 的著作 *Confucian Moral Self-Cultivation*，第 55 页。

② 参见 K. Armstrong 的著作 *A History of God*，第 46 页。

③ 参见 A. C. Graham 的著作 *The Book of Lieh-tzu*，第 53 页。

④ 参见 A. C. Graham 的著作 *Two Chinese Philosophers*，第 8—11 页。

⑤ 参见 C. O. Hucker 的著作 *China's Imperial Past*，第 92 页。

束缚的事物也有"理"吗？朱熹对此给出答案。他认为它们也有法则。比如船只能驶于水面而马车只能行于地面。

这就是朱熹的经验主义和普遍主义论。朱熹在《朱子语录》中指出每一样事物，哪怕是一棵草，或者一棵树，或者一只虫都天生具有"理"。①这种"理"的经验主义之说是从超自然的角度出发，这种思考方法要求每一件事物，即使微小到叶片，都能得到研究，从而获得启迪。

研究的必要基础存在于《大学》中。朱熹认为《大学》条理连贯，清楚易懂。

"欲治其国者，先齐其家；欲齐其家者，先修其身；欲修其身者，先正其心；欲正其心者，先诚其意；欲诚其意者，先致其知。致知，在格物。"(出自《大学》)

对事物的调查研究即"穷究事物的道理"，可被简称为"穷理"，而"研究事物，获得智慧"则可被称为"格物致知"。

程颐提出了"理"的思想和最高之理——"天理"的概念。他认为天下万物皆可以理照之，有物必有则，一物需有一理。他又进一步指出，"格"，至也，即为到达。物，犹事也。万物之中皆有"理"，到达该"理"即为"格物"。

朱熹接受程颐的理学，在《大学章句》中阐述他对"理"和"格物"的理解。《大学》这部书，并没有解释"致知格物"，因此朱子认为传文丢失，便自己进行补注。朱熹的注解成为经典著作《大学》的一部分。朱熹补充道：

> "所谓致知在格物者，言欲致吾之知，在即物而穷其理也。盖人心之灵莫不有知，而天下之物莫不有理，惟于理有未穷，故其知有不尽也。是以大学始教，必使学者即凡天下之物，莫不因其已知之理而益穷之，以求至乎其极。至于用力之久，而一旦豁然贯通焉，则众物之表里精粗无不到，而吾心之全体大用无不明矣。此谓物格，此谓知之至也。"②

① 朱熹的思想与 Lotus Sutra 的思想相近。

② 参见 D. K. Gardner 的译著 *Chu Hsi and Ta-hsueh*，第 104－105 页和著作 *Learning to be a Sage*，第 117－178 页。

在另一文中，朱熹说：

> “上而……下而至於一草、一木、一昆虫之微，亦各有理。一书不读，则阙了一书道理；一事不穷，则阙了一事道理；一物不格，则阙了一物道理。须着逐一件与它理会过。”①

关于“理”陈荣捷认为：

> “朱熹研究‘理’正是研究‘物’。因此‘理’的研究在经验主义世界里有其主要的事物。人们越是研究‘理’，便越少接触超世界和灵魂及神明的世界。无论传统研究或是道德研究，朱熹总是希望仅仅立足于人类世界这块大地之上。”②

外部研究应该与内部自我实现相关。朱熹认为内部与外部真理能够将天、地和人类联结在一起。③

因此，“穷理”并非机械衡量距离或者观测行星。“罪恶来自于测天却不知其心。”④研究应该充分意识到隐蔽的“天”的存在。测量和观察都应该使人理解生命整体并深受启发。“理”寓于万物之中，它不仅仅意味着知识。“格物”的真正目的是通过各“理”到达一“理”——“天理”。⑤ 研究各“理”固然重要，但是研究的目的是获得“天理”。这种最终理解可以被解释为“顿悟”或者“彻悟”。因此，当西方学者带着客观的科学理性论，即为了测量而测量，为了认知而观察的思想来到东方时，该理性论未被东方接受。在东方，人们习惯以道德的眼光和存在的“天理”来理解事物。

朱熹是如何将“理”与“道”联系在一起？我们可以看下《朱子语类》中的这一章节：

---

① 参见 W. T. Chan 的文章“The Ch'eng-Chu School of Early Ming”，发表于 Wm. T. de Berry 主编的 *Self and Society in Ming Thought*，第 34 页。

② 参见 Wm. T. de Berry 的著作 *Chu Hsi and New Confucianism*，第 54 页。

③ 见 W. T. Chan 的文章“The Ch'eng-Chu School of Early Ming”，发表于 Wm. T. de Berry 主编的 *Self and Society in Ming Thought*，第 91—93 页。

④ Ohashi Junzuo 引自 G. Wm. Knox 的文章“Ki, Ri and Ten”，发表于 *TASJ* 第 1 期(1892 年)，第 168 页。

⑤ 参见 Y. —s. Kim 的著作 *The Natural Philosophy of Chu Hsi(1130—1120)*，第 22 页。

问:“道与理如何分?”朱熹曰:“道便是路,理是那文理。”问:“如木理相似?”朱熹曰:“是。”问:“如此却似一般?”朱熹曰:“‘道’字包得大,理是‘道’字里面许多理脉。……‘道’字宏大,‘理’字精密。”

因此,朱熹将“理”视为事物的标准。没有物质就没有形式,没有形式就没有物质。“道”并非被“理”取代,而是因“理”而理性化。在带有超自然色彩的图腾柱上,线条下旋,自“天”,即其推动力,通过“冥”,即其天意,至“道”,即其标志,并且至“理”,赋予无数事物性质及方向。因此,形而上学的“天理”无处不在,超越形式。经典儒学在世俗层面上并未有所改变,而是在精神层面上发生了变化,简单的“天道”在此层面变为“天一道一理”。

因此朱熹将“理”、“天”和“道”等同起来,并且创立了“天一道一理”三位一体的思想,即将尘世万物之上的三概念合为一体。① “天”即“心”,“道”即其“途”,“理”是通过无数“静脉”贯穿万物分子和细胞的法则。因此该三位一体的思想与“仁”和“性”一起扩展,最后形成了“天一道一理一仁一性”的形而上学。“天”是控制高压(气)的北极星(理)。②

我们如何才能知道“理”的存在呢?我们可以心存怀疑。但是通过研究现象和形式,而非仅仅简单观看,我们可以推理出“理”的存在,因为任何现象都是以形式、顺序和目的为先决条件。③朱熹认为当人的头脑清楚时,人可以自然而然地看到事物中存在的各种各样的‘理’;反之,不能见“理”。④

早期的“理”和后期的“理”由秩序这一共同特性得以联系。因此“理”是创作过程的秩序原则。有序必有理。从物质意义上来说,之前人们将“序”释为“玉石中的条理”。之后“序”也有了形而上学的解释:“思想中的序,天地万物的序。”规则、意义、目的及和谐,即秩序!

如果阿弗烈·诺夫·怀海德(1861—1947)和朱熹处于同一时

---

① 三位一体在此指形而上与形而下与基督教三位一体相似。圣父=天,圣子=道,圣神=理。

② 参见 J. P. Bruce 的著作 *Chu Hsi and His Masters*,第 101 页、303 页和 306 页。

③ 参见 A. Chin and M. Freeman 的译著 *Tai Chen on Mencius*,第 69 页。

④ 参见 Y. S. Kim 的著作 *The Natural Philosophy of Chu Hsi(1130—1120)*,第 22 页。

代，那么他们应该可以互相理解。正如怀海德的有机哲学承认上帝的存在一样，朱熹的哲学亦强调“理”的存在。如果将以下章节中的“自然秩序”用“理”替代，我们可以发现这一章节和朱熹的观点无异：

> “一个偶尔展现自然同时使自然成序的现实世界并不存在。因为自然有序，所以才有现实世界。如果没有秩序，就没有世界。同样，因为有了世界，我们知道了秩序的存在。真实世界所呈现出的超自然状况中的有序和完善实体是一个必要的元素。”①

我们会问朱熹的儒家立场是否会使他承认上帝的存在。事实上，朱熹已经表态。他认为天不停运转，无处不在。有时有这样一种说法，在天上有一个人判决所有罪行。这无疑是错误的。但是若说天不存在秩序（法则）同样也是错误的。②从一神论意义上来说并不存在神人同形的上帝，却存在着“天—道—理”这一拟人化的道德秩序。因此朱熹和怀海德的观点极其相似！

三、“理”之起源与发展

在早期的文稿中“理”并不包含“天”的含义。它仅指“玉石条理”或者“石头和其他物质的斑纹”。③ 后来“理”用于道教和佛经之中，其含义指向了非物质层面。比如说，我们在道家用语中发现“自然道”而非“理”，意为“自然之理”。在道家用语中，“理”和“物”在《华严经》中相提并论，代表一上一下。有一些假设认为“理”的概念是从道教和佛教处“偷”来的，然后再被加入宋朝宇宙论中，它并非通过新理论自然地发展而来。“理”这一儒学的超常概念，出现于宋朝思想。

最初在《易经》中，术语“道”代表超自然世界，“气”则代表物质世

① 参见 K. F. Thompson 的著作 *Whitehead's Philosophy of Religion*，第 18 页。

② 参见 C. A. Ronan 和李约瑟的著作 *The Shorter Science and Civilization*，第 246 页。

③ 对于这一术语的另一解释可参见 *P. Demieville du College de France for 1947*。

界，即“工具”或者“器皿”。在朱子学中，“理”和“气”密切联系。①

之后，“理”的含义发生了改变，从普遍性发展至超越性，成为有意试图理解万物的统一原则。② 我们在早期著作中多次碰到“理”这一概念，它指代事物内部，与之后出现的“条理”相对应。例如在《易经》中，“理”似乎是在“气”的世界中由“天”赋予的事物之“条理”。③当“理”出现于其他经典著作中时，它同样是一个暗指样式和秩序的名词，同时又充当动词，即使得事物成序。“理”在《墨子》（墨子，公元前468—前376）一书中出现七次，四次暗指物质秩序，三次暗指道德秩序。④ 在汉朝初期的《淮南子》一书中，“天理”暗指“天”的自然秩序。这是一个将“理”看作宇宙秩序中“天”这一原则的早期例子。

“天”的含义在当时并未得以确立，直到宋朝才出现于“新儒学”中，此时的“理”代表万物之上永恒不变的道。人类规范会随环境的需要而出现改变和调整。不受任何事物干扰的“天”则体现了绝对真理。在中国，之后在朝鲜和日本，意识形态受“理”的约束。“五伦”和“五常”是核心约束。随即出现了行为规范准则。这些格言带有“天”的印记，可能导致道德严苛和社会停滞。因此，人们对变化表示不屑。当改变发生时，人们并非出于好意而欣然接受。比如1600年的日本，一切保持永恒不变。例如每个武士所需的100石的耗粮必须保持历代不变，此外水吞（穷苦）农民不能试图晋级普通农民。当这种永久体系受到经济和外来压力的干扰之时，日本便竭尽全力遏制这种变化。

如果我们将“理”和早期儒家经典中的其他概念进行比较，我们便会发现儒家伦理中的“理”与“礼”紧密相关。“礼”表示“礼仪”或者

---

① 参见K. Shimada的著作*Shushigaku to Yomeigaku*，第91—92页。该书将中国思想中的“道”与希腊思想进行比较。

② “理”最早出现在“穷理”一词中，意指探索和理解事物之“理”。参见D. K. Gardner的译著*Chu Hsi and Ta-hsueh*，第12页。

③ “理”在英文中有很多译法。正如D. K. Gardner指出：“因为没有一个英文词能够完全表达朱熹新儒学中‘理’的含义，这里暂且译为‘principle’。我更倾向于保留其形式为‘ri’。但过去几年‘principle’似乎成为一个约定俗成的译词，我也沿袭这一传统，相信读者在理解朱熹思想时不会受英文词‘principle’的影响。”参见D. K. Gardner的译著*Chu Hsi and Ta-hsueh*，第104页。

④ 参见W. T. Chan的著作*The Evolution of the Neo-Confucian Concept li as Principle*，第48—49页。

“礼节”。[①] 如果“理”在宋朝儒学中代表“天”之道，那么在早期儒学中“礼”亦是如此。比如荀子，他极力歌颂“礼”，并且使之成为普及的自然法则。荀子认为“礼乃天地之道”。[②]

《中庸》认为“诚(即内诚)者，天之道。”而“敬”(即外诚)和“礼”在宋朝则被认为“产生于细小事物中”。[③] “天”将“诚”(无论是“内诚”或“外诚”)、“礼”和“理”在精神上融为一体——皆于“天命”之下。

在《孟子》中，“理”被描述为“交响乐中的奏乐”。在《荀子》和《韩非子》中，某一事物的“理”即为“理”之构造和其特定形式以及使人成功掌握它的相关物质。所有这些个别的“理”都归入“道”中，而“道”没有“定体”。在汉朝，“理”也指“条纹和条理”以及事物的秩序。在之后数个佛教占据主要地位的世纪里，“理”成为“妙理”，人们可以通过直觉和神秘的个人经历来领悟它。“理”称为超自然的绝对真理。尽管早期中国思维模式都限于尘世，佛家们却使“理”的概念超出尘世。“理”失去自然之性，等同于“佛性”，“成佛之道”和虚无的达摩世界。[④]

对于诸如刘劭(约 196－250)[⑤]和王弼(226－249)等新道家来说，作为中枢的“理”代表宇宙统一。从总体上来说，刘劭思想与儒家本体论相一致：宇宙万物皆由阴阳和五行遵循天道运行。我们可以认为刘劭和王弼是“理”这一哲学概念的先行者，而“二程”(程颐和程颢)以及朱熹继承发展了“理”的学说。早期的“理”即世界的“顺序、系统和条理”，后来“理”被称为尘世之上的“至高无上的绝对真理”。“理”与“天”和“道”一致，统一万物，使其各归其位。

“太极”与《易经》和道家中的“太一”相对应。“太一”和“太极”的区别在于“太一”代表“无”，从精神上来说即“虚无”；而“太极”代表“有”，从宇宙上来说即“存在”。王弼说：“太一空无，无形无状。”经朱

---

① H. Watanabe 认为“理”很难翻译成英文，他列出了“ritual, rites, manners, propriety, rules of proper conduct”等译法。参见 H. Watanabe 在 *Courtiers and Warriors* 上“Rituals of the Tokugawa Shogunate and Confucianism”一文，第 167－174 页。

② 参见李约瑟的著作 *Science and Civilization in China II*，第 27 页和 D. J. Munro 的著作 *The Concept of Man in Early China*，第 23－29 页。

③ 参见 R. E. Cater 的著作 *Encounter with Enlightenment*，第 70 页。

④ 参见李约瑟的著作 *Science and Civilization in China II*，第 477 页。

⑤ 有关刘劭及其思想，参见 J. K. Shryock 的著作 *The Study of Human Abilities: The Jen wu chih of Liu Shao*，第 1－45 页。

熹集成后，“太一”称为“无极”。王弼进一步指出：“万物（有）始于虚无（无）。”①

非宇宙的“虚无”概念被“太极”代替。朱熹将“太极”比作如月在天，潮起潮落。他又认为太极只有一个。当天地（包括人类）万物之“理”合在一起，便有了“太极”。② 它如同因陀罗网，所有的宝珠都镶嵌于一颗中央宝珠的周围，它们各自闪闪发光，交相辉映。万物只有一个根源，即朱熹思想中的“理”以及张载思想中的无限“元气”。演变不断持续，生生不息，等同于佛性。③

“理”通过各“理”得以体现。朱熹引用程颐的话说：“理一分殊。”“物各有‘理’。但是从整体来看，‘理’只有一个。”“最初只有一个‘太极’。”④“无数之物都带有‘理’，但是它们的总体只有一个‘太极’。”“万物各有其‘理’，但是所有的‘理’都只有一个共同来源。”⑤

朱熹认为世界万物皆有其“理”，它是一种规定行为和自然的理想形式或本质要素。若非如此，“牛便会生马，桃树便会结出梅花”。⑥

各种美德以品德“仁”为先。“仁”成为人类的“理”和“天”。《大学》指出：“大学之道，在明明德，在亲民，在止于至善。”“理”等同于人类道德生活中的明德，它是存在于人类和其他事物中的天地之道。“理”是万物存在的理由，与“无极”相关。它在万物之上，却又在万物之中。太极生阴阳，阴阳互补，五行⑦相生（水、火、土、金、木）生万物。这是一个连贯的体系，近于宗教，又独立于宗教。它是一个客观的现实，可以“从心外去理解它”⑧。

朱熹对“理”这个哲学概念作出了完整的解释：“理”是构成万物

---

① 参见 B. S. Solomom 的文章“‘One is No Number’ in China and West”，发表于 *Harvard Journal of Asiatic Studies*，卷十七（1954），第 257 页。

② 参见 W. T. Chan 的著作 *Chu Hsi and Neo-Confucianism*，第 104 页。

③ 参见 J. Ching 的著作 *Confucianism & Christianity*，第 131 页。

④ “太极”一词来自《易经》。

⑤ 参见 J. Ching，*The Religious Thought of Chu Hsi*，第 46 页。

⑥ 参见 H. C. Tillman 的著作 *Consciousness of t'ien in Chu Hsi*，第 40—42 页。

⑦ “五行”在英文中常译为“Five Process”（A. C. Graham）或“Five Phases”（W. A. Rickett），本书中译为“Five Elements”。

⑧ 参见 J. R. Levenson 的著作 *Confucian China and its Modern Fate*，第 4 页。

存在和向善的原则，同时也是构成宇宙存在和向善的原则。①

新儒学因此带有(道德)偏向宗教的色彩，而早期儒学却是偏向道德。新儒学神圣地为精神世界而奋斗，这也是所有宗教的目的。杜维明指出："从新儒学上来说，信仰宗教可以被理解为一种致力于实现最终自我改造的公共行为。"②新儒学包括实现自我启迪从而使人们在政治生活和个人生活中表现得当。

四、"气"之起源

儒家、道家和其他学者(诸子百家)皆认为"气"历来是中国思想的核心概念。③该字可以追溯到经典著作甚至甲骨文中。它根源于民间宗教和祖先崇拜。随着时间的推移，它常和生命、气息和物质等概念一同出现。④然而，有关"气"的图形无法得到一个清楚解释。自周朝后期起，"气"主要出现于儒家和道家言论中，而自汉朝以后，"气"在儒家、道家甚至佛家言论中均占有重要地位。

"气"的含义既广泛又狭义。从广义上来说，"气"是一种未经分化的弥漫于整个宇宙万物的原始力量。⑤它充盈于天地之间⑥，是万物之砖⑦。"气"生成物质和能量，是宇宙的基础和精神。因此，"气"的含义既包括物质又包括精神，比西方的能量和物质这两个概念的含义更为广泛。它将两者合于一体，万物合一，为一整体。世界时空

① 有关对朱熹思想中"理"的解释，参见 J. Ching 的著作 *Confucianism & Christianity*，第 28 页。

② 参见 W.－m. Tu 的著作 *Confucian Thought：Selfhood as Creative Transformation*，第 132 页。

③ 参见 K. Mugitani 在 *Dokyo to Higashia－Ajia bunka* 上一文"What is the Core of Taoist Thought? The Meaning of the Trinity：Tao，Ch'I and God"，第 213 页。

④ 参见 B. I. Schuwartz 的著作 *The World of Thought in Ancient China*，第 179－182 页。

⑤ 参见 Y.－s. Yu 的文章"'O Soul，Come Back!' A Study in the Changing Conceptions of the Soul and Afterlife in Pre-Buddhist China"，发表于 *Harvard Journal of Asiatic Studies*，卷四十七，第 2 期，第 376 页。

⑥ 见《孟子》。

⑦ 该词来自 A. Wittenborn 的著作 *Further Reflections on Things at Hand，A Reader Chu Hsi*，第 23 页。

皆由"气"组成。"气"以各种形式出现,包括可感知的和有形的与不可感知的和无形的,捉摸不定,难以描述。因此"气"几乎未被译成日文而以"ki"的形式出现(偶尔出现 ch'i)。如果尝试翻译"气",会出现两个词:能量一物质,即能量无形,物质有形。①

在道教中,"气"是存于时空的普遍"质料"。"气"生宇宙之物,井然有序。"'气'是自然的'呼吸',不断凝结以形成经验世界。"②"气"非神造,其本身是一种自然自生的生命力量。先天混沌尽数被原始的"气"开化,产生阴阳,随着时光换转和有序变化,此过程也依循天道持续下去。如孔子提到"君子",即高尚的人。"君子无所争,必也射乎!揖让而升,下而饮,期争也君子。"③人体是"气"的缩影,它显示"'气'在外部和内部自由流动。"

"气"是一种"在永恒变化中不断聚散,于阴阳之中和谐交替,相互作用的必要力量,是一股在宇宙间不断流动的能量直流"④。总而言之,"气"是生命本原。从宏观上说"气"遍布宇宙,从微观上说它与人类密切相关。"气"聚则物生,"气"散则物灭。⑤ "气"生万物,与五行相关。

然而,"当'气'呈现不同个性并形成万物时,其纯度各不相同"⑥。我们被笼罩在"太气"之中。"太气"代表整个宇宙秩序,它是生命起源。"空气"是我们呼吸的"气"。第三个词"气氛"指我们身边的氛围,是一种在社交方面影响我们的"气";字典上则将其解释为环境气氛,即一种风气。"义气"则表示"以'气'为生或者生命之'气'"。此外还有"高气压"和"低气压","蒸汽"和"水汽"。"五气",即金、木、水、火、土影响晴雨冷热风五种气候。我们会意识到"气"和"五行"密

---

① 朱熹强调"理"无形无迹,而"气"则不同于"理"。

② 参见 A. Wittenborn 的著作 *Further Reflections on Things at Hand, A Reader Chu Hsi*,第 23 页。

③ 对于孔子而言,君子是一种理想人格。君子获得内外平衡之道。"圣人"在中国传统中指代中国先古帝王。有关圣人和圣道的讨论,参见 J. Ching 的著作 *Confucianism & Christianity*,第 79—86 页。

④ 参见 J. C. Cooper 的著作 *Yin & Yang, The Taoist Harmony of Opposite*,第 60 页。

⑤ 参见 Y.—s. Kim 的著作 *The Natural Philosophy of Chu Hsi(1130—1120)*,第 33 页。

⑥ 参见 Y.—s. Yu 的文章"'O Soul, Come Back!' A Study in the Changing Conceptions of the Soul and Afterlife in Pre-Buddhist China",发表于 *Harvard Journal of Asiatic Studies*,卷四十七,第 2 期,第 376 页。

切相关。"气"与"元气"也互相联系。"元气"为原始之气，即"中国进化论中的原生质"。它形成宇宙，联系万物，包罗万象。

"气"的含义得以扩展："气"包括如下属性，物质、感情、精神、超自然，甚至神秘的属性。在中文和日文口语中，"气"皆指感情状况，情感意向，态度……它可指情绪，甚至存在于虚无空白和光亮之中，可被感知。如果这些模式之间存在共同之处，那便是它们都指明"气"无处不在的特性。如果怒气是人体内部"气"的一种状态，那么天气也同样可被称为天之"气"的一种状态。①

人的智能被称为掌控"气"的能力，其道德品质皆为"气"所赋。②并且，所有的器官和身体都是"气的各个层面"。

在《易经》的宇宙进化论中，"气"源于混沌。③元气被定义为"团"。④厚重之"气"落于地面，化为泥土；而精良之"气"升至上空，化为天空。人类则介于两者之间，成为"调和者"。⑤互补之气，即阴阳之气为动力。阴阳之气自发永恒、共同作用，是自然和社会之动力。一年四季是阴阳之气交替转换的最佳体现。于春夏之季，"气"盈；于秋冬之季，"气"亏。"气"在生理和心理上造就了人类，赋予人类生气、灵魂、精神和思维。人的"气"随着人的成长而增强，随着人的衰老而减弱。神奇的是，人的生理和精神之"气"共同运作。在道家和儒家哲学中，"元气"遍布整个宇宙，即"万物归一，一生万物"。⑥"气"是渗透于万物之中的"必需场能"。"它既是物质又是能量，既有结构又有功能，是物质和世俗形式的统一，缺了其中一个'方面'，便不能成为一个连贯整体。"⑦

"气"与几千年以来的中国思想密切相关。《易经》属于中国哲学

---

① 参见 B. I. Schwartz 的著作 *The World of Thought in Ancient China*，第 181—182 页，稍有改动。

② 参见 Y.－s. Kim 的著作 *The Natural Philosophy of Chu Hsi*（*1130－1120*），第 33 页。

③ 关于中国宇宙学"混沌"一说，参见 N. J. Giardot 的文章"Behaving Cosmogonically in Early Taoism"，发表于 R. W. Lovin 和 F. E. Reynolds 主编的 *Cosmogony and Ethical Order*，第 67—97 页。

④ "元气"思想与西方"原子"说相对。如果把原子视为西方物质世界的最小部分，元气则构成了独立的、活动着的东方能量－物质世界。

⑤ 参见 D. C. Lau 的译著 *Mencius*，第 24 页，稍有改动。

⑥ "气"很难定义，常被定义为弥漫宇宙和事物中的能量，有关"气"的英译有很多。

⑦ 参见 R. T. Ames 和 D. L. Hall 的著作 *Focusing the Familiar, A Translation and Philosophical Interpretation of the Zhongyong*，第 21 页，稍有改动。

的传统之作，是国内外哲学研究的资料来源。它体现了一元论的宇宙论，并将世间的和谐形式编纂成书。“天食人以五气，五气入鼻，藏於心肺，因其精微，上使五色修明，音声能彰。”另一方面，“地食人以五味，五味入口，藏于肠胃，因其非精，生其骨肉，及其六情。”①“魂”与“魄”通过上下拉动，分开彼此。然后人的“魂”便升天，“魄”便入地，即死亡。人最终回归于“气”。②

公元前六世纪的《老子》、公元前四世纪的《庄子》、公元前三世纪的《列子》以及公元前二世纪的《淮南子》中的思想皆以“气”为导向：万物处于自然之“气”的变幻之中。③在孟子和其他学者的影响下，汉朝学者通过各种方式研究宇宙活动的相互作用。④ 问题在于中国人是否忽视了“气”这一哲学概念。总的来说，纵观中国历史，人们对于现实的基本感知一直与阴阳之气的辩证变化过程有关。由于阴阳有序，四季交替，农业向荣，作物丰收。另一方面，阴阳无序，则灾祸四起，洪水泛滥，干旱成灾，疫情频发……虽然事物随着时间、地点和环境的改变而发生变化，但辩证变化的过程不会改变。⑤

道家有关“气”的宇宙论在《道德经》中有所阐释：

道生一。

一生二。

二生三。

三生万物。

万物负阴而抱阳，冲气以为和。⑥

孟子(约公元前372—公元前289)和荀子(约公元前298—公元前238)都证明了“气”的思想深深植根于儒家人文主义传统之中。孟子将世界释为“洪水之气”，而荀子对于世界的描述却与亚里士多

---

① 参见Y.-s. Yu的文章“‘O Soul, Come Back!’ A Study in the Changing Conceptions of the Soul and Afterlife in Pre-Buddhist China”，发表于*Harvard Journal of Asiatic Studies*，卷四十七，第2期，第377页，稍有改动。

② 参见C. O. Hucker的著作*China's Imperial Past*，第71页。

③ 《易经》、《老子》、《庄子》是三部称颂“气”自然主义的古代著作。

④ 参见Y.-s. Yu的文章“‘O Soul, Come Back!’ A Study in the Changing Conceptions of the Soul and Afterlife in Pre-Buddhist China”，发表于*Harvard Journal of Asiatic Studies*，卷四十七，第2期，第376—377页，稍有改动。

⑤ 参见I. Robinet的著作*Taoism, Growth of a Religion*，第15—18页。

⑥ 参见《道德经》第二章。

德的精神世界有着惊人相似。① “气”的概念一直出现于中国历史中。李约瑟记录了那些讨论自然世界中“气”这一“必需场能”的学者和著作名称。

先汉时期的著作《管子》②中“气”的概念与孟子的“洪水之气”相似。“气”被认为是一种普遍存在的液体，积极为阳，消极为阴，万物于此聚散……其中最纯粹最重要的部分为“精气”。③

“万物流动变化，生生不息。下有‘五谷’，上有行星。天地之间为神鬼。”④

“气”的含义包含个人与宇宙两个层面。在个人层面上，它指人体的活力、能量和呼吸。在个人对于天地活动有了清楚意识后，神秘的“气合一”便得以实现。“专注于‘气’，便可自由支配万物。”⑤

在道教中，一切自然即为“气”的变化过程，永无止境，不断循环。葛洪（约 281－341）提出“元”的概念，即玄秘或混沌之物，元生气，天地万物皆于此诞生。⑥一切静动交替，带有天道的崇高色彩。“宇宙不断形成聚散。”人类总是受到固定法则的制约并且必须不遗余力地珍惜自身被赋予的“气”。至关重要的“气”通过道家呼吸法和静坐法得以保存和培养。

自汉朝至唐朝期间，佛教和道教占据主要地位，我们可以发现一批思想家，他们都支持宇宙的自发运动与和谐运行。这些思想家们影响了宋朝初期的哲学家。首先是张载（1020－1077），他仔细研究《易经》并且描述了超自然的宇宙之“气”一元论和“本然之体”的概念。⑦随着元气转动，非精之“气”集于正中形成地，而精“气”形成天。《淮南子》和其他先汉资料对于之后出现的研究影响明显。宋朝之后的宇宙进化论亦认为“气”为同一整体，包罗万象。张载之后的周敦

---

① 参见李约瑟的著作 *Science and Civilization in China II*，第 21－23 页。

② 有关《管子》，参见 W. A. Rickett 的著作 *Kuan Tzu*, *A Repository of Early Chinese Thought*，第 1－37 页。

③ 参见 A. C. Graham 的著作 *Disputers of the Tao*，第 101 页。

④ 参见 W. A. Rickett 的著作 *Kuan Tzu*, *A Repository of Early Chinese Thought*，第 158 页，稍有改动。

⑤ 同上，第 164 页，稍有改动。

⑥ 有关张载及其哲学，参见冯友兰的著作 *A Short History of Chinese Philosophy*，第 278－280 页和著作 *The Spirit of Chinese History*，第 175－178 页。

⑦ 参见《中庸》第三十章。

颐、程颐和朱熹皆认为“气”是天地的基础和起源。“万物生长，和谐共处，各‘理’不相矛盾，自我实现。天地因此伟大。”①

中国古代世界观与古代希腊哲学有着惊人的相似。“五行”学说可追溯至公元前四世纪，它是猜测世界的基础。随着阴阳辩证思想的发展，中国自然主义成形，有关万物的解释一再得到修改。高高在上的“天”支配运动和变化并且观察自然。这在人类生活和历史中都有所体现。然而自汉朝起，中国思想倾向从物质层面上看待“五行”，从超物质层面上看待“阴阳”平衡。这种倾向是一种涉及关系和过程的文化主义，而并没有真正涉及物质。人们谈论法则而非科学，谈论情感而非探寻，谈论“气”而非“理”。因此，这与在亚里士多德出现以前的希腊物质元素极为不同。

在汉朝，自然主义向近代科学迈出了一大步。②“五行”元素互相关联，成为事物中和事物外的形而上学。

董仲舒(公元前179－公元前104)在公元前135年写道：“木居东方而主春气，火居南方而主夏气。金属西方而主秋气。水居北方而主冬气。木主生而金主杀，火主暑而水主寒。使人必以其序，官人必以其能，天之数也。”③

经汉朝集成，阴阳“五行”学说历代相传直至现代。几个世纪以来，有关“五行”学说出现了很多奇特且充满想象力的阐述和解释。比如说占卜，占星术和泥土占卜，但它们都停留在最初的自然主义范围内，很少偏向希腊和欧洲自然主义中的机械因果关系。思想禁锢于既定边界之内，新思想受到遏制。唐朝后期，当儒家开始发展新思想，试图并入宋朝的新儒学中时，他们只是将新思想继续建立在传统之上。这并非是复兴古代，而是历经数个世纪的发展。最后朱熹于1200年集成新儒学。

在日本，“气”的概念很早就被人们接受。直到今天，“气”仍然是一个很普遍的字眼，人们可以每天听到它，在数以百计的措辞中找到它。比如说“元气”，无论何时人们询问对方的健康状况，它都会出现在日常交流中。但人们从来不曾想到“元气”的本义及其起源实则在

① 我们应该注意本书提到两种科学，西方“现代科学”或“自然科学”在本书中最常提及，当提到“中国科学”或“穷理”时，科学则指一种更广泛的、非细化的包括形而上学的现实。

② 参见李约瑟的著作 *Science and Civilization in China II*，第27－158页。

③ 参见 R. Tsunoda 等编写的 *Sources of Japanese Tradition*，第481页。

中国。

在日语中,"心"即"气"。"喜欢"与"被喜欢"是日语日常对话中经常用到的有关"气"的表达。随着时间的推移,几乎所有的有关"气"的日本词语都不同于其最初在中国的用法。这些词在日本有了新的意义并被应用于各种语境之中。

五、"理"和"气"如何相互联系

先有"理",抑先有"气"?孰优于孰?如果"气"构成了天地万物,那么从逻辑上来说,"气"应先于"理",因为"理"必须为"气"作准备。只有在"气"之中,"理"才有存在的意义。如果"气"不存在,那么"理"就无一席之地。从这个角度来看,"气"是基础。气为原动力,"理"必须进入并居于"气"中。朱熹说:"天下未有无理之气,亦未有无气之理。"然后他又说:"所谓理与气,此决是二物。但在物上看,则二物浑沦不可分开,各在一处,然不害二物之各为一物也。"

朱熹认为"理"是统一的,非物质的,永恒不变的。"理"构成了事物的本质,坚不可摧。"理"为善,乃造物之由。另一方面,作为物质力量的"气"可以解释物质个体和有机过程。它是暂时可变的,于万物中皆不等,构成物质,可被摧毁。"气" 是造物的工具和物质,可为善亦可为恶。①

因此,万物是"理"和"气"的统一体,形成事物不可分割的两个方面:两者不离不弃,共生共存。或者正如朱熹所言:"理未尝离乎气。然理形而上者,气形而下者。""及此气之聚,则理亦在焉。"②天"理"与地"气"混合,形成万物。"理"和"气"不可分是朱子学说的核心。因此可以得出结论:形而上("理")和形而下("气")尽管各为一物,但是浑然不可分。它们是两个既独立又互补的元素:"理存乎是气之中……理未尝离乎气。"③但是"必有是理,然后有是气",这意味着形

① 参见李约瑟的著作 *Science and Civilization in China II*,第 472—489 页。

② 参见 J. P. Bruce 的著作 *Chu Hsi and His Masters*,第 121 页。

③ 参见 J. Ching 的著作 *Confucianism & Christianity*,第 29 页。

而上占据首要地位。①

朱熹认为“理”因此优于“气”，比“气”更为重要。当“理”代表“天”时为“天理”，即自然中的“天之理”。这表明自然和“天”密切相关。“气”代表地，居次位。“天”及其“理”居首位。在人类的道德世界中，“理”是永恒不变的，必不可缺的；而“气”是变幻的，情绪化的。“理”相当于自然神论中的超自然原则。“理”与生俱来，万物皆有同“理”，然而“气”无论在质量上还是数量上皆有所不同。在人的本性中，“气”和“理”互相对立，模糊不定。而实际上，“气”和“理”在其他方面，配合密切，相互作用，互为依存。

朱熹在回答“气”和“理”孰先孰后的问题上显露出矛盾态度。一方面他说：“有理，便有气流行，发育万物。”然而另一方面，他又说：“理与气本无先后之可言。”②

他接着说：“理未尝离乎气。然理形而上者，气形而下者。自形而上下言，岂无先后！”

最后他说：“理与气本无先后之可言。但推上去时，却如理在先，气在后相似。”③

康拉德·希诺瓦考这样说道：“对于朱熹而言，它们（‘气’和‘理’）不能简化。‘理’为形而上且永恒存在，并非一时优于‘气’。”④约瑟夫·布鲁斯说：“此为‘理一气’二元论，‘理’精而形而上，‘气’粗而形而下。”⑤因此，“理”优于“气”符合逻辑。“‘理’可被视作‘骑马之人’。”⑥

因此我们可以得出结论，朱熹更重视“理”。“理”是万物的根源和意义，而“气”是万物的质料。万物须有“气”成其性，万物须有理成其形。“气”是宇宙的基础“质料”，由固有的“理”构成。⑦“‘气’聚受控于‘理’之结聚，‘气’散则受控于‘理’之消散。‘气’之聚散，皆受控

① 参见 J. Ching 的著作 *Confucianism & Christianity*，第 243 页。

② 李约瑟的著作 *Science and Civilization in China II*，第 480 页。

③ 同上，第 480－481 页。

④ 参见 C. Schirokauer 的著作 *A Brief History of Japanese Civilization*，第 163 页。

⑤ 参见 J. P. Bruce 的著作 *Chu Hsi and His Masters*，第 126 页。

⑥ 参见 A. Wittenborn 的著作 *Further Reflections on Things at Hand*，*A Reader Chu Hsi*，第 23 页和 J. Ching 的著作 *Confucianism & Christianity*，第 98 页。

⑦ 参见 A. Wittenborn 的著作 *Further Reflections on Things at Hand*，*A Reader Chu Hsi*，第 22 页。

于‘理’。”①理气有序，不可分离，二合为一。

在道家思想中并没有提及“骑马之人”这一说，人们只对马感兴趣。“理”作为造物主、原动力和万物之上的“神者”并没有受到追捧。万物在“气”中再生。自发辩证法取代形而上学，不断延续。②

我们可以将朱熹和柏拉图以及亚里士多德做一个比较。朱熹与柏拉图相似，朱熹的“理”与柏拉图设想的理想形式相对应。朱熹与亚里士多德亦有共同点。亚里士多德指出了形式和物质，这类似于朱熹的“理”和“气”。③ 朱熹和亚里士多德的区别可能在于前者的“气”是有生命的，而后者的物质是无生命的。

朱熹在《中庸章句》中阐明了他的理气论。④ 他说：

> “性，即理也。天以阴阳五行化生万物，气以成形，而理亦赋焉……于是人物之生，因各得其所赋之理，以为健顺五常之德（仁、义、礼、智、信）所谓性也……人物各循其性之自然，则其日用事物之间，莫不各有当行之路，是则所谓道也……性道虽同，而气禀或异，故不能无过不及之差，圣人因人物之所当行者而品节之，以为法于天下，则谓之教，若礼、乐、刑、政之属是也。盖人之所以为人，道之所以为道，圣人之所以为教，原其所自，无一不本于天而备于我。学者知之，则其于学知所用力而自不能已矣。”

因此“理”使“气”成形为黏土。“天”为原理，指明方向，并且“道”传递“理”。比如说：在人体数以亿计的细胞中，“天”存在于每一个细胞中；“理”根据“道”进行指引，形成一个有机整体。这是一个整体论，即万物存于万物之中。人类亦不例外，被赋予天性⑤的人类是整个有机宇宙中不可或缺的一部分。

---

① 参见 H. Busch 的文章“The Tung－Lin Academy and Its Political and Philosophical Significance”，发表于 *Monumenta Serica*，*Journal of Oriental Studies*，卷二十四（1949－1955），第 131 页。

② 有关生命原理和亚里士多德，可参考 W. Durant 的研究。

③ 参见 J. Ching 的著作 *Confucianism & Christianity*，第 29 页。

④ 参见朱熹的《中庸章句》。

⑤ 参见 Yamagata Daini 的著作 *Yanagi－shi shinoron*，第三章。

“四书”即《大学》、《中庸》、《论语》、《孟子》，是最权威的儒家经典。《中庸》和《大学》是《礼记》中的章节，《礼记》即早期“五(六)经”之一。“四书”亦被称为“四部儒家著作”，取代“五(六)经”，直到现在仍是儒家真理。朱熹将《大学》置于“四书”之首，之后依次是《论语》、《孟子》和《中庸》。《中庸》居于朱熹推荐书目之末。《大学》介绍“理”、“格物”、“致知”等概念，这些概念都为朱熹哲学增色不少。①这四部书可以被称为“儒家新约”，然而更早的“五(六)经”退于后位，可被称为“儒家旧约”。②

再看李退溪和“四七论辩”：

朝鲜新儒学哲学家李退溪(1501－1070)③在《新儒学》中以“四七之辩”阐明了“理”和“气”的概念。“四”即“四端”，代表“理”之天性。它们是恻隐、羞恶、辞让、是非。正如孟子所说：“恻隐之心，仁也；羞恶之心，义也；恭敬之心，礼也；是非之心，智也。”④

孟子又说：“君子所性，仁义礼智根于心。其生色也，睟然见于面。”⑤

“四端”与“五常”——仁、义、礼、智、信相对应。“信”最后加入“五常”中，可能是因为“五”在中国传统中是一个神圣吉祥的数字。⑥尤其是“礼节”，它代表了人类的道德义务。礼节将天和人直接联系起来，指明人之初性本善。⑦

“七”即“七情”，喜、怒、哀、惧、爱、恶、欲。七情由“气”而发，《礼记》对“七情”进行过讨论。⑧

“五伦”与“五常”共行，即父子、君臣、夫妇、兄弟、朋友五种人际关系。前四种关系等级有序，纵向地描绘社会。只有第五种关

① 《大学》在讨论自我培养时提及八方面，其中三方面关于社会功能，五方面关于个人培养。这八方面构成个人和社会生活中的道德秩序。

② 参见 R. L. Taylor 的著作 *The Holy Book in Comparative Perspective*，第 194－195 页。

③ 李退溪是正统朱子学者，他在中国不为人知，但扬名日本，在江户时代新儒学中扮演重要角色。

④ 参见《孟子》第二章。

⑤ 参见《孟子》第七章。

⑥ 朱熹没有将“信”纳入“四端”。

⑦ 有关韩国儒学家对朱熹、“气”和“理”的讨论，参见 J. H. Berthrong 的著作 *Transformations of the Confucian Way*，第 146－149 页。

⑧ 参考《礼记》第四卷。欲望是人的本性，人们必须克制欲望才能成为圣人。朱熹没有谴责人的七情六欲，但对它们表现出不信任。

系——朋友关系在同一水平面上。然而即使在朋友关系中，仍然要讲究尊重有信。五种关系中的父子关系则为“孝”，君臣关系则为“忠”。这两种关系在中国最为重要，这与日本有所不同。中国人以“孝”为先，日本人则以“忠”为先。这两种关系常常与夫妇关系联系在一起，而君臣、父子、夫妇关系被称为“三纲”。

六、孔子和孟子

孔子(公元前 551－公元前 479)是中国最著名的文化英雄和崇拜对象。他甚至是中国的别名。孔子①的人文地位之高，影响之大，只有 1600 多年后的朱熹可以与之匹敌。儒家中第二个伟大的名字是孟子(约公元前 372－公元前 289)，孟子被认为是仅次于孔子的伟人。如果说孔子是伟大的道德家，那么孟子是伟大的“气”学家。他们一起捍卫古代传统，率先集儒学于大成。

孔子以“天”和“道”为背景建立了一套社会伦理，他强调与“礼”相符的得体行为。《礼》为“五(六)经”之一，由孔子编辑而成。《论语》中有二十章节以“仁”和“义”为依据，阐述了正确的道德生活规训。“仁”和“义”不可分割，与其他品德亦息息相关，为人类行为和人类社会提供准则。国应法治，而非受治于刑罚和暴力。另一方面，超自然的部分在《论语》中虽有提及，但却未得探讨，受到规避。②人类的道德生活及其社会关系为中心内容。自我培养对于个人和整个人类社会来说极为重要。内在化的礼节通过外在行为表现出来。

孔子教义的主要目标是获得中庸之道，即处于过多和不足的中间状态。德必为先，以德为本。“有德此有人，有人此有土，有土此有财。”③“君子素其位而行，不愿乎其外”，“随心所欲而不逾规”。④这要求人们在任何时候都追求美德。⑤此外，家庭道德和政治道德应该

① 孔子甚至被称为“中国未加冕的帝王”。

② 《论语》没有形而上学，孔子只是提示：“四时行焉，五谷生焉，天何言哉?”

③ 参见《大学》。

④ 参见《中庸》和《论语》。

⑤ 参见 P. J. Ivanhoe 的著作 *Ethics in the Confucian Tradition*，第 9－10 页。

形成一个连贯整体，这点至关重要。

直到汉朝(公元前206—公元220)，即孔子逝世350年左右后，孔子才被认为是“中国最伟大的圣人”，掀起一股狂热崇拜。人们以孔子的名义建造寺庙，并且致力于立儒学为国教。孔子作为教义圣主和学者要员，一直受人敬仰，直到现在亦是如此。如果我们从广义上定义宗教，那么孔子有着非常虔诚的信仰。他信奉天亦有序，并且称“五十而知天命”①。

然而矛盾的是，孔子自身却很可能认为自己是一个失败者，但是他已统领中国文明两千年；他既不推行享乐主义，也不苛行道德主义，他传授中庸之道。②

孟子敬仰孔子，在很多方面都追随孔子。如果孔子的风格为简短扼要，那么孟子的风格则为冗长善辩。孟子信奉人性本善，人与人之间和睦相处，并且强调人人皆可成为圣人。他告诫道：“求则得之，舍则失之。”他还说：“尽其心者，知其性也；知其性，则知天矣。”他说：“大人者，不失其赤子之心者也。”孟子和孔子一样，对社交和道德价值观予以肯定，并且将人道主义的信条扩至国家大事领域。孟子的理想主义与道教相似，他信奉博爱，推崇平均地权。至于孟子著名的“四端”学说，可见上文。

孟子在强调人类中“洪水之气”这股精神力量时，与道教产生共鸣。张载在儒家思想上与孟子相似。孟子将宇宙意义视为天地万物，他的观点暗含宗教色彩，使之成为“气理”理想主义的先行者。

孔子和孟子生活在封建周朝，他们所传播的道德和准则都反映周朝特征。他们拥护社会等级有序，认为家庭是道德生活的中心并且反映社会状况。孔孟思想对中国影响极大，并且与朱熹的哲学思想相互联系，是朱熹哲学的基础。

七、中国新儒家思想之发展

孔子、孟子和其他思想家代表的早期儒学关注社会关系。正如

① 参见《论语》。

② 参见 S.－h. Liu 的著作 *Understanding Confucian Philosophy*，第29页。

一位德国学者所说:“一切存在皆受制于伦理和社会教学。”①所有儒学概念虽属哲学,但不成系统,算不上一种综合性的哲学体系。

在佛教占据近一千年的主要地位之后,唐(618—906)出现了一场儒家复兴运动。新的儒家认识论在宋朝得到充分发展。由于朱熹是最后集成者,新儒家思想可被视为朱子儒学。而程朱儒学则指程氏兄弟和朱熹的儒学。在西方,该新儒家思想与早期儒学有所区别,被称为“新儒学”,本书亦沿用“新儒学”一词。

新儒学的很多思想来源于道家思想和佛教,其中尤以佛教思想居多。新儒学的创建者们数年来一直潜心研究佛教的精神知识。自从出现禅宗和佛教,冥想的方式使用于静坐。所有重要概念皆来自《易经》,甚至包括本书讨论的“理”的概念。同化了形而上学、自然、社会关系和治理形式的本体论最初由周敦颐以图像的形式呈现出来。本体论十分简洁,描述万物的形成过程。

新儒家思想中没有出现一位造物者,因此引起了众多争议。人们很难接受自发宇宙的思想。然而,该思想未必显得那么牵强。中国哲学有其自身精神,这与一神论有所不同。对于儒家来说,造物源自宇宙精华的神意而自发进行阴阳转换。宇宙精华永恒有序。“天”是万物之中唯一稳定的部分,神圣剧目在“天”之下方上演。当然,人们没有各自的神灵可以求助,但是在多种宗教合成的现实中,神明众多,因为人们除了内省静坐获得内心平静之外可能还需要其他精神援助。“天”本身并非重要的神者。“天”与基督世界中的上帝极为相似,作者本人对此颇感兴趣。对于整个世界来说,东方与西方的差别在早期可能并不大。②

600 多年来,新儒家思想在中国、朝鲜和日本知识界占据主要地位,历经丰富发展。新儒家思想以朱熹的道德主义为起点,经历“几个侧重点不同的阶段”:从宋朝朱熹的平衡理气二元论,到明朝的内气一元论,相对于内气一元论再到清朝的外气一元论。然而这些变化都局限于儒学范围之内。③

---

① 参见 O. Zierer 的著作 *Ideen Bewegten Die Welt*,第 77 页。

② J. H. Berthrong 在 *Transformations of the Confucian Way*(第 86 页)中指出:“如果学者认为儒学中没有像西方形而上学或宇宙学这样的知识,那么宋朝的思想成就是对此观点的反驳。”

③ 参见 C. O. Hucker 的著作 *China's Imperial Past*,第 71 页。

1. “北宋五子”

晚唐时期，儒家认为儒学缺乏能与道教和佛教竞争的宇宙论和形而上学，因此新儒家思想得到进一步发展。

数位思想家相继复兴儒学。首先是唐朝的大思想家：韩愈（768—824）、柳宗元（773—819）和李翱（约772—836），他们反复主张儒家之道优于佛教和道教。北宋时期（960—1127），儒学走到中国思想最前沿。南宋时期（1127—1279）儒学继续发展。北宋出现的“北宋五子”，包括邵雍（1011—1077）、周敦颐（1017—1073）、张载（1020—1077）和程氏兄弟，即程颢（1032—1085）和程颐（1033—1107）。“北宋五子”使儒学得到充分发展，最后南宋（1127—1279）的朱熹（1130—1200）对儒家思想进行系统整理。

周敦颐和张载最初既是道家又是儒家。程氏兄弟，即程颢和程颐在成为儒家之前，一直受训于佛教。朱熹过去亦有道家和佛教的背景。

“北宋五子”互有联系，彼此了解，因此他们的思想相似，相互重叠。他们在同一儒学范围之内活动，所持概念基本相同。但为了突出个人思想，也有不同之处。朱熹被认为是第五位大师，即最后一位，而邵雍则常常被忽略。在本书中，邵雍被列为五位大师中的第一位，之后朱熹则集他们的思想于大成。

2. 邵雍（1011—1077）

邵雍基于《易经》，将变化视为万物之形而上学的起点。阴阳的变化发展取代了富于创造力的神者。事物来去，永恒循环，“五行”与之相对应，成为基础。“气”是天和地的“质料”。天与地的不同之处在于地之“气”有形，而天之“气”无形，为精纯之气。该思想为周敦颐和朱熹所接受。邵雍的所有观念皆源于《易经》和道家思想。在接下来的七个世纪中，同一辩证宇宙论被每一位新儒家学者重复，只是用词和解释略有变化。①

邵雍与周敦颐同属北宋时期，但不如周敦颐为人所知。其原因可能是邵雍的思想以复杂的图表形式呈现，其中含有宇宙学和伦理

---

① 参见 T. H. Fang 的著作 *The Chinese Way of Life*，第67页和李约瑟的著作 *Science and Civilization in China II*，第127—190页。

思想，并与数字命理学混合，晦涩难懂。另一原因可能是朱熹曾批评邵雍过多关注形而上学，因此在朱熹的评论中几乎没有提到邵雍。①然而，邵雍的思想与新趋势相一致，即强调宇宙中的儒家秩序。所有变化都以“太极”告终。邵雍倾向于理想主义，认为“万物皆备于我”，②同时他称“人心包括天与地，玄秘之‘道’完整地存于人的精神之中。”③此观点与程颢的看法类似。

3. 张载（1020－1077）

张载的宇宙论超越现实，认为宇宙是“气”之“太和”。万物源于“气”，归于“气”。这是必需能量物质的“气”一元论，是一个“天一道一气”的形而上学世界，依照天意运行。只有一种“气”不断聚散，事物出现和消失皆与“道”相关。

张载的灵感来自于《易经》和《淮南子》，这些著作反映了宇宙论，他写道：“太虚无形，气之本体，其聚其散，变化之客形尔；至静无感，性之渊源，有识有知，物交之客感尔。”

他还写道：

> “气块然太虚，升降飞扬，未尝止息。此虚实动静之机、阴阳刚柔之始。浮而上者阳之清，降而下者阴之浊。其感遇聚结，为风雨，为霜雪，万品之流形，山川之融结。糟粕煨烬，无非教也。”④

此外，他还说：“太虚不能无气，气不能不聚而为万物。万物不能不散而为太虚。循是出入，是皆不得已而然也。……聚散、出入、形不形，能推本所从来，则深于《易》者也。”⑤

天之“气”未经分化，形而上且无形，地之“气”则形而下且有形，

---

① 参见 D. J. Wyatt 的文章“Chu Hsi's Critique of Shao Yung：One Instance of the Stand Against Fatalism”，发表于 *Harvard Journal of Asiatic Studies*，卷四十五，第 2 期，第 650 页。

② 参见李约瑟的著作 *Science and Civilization in China II*，第 507 页。

③ 参见 A. D. Birdwhistell 的著作 *Transition to Neo-Confucianism. Shao Yung on Knowledge and Symbols of Reality*，第 58 页。

④ T. Kuwako 引自张载，*Seikan no tetsugaku*，第 136 页。

⑤ R. Tsunoda 等引自张载，*Sources of Japanese Tradition*，第 466－467 页。

两者互相依存，为同一事物的两个方面。形而上与形而下皆"穿于一线"，即"气"之聚散。万物来来去去，而"气"不可摧毁。张载将"气"与世间万物比作冰与水的关系，水之凝固就是冰，冰之融释就是水（水是冰的本来状态）。"太虚"之"气"为世间万物起源。尽管事物众多，其皆为一，于多样性中可见统一，于统一之中可见多样性。"气"存于事物之中，事物存于"气"之中。所有"气"的形成之物皆为世间之"客"。"气"非佛家所愿为虚幻之物，其之聚散显而易见。事物皆有其不断循环的运动法则：昼夜交替，冬夏交替，永无止境。宇宙阴阳循环，不断转换。

我们应该注意到阴中带阳，阳中带阴的现象。"阴中有阳，阳中有阴。阳极生阴，阴极生阳。此其所以屈伸无方，运行不息。"①此互补性同样适用于人的精神生活："当你了解了简易的事物，你便知晓复杂的事物。在你掌握了简易的规律之后，你便可以将世界系于一线。"②

张载的"天理"之"理"与程氏兄弟和朱熹的"理"有所不同。在张载看来，"理"为第二性，与自然力量和"气"中之"道"相关。只有一条线贯穿天、地、人三大领域。张载与朱熹新儒学学说的不同之处在于张载没有强调"理"的概念。"张载认为，从秩序上来说，'理'是'气'的属性之一，因此与朱熹的形而上学不同，'理'在张载的哲学中没有占据中心地位。"③

"气"之聚散，阴阳转换，令人难以理解。

朱熹亦"将事物系于一线"。对于他来说，在形而上和形而下方面，"色彩和基调"有所不同。他倾向于周敦颐的"太极"而非张载的"太虚"。除此以外，张载和朱熹的观点虽有所不同，但基本一致。对于他们来说，宇宙秩序井然。事实上，朱熹的"太极"与张载的"太虚"在很大程度上相一致：两者都统一万物，代表地之上的"天"之"道"。"仁"都是两者强调的重要美德。

朱熹思想和张载思想的区别在于张载认为所有变化皆发生于"气"中，"气"生万物，而朱熹认为变化随着自然规律而发生于"气"

---

① I. E. Kasoff 引自张载，*The Thought of Chang Tsai*（*1020－1077*），第 49 页，本书中有关张载的介绍得益于 Kasoff 的清晰解释。

② 同上，第 72 页，稍有改动。

③ 同上，第 52－53 页，稍有改动。

中。张载的“气”一元论只随着明确的“理”而扩展。而朱熹的学说呈现出“气”和“理”相合的二元性。事情可能是这样的:对于张载来说,宇宙是一个自动生“气”的时钟;但对于朱熹来说,该时钟有其独立的“理”的顺序。张载的哲学中亦有模式和标准从而使得“气”之宇宙与“理”的思想相互靠近。张载甚至提及事物运行中的“天理”。张载肯定“天”的和谐神圣,因此他与朱熹一样虔诚。张载的思想为朱熹所接受,包括张载认为“道”(“理”)与“气”统一于心,心控制人的性情。总而言之,即使朱熹偶尔可能与张载看法不同,但是他们的观点基本一致,包括涉及“气”的观点。①

4. 周敦颐(1017—1073)

张载和周敦颐一直被称为新儒学的支柱。如果张载为一块帆布画上了“气”的色彩,那么周敦颐则为其增添了“理”的底色。张载和周敦颐为同处北宋时期的同代人,他们早于朱熹一百年左右。张载和周敦颐曾讲学于程氏兄弟,而程氏兄弟又继而启发了朱熹。

周敦颐的太极图为象征图式,该图是宇宙发生的演化说明图,是抽象义理的演化。太极图简单明了,显而易见。②其所附的简洁说明为新儒家教义提供宇宙学的基础,亦成为新儒学信条的基础。周敦颐思想的灵感主要来自于《易经》。“太极”的概念最初在《易经》中得到介绍:

> “无极而太极,太极动而生阳,动极而静,静而生阴,静极复动,一动一静,互为其根。分阴分阳,两仪立焉。阳变阴合,而生水火木金土。五气顺布,四时行焉。五行一阴阳也,阴阳一太极也,太极本无极也。
>
> 五行之生也,各一其性。无极之真,二五之精,妙合而凝。乾道成男,坤道成女。二气交感,化生万物。万物生生,而变化无穷焉。
>
> 惟人也得其秀而最灵。形既生矣,神发知矣。五性感动,而善恶分,万事出矣。圣人定之以中正仁义而主静,立人极焉。故圣人与天地合其德,日月合其明,四时合其序,鬼神合其吉凶。

① 参见 J. H. Berthrong 的著作 *Transformations of the Confucian Way*,第 104—105 页。

② 有关周敦颐的太极图,参见 J. P. Bruce 的著作 *Chu Hsi and His Masters*,第 129 页。

君子修之，吉；小人悖之，凶。

故曰：立天之道，曰阴与阳。立地之道，曰柔与刚。立人之道，曰仁与义。又曰：原始反终，故知死生之说。大哉易也，斯之至矣。”①

太极图所附说明因其精简可有多种解释而一直存在争议。② 其开篇句为中国哲学难解句之一。它陈述了此处“太极”中的另一处“无极”，带有西方和印度宗教中的神明色彩。这两个概念是同一硬币的正反面，正如周敦颐所说的“无极”和“太极”。

“无极”可被理解为宇宙大爆炸之前的混沌状态，暗示佛教之空无和道教之虚无。③ 儒家们坚守在已被理解的思想范围之内。然而宋朝的思想家们，其中周敦颐可能为第一人，将思想提升到了另一个高度——从地面到上层，从尘世到神明。朱熹亦从另一方面认为：“无极而太极。”④“无极”同“太极”相同，皆为基础，它们形成事物不可分割的两等分。万物平衡需要“无极”和“太极”。周敦颐和朱熹都明确了这一思想。⑤

太极图的解说成为宋朝思想的宣言，周敦颐被尊称为新儒家宇宙论之父。这证明了简明思想能令人信服。自从朱熹开始，不仅在中国而且在朝鲜和日本，新儒家著作都对太极图进行讨论。这是东方精神的一道景象，直到现在亦是如此。周敦颐为程氏兄弟和朱熹的著述奠定基础。

因此，周敦颐是“理—气”哲学的创始人。程氏兄弟和朱熹沿着他的足迹进行探索。周敦颐“主静”的人生修养亦为之后的宋朝思想家所继承。

5. 程颢（1032—1085）和程颐（1033—1107）

程氏兄弟，程颢和程颐正式使“理”之形而上学成为宇宙论的关

---

① 参见 R. Tsunoda 等编写的 *Sources of Japanese Tradition*，第 513—514 页。

② 太极图说很可能以《易经》为基础，收入道家和佛家思想。

③ “无极”一词源自《道德经》第二十八章。

④ 参见《朱子语录》。

⑤ 有关“无极”的讨论，参见 Wm. T. de Bary 的文章“Neo-Confucian Individualism and Holism”，发表于 D. J. Munro 主编的 *Individualism and Holism: Studies in Confucian and Taoist Values*，第 336—339 页。

键。“理”成为新儒家哲学中最为重要的一个概念。程氏兄弟和朱熹最早将“理”具体化。在接下来的几个世纪中,“理”成为中国、朝鲜、日本儒学的基础。

程氏兄弟皆以自我超越为目标,但是程颢主张人的内在修养,而程颐更关注探寻外在自然。他们都强调“理”是万物存在的明确特征。程颢更为传统。他建议人专注于自我意识,即“理”之贮藏之地,并且将其不断扩大。探究自身本性,人便可以在“天人合一”①之时获得平衡。此后,人可以从整体上进一步促进人性发展。“我们应该理解‘理’的概念,同时保持‘诚’(内诚)和‘敬’(外诚)的品德,这是我们应做的。”②程颐重新解释了“理”的概念。他受佛教思想的影响,以“理”之形而上学作出回应,最终在新儒家思想大集成中得到朱熹的认可。对于程颐来说,任何物体,即使是叶片,都可以揭示“理”,给人启迪。虽然程氏兄弟研究相同概念,但是他们对自然和“理”的看法却不尽相同。程氏兄弟预示着关于“理”之思想的两大主流的形成:一是陆象山的一元思想,即理想主义的心学(陆王学派),二是朱熹的二元思想,即理学。

程颢简化启发之道,摒弃许多学习步骤,并宣称入圣之道在于人心。因此程颢的新儒学即为心学。他提倡“顿悟”而非积累渐进的过程。人们应该做到“必有事焉而勿正……勿助长……未尝致纤毫之力,此其存之之道。”③心为“理之位”,自我修养成为“自我改正的过程”。

那么程颐眼中的“气”的概念呢?对于程颐和其他宋朝思想家来说,元气是真实存在的。“气”就是“鱼儿畅游”的“海洋”。万物源于此亦归于此。“海洋”即为“气”,“理”即为“鱼儿”。“人存于天地之气中正如鱼存于海洋之中。”“气”包围着人们,人们用其呼吸。阴阳作用产生了世间万物。

人们不禁会想若是程颐和朱熹听说了人是由亿万可以重生的细胞构成的,且六十亿人的细胞各不相同,每一细胞都有300克肌肉补充营养的事实后会作何感想。这还能证明他们的观点吗?

① 参见R. L. Taylor的著作*The Religious Dimensions of Confucianism*,第69页。
② 参见W. t—Chan的著作*A Source Book in Chinese Philosophy*,第523页。
③ R. L. Taylor引自程颢,参见著作*The Religious Dimensions of Confucianism*,第19页。

八、朱熹(1130—1200)

朱熹仅次于孔子,是伟大的哲学家和新儒学的典型代表人物。朱熹对东方历史的深远影响可与孔子相匹敌。“毋庸置疑,他是整个中国思想发展过程中最伟大的人物之一”。①他同样也是“世界史上的伟大集成者之一”。② 朱熹将整个中国传统的不同信条融合在一起,对它们进行转换和扩充,从而形成一个完善学说,代代相传。和孔子一样,朱熹在逝世后才声名远扬。朱熹在世时未被广泛接受。在其逝世之前,他备受羞辱,被公开指责为“异端者”,他的精神被指责与佛教相悖。③

包括董仲舒在内的汉朝学者们率先对儒家宇宙学进行整理。④他们大大赞扬《易经》中的自然概念和《论语》中的道德戒律以及其他经典著作,并使之成为一个连贯整体,最终成为全国拥护的正统信仰,掀起一股狂热崇拜。宋朝早期的“北宋五子”亦继承这一正统信仰,最后由朱熹集大成。朱熹融合了张载、周敦颐和程氏兄弟的观点,并加上自己的看法,最后集成新儒家哲学,即“理学”。朱熹天禀聪颖,勤奋刻苦,所以能够将儒家思想中积累下来的不同文本、做法和观点融合在一起,将这些不同的线股进行编织,使之成为一个有力连贯的体系。⑤最后,朱熹从其研究多年的佛教和道教中汲取观点。

朱熹认为周敦颐的“太极”为“气”之宇宙的最高法则。“太极”在万物之上,又在万物之中。一物之“理”即为万物之“理”。“太极”顺理成章地成为解决一切事物的基础。张载“气”的思想和程颐“理”的思想合并为一。“世界可以被解释为永不停息的法则(‘理’)和物质

---

① 参见李约瑟的著作 *Science and Civilization in China II*,第 458 页。

② 参见 P. J. Ivanhoe 的著作 *Confucian Moral Self-Cultivation*,第 50 页。

③ 有关朱熹及其哲学,参见 W. t—Chan 的著作 *A Source Book in Chinese Philosophy*,第 588—653 页。

④ 有关儒家传统的不同分派,参见 C. —y. Cheng 的著作 *Tai Chen's Inquiry into Goodness*,第 4—17页。

⑤ 参见 P. J. Ivanhoe 的著作 *Confucian Moral Self—Cultivation*,第 49 页。

能量('气')的统一体……对于人来说,心凭借物质能量('气')将其性和道德原则及品德统一起来。"①

朱熹推崇严格的治学之道。人们应该自我培养,修身养德,不能只关注于行政考试和世俗成功。万事应各归其位,井然有序。朱熹在心中牢记宗旨,为学徒们设立分级课程。学生们应该首先学习富于逻辑性和连贯性的《大学》,继而学习《论语》和《孟子》,最后学习难度更大的《中庸》。朱熹挑选这些主要著作并以此教授儒家真理。《论语》为指定教学书目,学生们应细读该书。《孟子》则对《论语》进行解释说明。朱熹为使其研究彻底详尽而撰写评论,不久后其评论便和原文变得同等重要。儒家"四书"和朱熹的评论成为中国元朝、明朝和清朝的主要教育内容。学生们在学习儒家经典后,再学习先前一直被视为权威的"五(六)经"。学生们需要大声背诵"四书",与其相比,"五(六)经"②没有像"四书"那样重要。这四部著作成为一个整体,若是没有其他三本书,其中一部著作便会显得意义微小甚至失去意义。③ 1190 年,自朱熹完成对"四书"的评论那天起,朱熹时代便开始了。六个世纪以来,自元朝、明朝至清朝,该评论一直被奉为官吏选拔考试的标准文本。④

朱熹进一步致力于创立儒家传统中的道统,以古代圣人为始,由孔孟所继,略去汉唐,周敦颐继之,程颐终之。朱熹认为该线在孔孟之后中断,一千年之后,由程氏兄弟重拾。之后朱熹亦被后人加入名单。⑤

朱熹以其连贯详尽的方法提出了另一种符合中国人思维和骄傲心态的替换概念。其"理"之集成思想成功地与占据长达一千年主要地位的佛教和道家信仰相抗衡。这为那些偏向通俗、抽象以及实践而非晦涩、神化和玄奥的知识界精英提供选择余地。佛家信条中的魔法和迷信部分受到谴责,被以"太极"为宗旨的现实经验主义取代。

---

① 参见 J. H. Berthrong 的著作 *Transformations of the Confucian Way*,第 110—111 页。

② "五经"指《周易》、《尚书》、《诗经》、《礼记》、《春秋》。原本有"六经",其余一部为《乐经》,但已失传。中国传统文化经典常被称为"四书五经"。

③ 参见 D. K. Gardner 的著作 *Chu Hsi and the Ta Hsuelt*,第 5—6 页。

④ 在新儒学影响之下,儒家经典于南宋集大成为"十三经",包括《诗经》、《尚书》、《周礼》、《仪礼》、《礼记》、《易经》、《左传》、《公羊传》、《穀梁传》、《论语》、《尔雅》、《孝经》、《孟子》。

⑤ 参见 S. —h. Liu 的著作 *Understanding Confucian Philosophy*,第 173—174 页。

朱熹借鉴佛教冥想的方式，并将其加入他的学说中，因此一方面他的心灵得以安宁，另一方面他又积极参与社会活动。

朱熹是新儒学思想轴线的轴心。他将内在自我培养与外在学习以及关注社会结合在一起。他在强调理性认知外，也常倡导直觉体验。而其他思想家只倡导轴线一侧。朱熹之友陆象山（陆九渊）(1139－1193)与朱熹同属一个时代，他强调反省和心智培养。陈亮(1143－1194)与朱熹亦为同代人。陈亮赞成儒家生活中的外围部分，注重实用，关心政治。①宋朝哲学中，内、外的划分与经典儒学时期的哲学分流相似。②

在朱熹的众多著作中，《近思录》为压缩本，编辑于1175－1176年。在编辑过程中，朱熹受到友人吕祖谦(1137－1181)的帮助。朱熹思想在该书中得以总结。《近思录》为格言选集，作为儒家“四书”和“理”之哲学思想的入门书。在之后的各朝代中，《近思录》被认为是东亚最具影响力的哲学著作之一。③

朱熹在其一生中，以“穷理”和静坐培养自我。④可见他对“天”的态度十分虔诚和敬重。陈荣捷总结道：“他是一个拥有强烈宗教信仰的人。”⑤“朱熹意识到所有法则构成一个最高法则，‘穷理’旨在彻底理解万物。他从单纯的理智或者经验主义向宗教观点迈出了重要一步。因此我们可以说朱熹的立场与其宗教心态相合。并且事实上，朱熹一直在寻找这种精神上的超越。”⑥

---

① 参见 H. C. Tillman 的著作 *The Idea and the Reality of the ‘Thing’ during the Sung: Philosophical Attitudes toward WU*，第75页和 C. Chang 的著作 *The Development of Neo-Confucian Thought*，第309－331页。

② 参见 W. H. Lai 的文章“How Principle Rides on Earth: Chu Hsi’s Non-Buddhistic Resolution of Nature and Emotion”，发表于 *Journal of Chinese Philosophy II* (1984)，第31－65页。

③ 参见 C. O. Hucker 的著作 *China’s Imperial Past*，第370－371页。

④ 我们必须记住“理”寓于“气”中，朱熹对情感的消极态度一直备受争议。

⑤ 参见 W. t－Chan 的著作 *Life and Thought*，第139－161页。

⑥ Y. Abe 的文章“Development of Neo-Confucianism in Japan and Korea: A Comparative Study”，发表于 *Acta Asiatica*，卷十九(1970)，第28－29页。

九、王阳明(1472—1529)

在儒家中,明朝的王阳明与朱熹相对应。他生活在明朝中期左右(1368—1528)。如果朱熹是宋朝新儒学的主要代表,那么王阳明则带领明朝新儒学的发展。王阳明与陆象山思想一致,他们常被称为"陆王学派"。王阳明认为"心"和"理"不可分离,世间一切事物皆于"诚意"之中,并非于外部事物之中。①王阳明摒弃外在"格物",认为内在"格物"才是入圣之道。②"宇宙便是吾心,吾心便是宇宙";因此他将"理"和"气"简化并统一于心。③"心本身即为真理,直觉为其关键。"④所有人都拥有不会消失的"他们自己的真理"。该真理只会因自私而失去其色,就像"云使太阳黯淡,但是太阳怎么会消失呢?"⑤王阳明的内省方法被称为"心学",与之前程颢的思想相似。王阳明与禅宗相似倡导冥想,被指责为"伪装的禅徒"。⑥思索与心的培养和保持相关。我们可以发现王阳明与乔治·贝克莱的结论相近,即心及其感知经验为真实存在。

因此,王阳明毕生专注于人的心性,并将其与"理"等同起来。"心即理。所有的'理'皆在心中而非心外,它需要对于心外之物的详尽探寻。"⑦"人性之外无'理',人性之外亦无物。"⑧人在其出生时就已形成人性,人性本善,如果人性远离蒙昧的所赋之气,它就能与天、

① 参见 J. Ching 的著作 *Confucianism & Christianity*,第 193 页。

② 内省和心灵宁静应该先于外界活动,先内圣后外王。这与苏格拉底的观点相近,苏格拉底认为所有真实的洞见来自于内心。

③ 参见 M. Yoshida 的文章"The Chinese Concept of Nature"于 S. Nakayama 和 N. Sivin 主编的 *Chinese Science, Explorations of an Ancient Tradition*,第 84 页。

④ 参见 J. R. Levenson 的著作 *Modern China and Its Confucian Past*,第 84 页。

⑤ 参见 P. J. Ivanhoe 的著作 *Confucian Moral Self—Cultivation*,第 50 页。

⑥ 参见 W.—t Chan 的文章"How Buddhistic is Wang Yangming?",发表于 *Philosophy East and West*(1983),卷十二,第 3 期,第 232—233 页。

⑦ 参见 J. H. Berthrong 的著作 *Transformations of the Confucian Way*,第 124—125 页。

⑧ 参见 J. Ching 的著作 *To Acquire Wisdom, The Way of Wang Yang-ming's Youth* (1472—1509),第 57—103 页。

地及人相连。只有人的"良知"才是其师,故而无需向外寻求经典或者探寻事物。"良知"存于事物之中,它既是物质的又是非物质的。对于王阳明来说,"仁"亦是其他道德的根基,体现在日常生活中。①后来王阳明思想东渡日本,"孝"被强调为最重要的道德。(见第二部分"中江藤树")

自我培养应以启迪为目标,它可得于人性之中。这种培养可以从突然间的启发中获得,而非依赖于一步一步地改变。②"内心之光"应通向知行合一和至善。③人在知善后再做出相应行动。"知是行之始,行是知之成。"④身兼文官和军事家的王阳明实现了这一理想模式。

王阳明区别"真知"和"常知"的概念。"真知"是真实的知识,"完人如明镜清晰:简明确切地'反映'其身边的情况。"⑤"常知"只是某一事物的表面知识。一个以真实经历了解事物的人可以直接地反驳那些只有常知却没有真实经历的人。("你不会真正地知道爱是什么直到你爱过,你亦不会真正地知道同情是什么直到你同情过。"⑥)真性之人毫不犹豫地展开行动,普通人则在一开始就将所有事物列入考虑范围内。大多数政治家属于第二类,而刚入爱河的人则属于第一类。

"诚意"存在于对精神启发的追寻之中。自我培养使得人的诚意发挥至极致并且能够防止人们无论在劳作还是休息时产生任性和冲动的行为。这种有意识的努力并非无视经典和冥想。知识和寂静主义本身并不是所追寻的目标。这就像加热一个锅子,里面却什么也不煮。

当王阳明将内在道德能力称为"良知"且认为"千圣皆过影,良知乃我师"⑦时,可以看出他对内省的观察和直觉感知的强调带有宗教

---

① 参见 C. Chang 的著作 *Wang Yang-ming*,第 18－19 页。

② 参见 R. L. Taylor 的文章"How Buddhistic is Wang Yangming?",发表于 *Philosophy East and West*(1983),卷三十三,第 17－34 页。

③ 参见 J. Ching 的著作 *To Acquire Wisdom, The Way of Wang Yang-ming's Youth* (1472－1509),第 57－103 页。

④ 参见 R. Tsunoda 等编写的 *Sources of Japanese Tradition*,第 515 页。

⑤ 参见 P. J. Ivanhoe 的著作 *Confucian Moral Self-Cultivation*,第 73 页。

⑥ 同上,第 74 页。

⑦ "良知"语出孟子。

色彩。孟子哲学中的一部分成为王阳明哲学、形而上学以及伦理学的中心内容。王阳明与朱熹相似，是新儒家之一。王阳明的理想主义对明朝产生巨大影响。同时理想主义的盛行孕育了诸多学派，这些学派后来活跃在清朝初期的舞台上。

十、"天"和"道"

在儒家思想中，"天"是尽头和末端。如果儒学偏离或者遗忘了"天"，那么这种儒学并非真正意义上的儒学。①

"天"的概念在很早以前便存在于中国哲学中，我们可以在《易经》中找到它。它的替换概念是"帝"和"上帝"，暗示神明统治者或者上帝。之后"天"的概念亦出现于其他经典著作中，带有神的色彩。如果"天"在儒家时代前含有神的暗示，那么人们在以孔子为始的时代是如何看待它的呢？在孔子尚未清楚解释"天"的概念之前，人们将"天"感知为"天帝"。同时我们也可以清楚地看到孔子从未怀疑过"天"的存在。②

自孔子时代开始，"天"似乎被赋予人形，掌管宇宙、自然及人类，变得至高无上且无处不在。"天"自觉运行，人们甚至觉察不到它的存在。无论是神人同形还是神人同感，中国人都自觉意识到"天令"的存在，即统治自然、人类（帝王，即天子）和万物之令，尤其是朱熹，其他新儒家思想家也看到了"天"的概念。

《易经》，尤其是《老子》，将"天"和"地"描述为永无止境的"气"之演变和"大化"："所有形态，从一块岩石到'天'，都是构成连续统一体所不可缺少的部分，③它们以包罗万象的宇宙模式出现。"④但是

---

① "天"可以指：(1)自然意义上的"天"，即蓝天；(2)宇宙主宰；(3)哲学意义上的最高道德。

② 有关"天"、"上帝"和神的概念，参见李约瑟的著作 *Science and Civilization in China II*，第518页。

③ 参见 W.－m. Tu 的著作 *Confucian Thought: Selfhood as Creative Transformation*，第38页。

④ 老子所言之"道"是宇宙之道和默契的内心之道，而孔子所言之"道"是成文的道德之道，法家所言之"道"是法律之道。

更高一级的立法者或者说造物者并没有被提及；万物只是在演变过程中自发产生。万物与内在力量而非外在力量息息相关。与神人同形或者神人同感不同的是，“道”被论述为“自然”和一种自发自生的自然秩序。根据道家著作《管子》的观点，“道”属“无为”。事物属“作为”，而“道”支配一切“作为”。朱熹曾经提问天何时停止过运行。①荀子亦持类似观点，他说：“列星随旋，日月递照，四时代御……皆知其所以成，莫知其无形，夫是之谓天。”朱熹规避了具有创造性的神明问题，以警告终之，查问“无形之源”：“天”存于万物之上，存于人生活之中。②

在接下来的几个世纪中，儒学家们常常拒绝那些超自然的事物。他们中间最有名的是怀疑论者王充（公元 27－100?）。王充曾提出人死后精神或者灵魂能否存活以及“天”是否会介入人类事务之中的疑问。他说：“夫天地合气，人偶自生也。犹夫妇合气，子则自生也。”③王弼（226－249）则反对“天”的德行与万物相关。然而王充和王弼都没有否认“天”的存在。

人们相信天人同形或者天人同感的“天”的存在，因此对于“天”的信仰并没有消退。在朱熹的儒家哲学集成中，“天”以各种方式成为形而上的上层结构，将方向、法则和准则称为“道”和“理”。“天”超越世界和人类，“包罗万象”，是有限万物的来源。④朱熹儒学中，最大的创新是“理”的重要性上升到了与“天道”相同的高度。“理”和“天”意义相近。当朱熹说“我们可以祭天和祭帝”⑤时，他已将“天”和“帝”并列。

“道”与“天”密切相关，紧密联系，因此事实上两者通常一起被称为“天道”。人们在表达“天”时，常将“道”纳入其中，反之亦然。“天”和“道”形成了上层的、超越自然的要素。从总体上来说，“道”已广为中国人接受，该字带有宗教和哲学色彩，难以翻译。对于道家和儒家来说，“道”是“天”、自然秩序和事物特有结构的近义词。其含义不言

---

① 参见 *Kinshiroku XIV*。

② 参见 J. Ching 的著作 *Confucianism & Christianity*，第 124－125 页。

③ J. Ching 引自王充，参见著作 *Confucianism & Christianity*，第 125 页。

④ 参见 H. T. Kim 的文章“Transcendence Without and Within”，发表于 *International Journal for Philosophy and Religion*，卷三，第 3 期（1972），第 160 页。

⑤ 参见 *Kinshiroku IV*。

自明，无需解释或者翻译。因此“道”被惯译为“way”，在本书中亦是如此。可见“道”居于世俗世界和那些发现了“道”的圣人之上。而在日本，荻生徂徕“颠倒了圣人和‘道’的顺序”，指出圣人创造了人类之道。①

至于“天”和“道”这两个概念，“天”首先出现在儒家经典中——它常被写成“天道”而非“道天”。因此可以说“天”为形而上之神，“道”为天之“侍女”。② “道”和“天”指事物的终极存在。如果“天”为万物之主宰，生命之起源以及坚定推动者，那么“天”便融合于“道”中，并且宇宙生命的连续变化和流动也归入“道”中，“道”包含一切改变。“道”无所不在，无所不能，无所不知。“它永恒不息，超于时空、物质和运动。它的特点是存在于自然以及人类的和谐状态中。”③从宇宙意义上来说，“道”属于道家秩序；而从伦理意义上来说，“道”属于儒家秩序。在朱熹的集成中，宇宙之“道”与人类之“道”相互联系和统一。

因此，“道”与“天”使得中国哲学出现重叠现象。“道”是万物的起源，它最终以简单的伦理格言形式出现，渗透于世界和社会中。理解“道”的不同表现形式以及遵循生活中的尧舜之道是人类义不容辞的责任。

朱熹的成就在于将“理”的概念加入“天”和“道”的概念之中，并且建立了“天一道一理”的三元组合。因此一个广泛的儒家形而上学体系得以建立，该体系以“天道”作为事物之上和事物之中的精神之性。④

绝对真理有众多名目，皆聚于“天”之下，绝对真理高于其他一切真理。一为“道”，二为“理”，三为“太极”，四为“仁”，五为“心”，六为“诚”，七为“孝”。还有其他名目和内在品质构成总体。在新儒家时代，超然性具有众多名称，在《易经》、《论语》以及《孟子》中亦是如此。它们表达同一宇宙目的的不同方面。

---

① 参见 P. Nosco 的文章“Nature, Invention, and National Learning”，发表于 *Harvard Journal of Asiatic Studies*，卷四十一，第 1 期，第 48 页。

② 这是儒家思想。在道家文化中，“道”则居首位。

③ 参见 J. Ching 的著作 *Confucianism & Christianity*，第 123 页。

④ R. L. Taylor 的著作 *The Way of Heaven, an Introduction to the Confucian Religious Life*，第 24 页。

十一、仁①

德以“仁”为始终。②“它的确是贯穿儒家教学的一个准则。”③由于“仁”无处不在，难以翻译，即被译为“jen”。在英语中“仁”常常被译为“goodness”。“仁”是人类最重要的品德，它由所有其他品德构成。人性本善，所有罪恶皆归咎于偏离自然。仁者统一天地万物。中国早期思想中的这种乐观主义在新儒学中依旧保持不变。朱熹认为“盖仁之为道，乃天地生物之心……诚能体而存之”。善恶可追溯至阴阳两极中早期的天地思想至新儒家的“理一气”学说。“仁”在《论语》中出现一百余次，是其中心思想，儒家思想皆以“仁”为中心。在新儒家传统中，“仁”是穿越“天”、“道”以及人的轴线。“在宋朝和明朝，‘仁’被赋予形而上学的含义，等同于宇宙生命的力量。”④

对于孔子和孟子来说，“仁”是最为普遍，最为根本的道德，“大仁”与“义”相关。“仁”与“义”皆强调人生来平等，尽管之后社会出现不平等现象，但是人生来平等的观点一直存在。孔子认为“四海之内，皆兄弟也”，孟子认为“人皆可以为尧舜”。孔子亦将“仁”简洁地表达为“爱人”。这是最为简短和合适的说法。⑤

因此“仁”成为孔子言论以及大多数儒家文学中的主要话题。许多诸如“以直报怨，以德报德”⑥的格言将“仁”的概念表达得淋漓尽致。“仁”之伟大和崇高可与基督之爱相提并论，甚至有过之而无不及。

人们也可以在儒学中发现基督教的黄金法则，该法则以一种更

---

① 有关“仁”，参见 W. 一 t. Chan 的文章“Chinese and Western Interpretations of jen (Humanity)”，发表于 *Journal of Chinese Philosophy*，卷二，第 2 期(1975)，第 107—129 页。

② 中国文化中的“仁”，正如李约瑟所说几乎不可能翻译。

③ 参见 W. 一t. Chan 的文章“Chinese and Western Interpretations of jen(Humanity)”，发表于 *Journal of Chinese Philosophy*，卷二，第 2 期(1975)，第 122 页。

④ 参见 J. Ching 的著作 *Confucianism & Christianity*，第 9 页。

⑤ 有关“仁爱”，参见《论语》。

⑥ 参见《论语》。

为复杂和否定的形式被表达出来，“己所不欲，勿施于人”①。自古代以来，该法则就已出现在有关人类互相依存、互相联系的言论中。此辩辞皆与等级之爱和博爱相关。中国人倾向于接受社会关系中有等级的爱。博爱和平等之爱虽得以宣扬，但是这种爱还是通过社会中有等级的爱得以实现。

韩愈(768－824)大力倡导博爱。宋朝思想家们跟随韩愈的步伐，高度重视“博爱”这一思想。由于“博爱”的用法十分广泛，包含一切，“仁”趋于等同于人性、“理”以及“天”和“地”。比如程颢，他曾说：“仁者，浑然与物同体，义、礼、智、信皆仁也。”②张载(1020－1077)在《西铭》中很好地表达了“仁”的意义，即所有人类民主团结的意义：

> “乾称父，坤称母，予兹藐焉，乃混然中处。故天地之塞，吾其体；天地之帅，吾其性。民吾同胞，物吾与也……凡天下疲癃残疾、惸独鳏寡，皆吾兄弟之颠连而无告者也。……。存，吾顺事；没，吾宁也。”③

朱熹同样在其《仁说》中表达了“仁”的意义：

> “天地以生物为心者也，而人物之生，又各得夫天地之心以为心者也。故语心之德，虽其总摄贯通，无所不备，然一言以蔽之，则曰仁而已矣。”④

“仁”暗指万物、宇宙、生命以及日常事务皆合于“仁”中。“在儒家学习中，‘仁’居首位，‘义’与其近似，‘礼’随之，世俗的‘忠’与‘直’亦继之。”⑤最终，“仁”包括所有道德。真正的仁者为在世的圣人，仁者将“天”和“地”以及“仁”三者合一。朱熹认同这种道德思想，并将其发展到极致。朱熹强调这种道德思想具有活跃的创造性，使得万

---

① 参见《中庸》第十二章。

② 参见程颢的《识仁篇》。

③ 参见 R. L. Taylor 的译著 *The Confucian Way of Contemplation*，第 14 页。

④ 参见 W.－t. Chan 的文章“Chinese and Western Interpretations of jen(Humanity)”，发表于 *Journal of Chinese Philosophy*，卷二，第 2 期(1975)，第 56 页。

⑤ 参见 Y. Nakamura 的著作 *Kinsei no shiso*，第 1－41 页。

物生生不息并且成为创造存在的理由。道家思想亦显而易见。在中国、朝鲜、日本或者世界上的其他地方，对于“仁”，人们常常说的多而做得少，这不失为一种遗憾。

在之后出现的儒家哲学家中，荻生徂徕给予“仁”最好的定义。他在《弁道》一书的第七章中说：“‘仁’构成了统治者之‘道’的伟大品德……‘仁’是互爱互助，共同成长、培养和完善，构成人性。”①

十二、“性”和“心”

“人性”一直是中国哲学的中心内容，它是孔子讲道的重要内容之一。②因此“性”存在于儒家经典时期和新儒家时代中。人心是善是恶抑或介于两者之间成为一个基本问题。中国人皆为道德主义者，他们经常提出这样一个问题：“我即将做的事情正确吗？”

人们通常总会先提起孟子，孟子乐观地认为人性本善，随即人们又会提到荀子，荀子则认为人性本恶。大约十四个世纪以来，每一位思想家都各尽其职地在“人性”问题上各抒己见，直到宋朝新儒学提出人性善的学说。③无论是张载“气”的学说，还是程氏兄弟和朱熹“理”的学说，他们皆倾向于孟子“人性本善”的观点。朱熹对此观点进行了补充，他认为人在出生时性为善，随后性逐渐变恶。自我们出生之日直到死亡时，所赋之“气”衍生出了恶。因此，人需要终生关注和培养其“性”。朱熹强调人在清醒时必须不断进行自我培养。④

世上的人就好比浑水中的珍珠。⑤朱熹在《近思录》中将“性”与清水进行比较，水往低处流，逐渐变得浑浊，但可被澄清，仍为原先之

---

① 参见 Lidin, Olof G 的著作 *Distinguishing the Way, An Annotated Translation of Bendo*，第 38 页。

② 参见 Gerhard Leinss 的著作 *Japanische Anthropologie, Die Natur des Menschen in der konfuzianischen Neoklassik am Anfang des 18. Jahrhunderts Jinsai und Sorai*，第 3 页。

③ 有关中国文化中的“人性”，参见 Gerhard Leinss 的著作 *Japanische Anthropologie, Die Natur des Menschen in der konfuzianischen Neoklassik am Anfang des 18. Jahrhunderts Jinsai und Sorai*，第 1—12 页。

④ 参见 *Kinshiroku IV*。

⑤ 参见 J. Ching 的著作 *Confucianism & Christianity*，第 122 页。

水。人同样可以培养其“性”，并重获“性”之纯净。他说：

> “夫所谓‘继之者善也’者，犹水流而就下也。皆水也，有流而至海终无所污……有流而未远固已渐浊，有出而甚远方有所浊……清浊虽不同，然不可以浊者不为水也。如此则人不可以不加澄治之功。……及其清也，则却只是元初水也……水之清，则性善之谓也。”①

朱熹说：“性无形质，而含之於心。故一心之中，天德具足。心者，一身之主宰。”②朱熹又说：“人者，天地之心。心统性情。”朱熹还认为心位于中心，统摄五官，因此被称为“天主”。③孟子曾说：“尽其心者，知其性也。知其性，则知天矣。”④《管子》也曾提出心内有心，心含人智。⑤

对于孟子来说，“‘心’为人的精神支点。它是人内心的圣所，是人之才智和意志的汇聚之地。”⑥“天”、“地”、“理”、“气”在此汇合，互相联系，形成人体，“理”嵌于“气”中，“气”嵌于“理”中，“气”和“理”皆嵌于“心”中。此外：

> “心同于意识，是人体的活跃部分。由于它的活力，心也可以作恶。而人的思维中的‘理’被称为‘性’，人性属于心。人性组成一切‘道’的原则，这些原则来自‘天’，存于人的思维中。当一切原则在认知、感觉、思想和焦虑中显现，情绪就应然而生了。”⑦

---

① 参见 W.－t Chan 的译著 *Reflections on Things at Hand*，第 20 页。

② 参见 R. L. Taylor 的文章“The Centered Self: Religious Autobiography in the Neo-Confucian Tradition”，发表于 *History of Religion*，第 17 期(1977)，第 272－277 页。

③ 参见 A. D. Birdwhistell 的文章“Knowledge Heard and Seen”，发表于 *Journal of Chinese Philosophy II*，1984 年，第 69 页。

④ 参见《孟子》。

⑤ 参见《管子》第 49 章。

⑥ 参见 J. Ching 的著作 *Confucianism & Christianity*，第 96 页。

⑦ 同上，第 137 页。

因此"心"是人们为了成为道德全面的人而所做的努力的"中心"。①它是天地汇合之处。人既有"天性"又有"气质之性",分别与"道心"和"人心"相对应。"道心"为纯净之"心",乃"天"之心,然而"人心"并非纯净之"心",乃尘世之"心"。人类由于具备意识,因此具备净化其"心"的能力。对于程颢来说,"静坐"即"道"。对于程颐和朱熹来说,"穷理"同样重要。朱熹的平衡观点与程颐、陆象山以及王阳明的观点有相似之处。

当品德与情感发展到了一定程度,它们即以孟子所说的"仁"、"义"、"礼"、"智"的形式得以呈现。一颗平静的"心"先于活跃的生活,即"无心而为"。如果能做到这样,人便能因为无为而得以平静,不受外物纷扰。②

朱熹称"心"生成于"静坐"冥想与"穷理"学习中。人们通过这种方式便可以避免陆象山等学者们"过分依赖个人直觉"以及"极端主观主义"的倾向。③通过广泛学习经典,人们可以学习正确的与"天"之法则相对应的礼仪礼节;通过"格物",人们可获得"诚"的品德。朱熹认为人们应该"居敬穷理"。只有当恭敬之"心"在内心得到了万物统一,"水方可充盈于器",也就是说直到那时我们才算得上做好了服务世界的准备。这以自我启迪为始,以与人类社会共享觉悟为终。④

因此"心"摇摆于"未发"与"已发"之间。"未发"与"天"之性相关,"已发"则与"地"之性相关。人们有责任培养自己的"心",并使"天理"得以体现。

从天的角度来看,"天心",即"天"之"心"存于世上,它与"道心"相似。"它是一种存于自然和'天'中的自发的、具有创造性的力量。"⑤"天心"为万物主宰,"积极地隐喻'天'、'地'以及万物的统一"。"天心"起主动作用;而"太极"则相对被动,起辅佐作用。

---

① 参见 D. K. Gardner 的著作 *Chu Hsi's Program of Learning*,第 170 页。

② 参见 *Shinkiroku IV*。

③ 参见 P. J. Ivanhoe 的著作 *Confucian Moral Self-Cultivation*,第 62 页。

④ 参见 D. J. Munro 的著作 *Individualism and Holism: Studies in Confucian and Taoist Values*,第 215—238 页。

⑤ 参见 J. Ching 的著作 *Confucianism & Christianity*,第 59—60 页。

十三、道教和佛教

朱熹的一些观点体现了道教和佛教思想。[①]中国人曾被道教和佛教教义中的精辟神秘思想吸引。“理”的思想成为朱熹体系中的奠基石，它从印度达摩的思想发展而来，并且与达摩思想相似。“理”成为“天”和“道”的近义词，并且出现“天理”和“道理”。周敦颐和张载在很大程度上受到道教和《易经》的影响，将整个宇宙视为演变中的流动之“气”，除了提到物质和活动之中的“条理”[②]以表示顺序外，他们很少提及“理”。周敦颐和张载以“太极”取而代之，他们认为“太极”赋予“气”以序，然而程氏兄弟未曾提及“太极”的概念。朱熹思想则更具推测性，它们来源于《易经》、道教和佛教，其余来自孔子和孟子。之后，朱熹发挥才智，将不同来源的思想融合在一起，创建儒家理性论。

朱熹在年轻时研究佛教约十年之久。在其一生中，他与佛僧友好相处，但是朱熹注重实际的头脑使得他逐渐远离佛僧们的消极世界观这一虚幻的宗教信仰。他曾承认自己的确在追求真理的过程中接近过佛教，但是却以失望告终，于是他暂且将佛教置于一旁，投入到儒学思考中。孔子积极的世界观显然更适合朱熹，因此他再也没有回归佛教。朱熹的大集成未曾背离道教和佛教。其集成可以说是对佛的信仰和圣人信仰的平衡。

朱熹批评禅宗中的“开悟”信条。对于儒家稳重的处事作风而言，觉悟之道是一个循序渐进的思考过程，它需要数年时间而非短短一瞬间。朱熹通过广泛学习书本得出与禅宗处事截然不同的结论。朱熹认为禅宗缺乏逻辑，因此轻视禅宗中的“公案”[③]。他认为禅宗

---

① 参见冯友兰的文章“The Rise of Neo-Confucianism and its Borrowings from Buddhism and Taoism”，发表于 *Harvard Journal of Asiatic Studies*，卷七(1942—1943)，第 113—125 页。

② “穷理”贯穿儒家思想。

③ 译者注：“公案”在此为佛教禅宗用语，即指佛教禅宗祖师在接引参禅学徒时所作的禅宗式的问答，或某些具有特殊启迪作用的动作。此类接引禅徒的过程，往往可资后人作为判定迷悟之准绳，犹如古代官府之文书成例，故亦谓之为“公案”。

最大的错误在于否定世界；对于一个中国儒学家来说，这是一种极为愚蠢的行为。佛舍弃父母，舍己喂虎，这是一种什么样的道德？因此在社会思想中，儒家和佛门子弟身居不同两极，儒家以服务世界为宗旨，而佛教徒则拒绝世界。

土生土长的道教拥有类似的古代理想，因此与儒学十分接近。然而，道教中的“无为”思想与佛教中的“虚无”思想相似。新儒学中的“内派”，程颢、王阳明和其他思想家与道教和佛教有着天然的紧密联系。朱熹在寻求真理的过程中同样受道教和佛教吸引，但是当他将注意力转向贤明之后他舍弃了道教和佛教。在中国传统中，无论是道家，儒家抑或法家，众多概念皆相同，比如说“道”和“天”，尽管它们暗指的意义不同。周敦颐宣称一切万物皆始于“无极”的宇宙论被朱熹接受。该宇宙论从某种意义上来说立足道教。张载的“泛气论”与道教相似，认为自然自给自足，既不创造他物亦不受控于别物。程颐以其“理”的思想扩展宇宙论，最终出现朱熹的理－气学。朱熹与王弼的思想近似，王弼曾说：“故未形无名之时，则为万物之始。及其有形有名之时，则长之、育之。”①自然为无限时空，等同于“道”、“天”和耶稣。②朱熹广泛阅读，在大集成中吸收道家信条。

因此我们不能否认从道教和佛教中而来的超元素的同化过程。道教和佛教推动宋朝儒学进一步向形而上学发展，同时也丰富了人们内心虔诚的精神生活。宋朝儒学不只是官僚们以自我为中心的手段。孔子并没有以过多的宗教来支撑其思想，他拒绝讨论超然性。在朱熹的学说中，学习和沉思是获得良好道德生活和成为圣贤的儒家之道。

十四、学习和静坐

人们必须通过学习来遵循道德之道。研究和学习是人类最主要的责任和乐事。对于真正的儒学家来说，这意味着《管子》中所提到

① J. Ching 引自王弼，参见著作 *Confucianism & Christianity*，第 153 页。
② 参见《圣经》。

的“长目飞耳”。①

人必须通过学习来获取知识和克服障碍。学习之道在于研究贤哲之作和有价值的事物，它们总是会教导人们如何回归最初的本性以及如何成为尧舜之帝。②投身于贤哲理想始于学习，这是一个终生事业。孔子提供了一个很好的例子，他说：“吾十有五，而志于学。”这使得他最终“知天命且从心所欲不逾矩”③。朱熹同样表达了治学的重要性：“言学便以道为志，言人便以圣为志。”④

为了学习而学习是徒劳的。真正的学习应该以寻获真理——“道”，即圣人之“道”为崇高目标。学习不应该以考试和晋身官场为目标，⑤而应以探寻三朝先哲的真理为目标。“以圣为志”的学习才是真正的学习。不以此为目标的为学都是狭隘粗俗的。⑥

儒家治学致力于服务人类，这也是儒家学者的实践目标。人们深受启发，忧心于世。“君子之道四：所求乎子，以事父；所求乎臣，以事君；所求乎弟，以事兄；所求乎朋友，先施之。”

儒学中对学习的强调并非新生事物。《论语》中的开篇之句便倡导学习，并且以“学”为开篇首字。《大学》甚至将“学”字纳入书名中。朱熹对“学”进行讨论，并赋之以“理”。他强调追寻真理不可一蹴而就。朱熹还把读书比作爬山，只有一步一步地从山下往高处爬，才会有到达山顶的一天。⑦

朱熹将学习比作通过双腿，立于地面之上。他曾明确地说：“立身以立学为先。”他告诫人们不要“单边主义”。人们不仅应该追求外部知识，同时也应该寻求自身内部知识。问题在于应该先迈出哪一条腿：内心冥想为先抑或外部穷理为先呢？朱熹得出结论认为两者同等重要并希望两者能够处于一种平衡状态。内心冥想与外部穷理皆以成为圣人而非佛祖为目的。

朱熹认为求智之道是一个长久的过程，它始于孔孟的《大学》再

---

① 参见《管子》。

② 参见 C. Blacker 的著作 *Japanese Enlightenment*，第 41—42 页。

③ 参见《论语》。

④ 参见 *Kinshiroku II*。

⑤ 考试成为获得晋身和成功的手段以及做官的必要途径。

⑥ 参见 *Kinshiroku II*。

⑦ 参见 D. K. Gardner 的著作 *Chu Hsi and the Ta Hsuelt*，第 102—111 页。

至道德生活最后至“和谐有序的状况”。①

如果说研究和学习是一种启发之道，那么“静坐”则是对其的一种补充。②我们所听说的“静坐”直到宋朝才出现在学习中。③正是在宋朝，儒家通过接触道教和佛教发现“静坐”以获得内心平衡，他们认为“静坐”与研究学习同等重要。新儒家教义中极为重要的对“天”的敬仰需要人们内心的宁静以适应外部的活动。拥有泰然个性必须具备丰富的头脑。朱熹并没有明确指出人们应该如何“静坐”，他强调“静坐”本身不应该成为一个目标。否则“静坐”就会像佛教中的“禅定”，“儒家之佛”便会出现，这是十分危险的。沉着的心态有助于人们积极投身于政治和社会生活中。因此朱熹强调“察理”应与平静和冥想步调一致。

朱熹告诫人们沉思应与整个学习过程相适应。他提及《中庸》中的词句：“喜怒哀乐之未发谓之中，发而皆中节谓之和。”④起初，朱熹对“静坐”冥想并非很感兴趣，然而最后他自我妥协并且大力倡导“静坐”，并以此来支持“理学”。“静坐”最终成为一种“半日静坐，半日读书”的惯举。⑤因此和程颐一样，朱熹坚持认为知识扩展和道德努力应该处于平衡状态，“静坐”应为先。⑥在超然的“静坐”中，人的大脑得以澄清，因此才能做好观察事物的准备。

无论是阅读抑或内省，“格物”和“穷理”的目的皆在于自我培养。这一终生过程必须有一个严格的规划直到人们离开人世。“敬”至关重要。正如程颐所说：“涵养须用敬，进学则在致知。”⑦“居敬”即为严肃不放肆，知错即改的道德培养。人必须稳步成长，当人的内心和外在达到统一并且做好服务世界的准备时，人就达到圆满的境界了。朱熹强调通过统一“敬”和“悟”通向社会生活。他引用《易经》中的话：“敬以直内，义以方外。”它们是“一辆车的一对轮子抑或是一只鸟

---

① 参见 *Kinshiroku X*。

② 参见 R. L. Taylor 的文章“The Centered Self: Religious Autobiography in the Neo-Confucian Tradition”，发表于 *History of Religion*，第 17 期，1977 年，第 14 页。

③ “静坐”形式并非唯一。

④ 参见《中庸》第一章。

⑤ 朱熹被指佛儒参半。

⑥ 参见 J. P. Bruce 的著作 *Chu Hsi and His Masters*，第 121 页。

⑦ 参见 R. L. Taylor 的文章“The Centered Self: Religious Autobiography in the Neo-Confucian Tradition”，发表于 *History of Religion*，第 17 期，1977 年，第 17 页。

的一双羽翼”①。

十五、治国中的新儒家思想

在《大学》、《中庸》、《论语》和《孟子》中，“理”的价值体系作为一种传统力量和意识形态支持着国家及其体系。新儒家道统观的严苛性受到了保守政权的欢迎，此政权力求在现状范围内达到平衡状态。朱熹思想早在中国元朝(1313 年)即被定为国家意识形态，在朝鲜李朝初期(1392 年)亦是如此。日本幕府制度的封建秩序吸收了“天道”思想，人们应当拥护幕府制度，这与“理”的思想对应一致。四个阶层(武士、农民、手工业者和商人)②所构成的封建社会政治结构是“自然”秩序的反映和体现。③因此“天”成为武士统治和幕府制度合法化的最高来源。这不仅促成了而且加强了中国、朝鲜以及日本体系中固有的保守主义。

治国的基本真理存在于早期的“五(六)经”中。因此每一位要求进步的儒学家都应该研究孔子经典，并将之应用于治国之中。之后根据“五(六)经”又出现了编年史。人们通过儒家经典和其他早期著作了解到个人及社会生活中的得当举止和礼节，以及随着世纪变迁不断累积的守则常规。其中以“五伦”为先，首先是有关“忠”的君臣关系，其次是有关“孝”的父子关系。上下有所区别对于有序的世界来说必不可少。任何离经叛道皆沉淀于邪“气”的起伏中。当习俗和习惯发生改变时，“天理”则遭遇被篡改的危险。任何叛逆之人皆因背离其“理”而无法掌控其“气”。

“五伦”出现后不久便出现了等级社会。这种社会形态对于历史上以此为特征的中国和其他东方国家而言至关重要。社会差异开始带有“天”的神圣色彩，不可侵犯。张载提出的“民吾同胞，物吾与也”④的观点表明了他基于道家理想主义而非儒家现实主义中的平

① 参见 W.－t Chan 的译著 *Reflections on Things at Hand*，第 84－85 页。

② 日本社会阶层包括武士、农民、手工业者和商人。

③ 参见 C. Blacker 的著作 *The Japanese Enlightenment*，第 45 页。

④ 参见张载的《西铭》，第十一章。

等主义倾向。在宋朝中国、李朝朝鲜以及江户日本，效忠君王、信任朋友以及军事道德都需要这种严格的等级关系。社会阶梯的顶层是文人(即日本的武士阶层)，其下则为平民，依次包括农民、工匠以及商人。这种等级划分得到古代圣人的认可且具有至关重要的严格性。如果这四个代表大多数人的阶层的关系井然有序，那么其他群体便易于管理。此乃圣人之道，同时相关制度只能根据地点、时间和环境的变化而修改。①

丸山真男在“自然和作为”②一文中毫不犹豫地指责朱熹的封建等级社会思想。“自然”指代朱熹“理”的思想，永恒不变的“理”导致封建社会停滞不前。一切事物代代流传，保持不变；然而“作为”则指随着时代发展而改变的社会政治习俗和法律。

十六、新儒家历史(气)现实主义

在正统朱子学中，“太极”及其众多表现形式统一于绝对标准之中。历史和国际关系亦包含在这种表现形式内。“天”之“道”及其应用皆永恒不变；任何对此的干扰都是对圣人、“天”，以及乌托邦式的古代黄金岁月的轻视。然而这种统一思想受到早期儒家思想的质疑。早期儒家思想强调口头习俗和书面法则，这些习俗和法则与时间、地点和环境相关。③ “道”从天至地，成为相对之“道”。不仅仅是古代三大王朝已获得相关之“道”，每一个朝代都需要与自身相符的制度。汉唐两朝的治国之道与古代黄金朝代有所不同。评判标准是世俗成功而非晦涩的超验概念。历史始于“五(六)经”和圣人。时代变迁，伦理随之改变，万物皆有变化，甚至包括“道”(制度)。因此不同朝代拥有不同之“道”。“道”随历史潮流而发生变化。“道”为有机存在，即为孟子所言的“洪水之气”。朱熹接受历史的转变并认为一个朝代只有紧跟局势的变化才可得以延续。每一个局面都有其中庸

① 参见 *Shinkiroku VII－IX*。

② 参见 M. Maruyama 的著作 *Studies in the Intellectual History of Tokugawa Japan*，第 191－192 页。

③ 参见 W.－t Chan 的译著 *Reflections on Things at Hand*，第 220 页。

之道;这就是“天下之理”。[1]然而圣人们和古代三大王朝的思想都包含“天”的概念。圣人们在“建立符合他们时代的制度”时,他们的行为与“天”相符。在汉唐宋初期,明智的人们创造了得当的习俗和礼仪—— 然而他们总是将古代三大王朝理想化。[2]

古代三大王朝是历史上的黄金时期,当时圣人当道,一切完美。之后所有的朝代皆走下坡路,只能回首完美往昔,他们试图学习古代习俗——然而这一切都算不上成功。宋朝的现实主义者通过获取知识的实践方法彻底变革正统学说并且将之后的朝代与古代三大王朝并置。圣人智慧出现于任何朝代,并非只出现于古代明君中。汉高祖和唐太宗皆为后代树立榜样,立下标准。汉唐与古代三大王朝的圣人的正确制度交织于“道”中。

倡导变化之“道”的学者们之所以被认为实际和功利是由于他们热爱世界并且拒绝强调永恒之“理”的模式。事物的“气”一元论的观点很快得以出现,这种观点认为“理”同样处于变化之中。正统朱子学家认为有关宇宙的一维解释解读了朱子学,诸如陈亮等学者们遭到指责。陈亮认为“‘道’无处不在,是一种实际的以人为中心的相对真理”。[3] 对于陈亮而言,基础之“气”贯穿于历史、生命及事物中。“气”的思想一直十分活跃,众多明朝学者开始倡导“气”一元论。“气”一元论日益肯定历史相关性,否认上层之“理”,然而它总是局限于古代世界观中。永恒之“道”在万物中得以圆满完结。例如伊藤仁斋(1627—1705)和荻生徂徕(1666—1728)这样的日本学者则倾向于相对主义的思想。(见本书第二部分)

十七、中日后期理气思想

具有讽刺意味的是大约在1600年日本开始迫害基督徒时,中国

---

① 参见 *Shinkiroku I*。

② 参见 M. Maruyama 的著作 *Studies in the Intellectual History of Tokugawa Japan*,第94—95页。

③ 有关陈亮,参见 H. C. Stillman 的著作 *Utilitarian Confucianism, Ch'en Liang's Challenge to Chu Hsi*,第157页。

却对传教士的到来表示欢迎。诸如利玛窦(1552—1610)和汤若望(1592—1666)等耶稣会会士引进欧洲新科学,其相关中文译著传到长崎。① 幕府将军德川吉宗受西川如见影响对该学问有所耳闻,他下令在不提及基督教的前提下,对此进行研究和利用。这一始于中国又相继在日本出现的研究证明:中日两国在改造新知识以迎合己需的同时也可以保持儒家身份研究新学问。②同样地,欧洲的基督徒也可以继续信奉基督教义同时研究新学问,尽管这些基督徒们受人轻视且遭到教会迫害。东西方学者成了“唯名论者”。然而尽管这股潮流使西方出现了有关自然的系统经验研究,但在中国和日本却并非如此。中国和日本的学者们在西方带来现代科学之前一直保持着“唯名论者”的身份。③

然而这种思想发生了变化。在明朝(1368—1644),“气”日益受到关注,而人们对于“理”的兴趣则日益消退。在宋朝时期,一批新儒家学者强调人的内心。明朝的陆象山就是其中一位学者,他与王阳明关系密切。④ 他们的直觉说是一种局限于个人的“格物”,这与禅宗十分相似。“理”存于心内。有句话颇受欢迎:“心中无物,心外无物。”心存真理,人们的觉悟来自于内心而非“穷理”。

不久便出现了罗钦顺(1465—1547)的哲学思想。尽管他对正统朱子学的理气思想予以肯定,但是他坚持认为理者气之理,理随气具,万物皆循此。⑤ 因此,罗钦顺在研究朱熹理气论的基础之上,转向“气”一元论以及万物的世俗化。人们开始对物质——马而非骑马人颇感兴趣,而情感和欲望则被认为是人们心灵的自然部分,与“天”相符。因此罗钦顺提出的“原始科学”可能发展成“现代科学”。

---

① 利玛窦1601年来到北京,对欧洲科学兴趣颇深,翻译了许多有关数学、天文学和其他学科的著作。

② 参见 M. Sugimoto 和 D. L. Swain 的著作 *Science & Culture in Traditional Japan*,第261—262页。

③ 参见 J. R. Levenson 的文章“The Abortiveness of Empiricism in Early Ch'ing Thought”,发表于 *Far Eastern Quarterly*,卷十三,第2期,1954,第155—165页。

④ 参见 J. Ching 的著作 *To Acquire Wisdom, The Way of Wang Yang-ming's Youth (1472—1509)*。

⑤ 有关罗钦顺及其“气”的思想,参见 I. Bloom, Irene 的文章“'Abstraction' of Ming Thought: Some Concrete Evidence from the Philosophy of Lo Ch'in-shun”于 Wm. T. de Bary and I. Bloom 主编的 *Principle and Practicality*,第69—125页。

在清朝(1644—1911),治学的钟摆摆向经验主义,出现了外求而非内求的倾向。新的朝代需要具体和实际的学问。在这方面,中国哲学家方以智(1611—1671)对日本思想界产生影响。他探寻"事物的外延法则"并且推动人们对"巨大能量(气)的理解"。"格物"得以扩展并指向心外的物质之物。耶稣会会士的著作译本在明朝末期得以出版,方以智对这些著作进行探讨。他对其中"气"的部分印象颇深,但他认为这些研究缺乏"理"的层面。①

无论宇宙以地球还是太阳为中心,"天"都高高在上,"气"充盈于"天",进行阴阳变换。王夫之(1619—1692)②同样受到张载的影响认为"宇宙之间唯一气","理只可见于气中","理行于气"。因此才有了生命和自然。世界上的现象都不过是"气中之理的暂时之景"。王夫之还进一步提出"万物合一"的观点。任何现象的二重性显而易见——"一为二,而二为一"——"气"和"理"为宇宙的两个部分,为动态平衡之真理。与方以智和王夫之同处一个时代的顾炎武(1613—1682)③同样认为治学应该基于心外的具体世界。他开始对诸如经济学、治国、军事防御等实用学科产生兴趣并且指责王阳明心学引起明朝衰退。④然而另一位哲学家黄宗羲(1610—1695)曾写道"天地之间只有气,更无理,理气之名由人而造。"⑤十七世纪和十八世纪的其他"现实"儒学家还包括颜元(1635—1704)、李塨(1659—1733)等,他们也是"气"一元论者并且强调不存在脱离了"气"的"理"。颜元以全盘排斥新儒学的投机主智论而知名。戴震(1724—1777)以提出"气化生人生物,而'理'只是'事物之中的内部条理'"的观点而为人所知。章学诚(1738—1801)深受戴震影响,以其渊博的史学理论和宽广的知识面而闻名。他们都将朱子学的理性主义和陆王学派的理想主义弃于一边,转而致力于证明具体个别事物的有益性。他们的兴趣不断扩展,开始了对实际事物的研究,但是他们又"不希望与儒

---

① 参见 W. J. Peterson 的文章"Fang I-chih: Western Learning and the 'Investigation of Thing'",于 Wm. T. de Bary 主编的 *The Unfolding of Neo-Confucianism*,1975 年。

② 参见 I. McMorran 的文章"Wang Fu-chih and the Neo-Confucian Tradition"于 Wm. T. de Bary 主编的 *The Unfolding of Neo-Confucianism*,第 413—467 页。

③ 参见 W. J. Peterson 的文章"The Life of Ku Yen-wu (1613—1582)"于 *Harvard Journal and Asiatic Studies*,卷二十九,第 1 期。

④ 参见 J. R. Levenson 的著作 *Confucian China and its Modern Fate*,第 6 页。

⑤ 参见 Wm. T. de Bary 主编的 *The Unfolding of Neo-Confucianism*,第 195 页。

家传统分离”。他们的进步思想影响了许多十八世纪的日本儒学家，例如贝原益轩，他曾读过方以智的著作。

第二部分　日本江户时代儒学家

引　　言

从体制和思想上来说，江户时代是日本历史上最为活跃的时代。在这段和平的黄金时期里，儒学成为改变人们行为的主要思想言论。儒学虽然是古代中国的信条教义，但事实上它是宋朝本体论体系和朱熹思维模式的副产物。如果镰仓时代和室町时代以佛教为主，那么其后的江户时代则呈现出以儒家真理为主的，神道教、佛教和儒学三位一体的局面。佛教仍然十分重要，但其发展不如之前繁荣，而神道教直到江户时代末期才兴盛起来。幕府将军德川家康最早对儒学教条予以承认，并将其视为服务国家的伦理道德。①在日本战国纷乱后，即"下克上"②成为广为接受的伦理教条之时，日本需要儒学教条。德川家康非常清楚即使他从马背上打下了江山，但是他不能在马背上稳守江山。他认识到国家需要强有力的思想体系以维持他所希望的法律和秩序，而非仅仅依靠权力。德川家康通过阅读和聆听儒家真理感觉到自己已找到了统治的意识形态基础，此外他受益于佛教和神道教教士，重视能够支持统治的其他学说。因此儒家哲学中的伦理道德而非新出现的形而上学受到德川家康和幕府将军们的重视和推广。幕府将军在国家的鼓励下从作战转向治学发展，从此

① 德川家康是实用主义者，他深知如何发现最适合江户日本的意识形态。

② 译者注："下克上"是指下层推翻上层。即下级代替上级、分家篡夺主家、家臣消灭家主、农民驱逐武士。

一个新的文化时代开始了。之后日本的各种文化中皆出现了儒家观点。比如在文学中,“义理”和“人情”的概念显而易见。

下文将会着重介绍最为重要的儒学家们以及他们看待儒家真理的立场,同时还将介绍这些儒学家们如何追随新儒学以及如何应用这种哲学。通过逐一介绍儒家教义,我们会发现儒家教学极具多样性并且富于力量。在江户时代初期就涌现出了不同思想。在二百五十年里,朱熹的道德观历经数个侧重点不同的阶段。从相对简单的辩证法再发展至更复杂的思想。日本本土的神道教加剧了宗教混乱的局面。自十八世纪五十年代起,兰学使得日本的思想变得更为复杂。然而中国思想一直居于意识形态中心,神圣而不可动摇。它是统治阶级的道德规范,刻有古昔真理的印记,因此不可轻易动摇。与其说是改革不如说是“朱陆传统”之内的逐渐演化。① 儒家轴线始于江户时代初期的藤原惺窝和林罗山至末期的大桥讷庵。

朝鲜和明朝中国推动了江户时代新儒学的发展。②儒家经典和儒学家作为朝鲜战争(1592—1598)的战利品流入日本。朱熹的基础哲学首先进入日本并成为江户儒学的支柱。这是以藤原惺窝和林罗山为开端的第一轮潮流。之后明朝思想盛行,中江藤树开辟了第二轮潮流。从广义上来说,这是占据主要地位的“理一气”学说的发展。之后有关“气”的人文主义也得到巨大发展。因此早期思想家们更加强调“理一气”理想论,而后期哲学家们则更加注重“气”之现实论。在现代化之前的“理”的思想中,以三浦梅园和山片蟠桃的思想为例,“理”与“气”合并于最后的大集成之中。近代现实主义者本多利民和佐藤信渊以及现代派中最主要的代表福泽渝吉对儒学进行了调整。(新)儒家思想的扩展为日本进入现代知识和文化世界做好准备。明治时期的现代主义者使日本摆脱封建价值观,并且建立现代日本,自此日本迎来一个重大辩证转折点。

单纯的儒家思想极为罕见。它常常混合了“理”和“气”的思想以及神道教和道教。然而,佛教总与之保持一定距离。③在十七世纪下

① A. Craig 将江户时代儒学分成四个时期,参见 A. Craig 的文章“Science and Confucianism”于 M. B. Jansen 编写的 *Changing Japanese Attitudes toward Modernization*,第 155—156 页。

② 参见 Y. Abe 的文章“Development of Neo-Confucianism in Japan and Korea: A Comparative Study”,发表于 *Acta Asiatica*,卷十九(1970),第 16 页。

③ 佛教一直在起作用。

半叶，学者们开始质疑朱熹学说。和中国明朝和清朝一样，人们有探寻真理的自由，因此儒学偏离了“理－气”双元论的学说，朝着新方向发展。日本在结合西方唯物主义和科学技术之前，超越中国朝着经验主义不断徘徊。儒学并没有得到苛刻实行。也许由于不存在考试体系，儒学仍然属于个人事务。直到江户时代后期(1796)，新儒家学才成为正式教义。

通常学生们通过学习朱子学来学习儒家真理。学校课程项目分析要求学生们首先朗诵儒家经典，然后学习中国历史、中国散文、中国诗歌及日语，最后再是撰写汉语作文。经过数年学习，学生可以学习自己感兴趣的课程，抑或进入服务行业或者成为匿名官僚。学生获得的“学位”有了用武之地。这种状况一直从十七世纪初期林罗山这一代延续至十九世纪第十二代和明治维新(1868 年)。

日本儒学和中国儒学在诸多方面有所不同。首先所有日本学者都将神道教与朱熹教义并置。孔子和天照大神在日本文化中成为兄妹：中国之“理”为男性，日本之“气”为女性，两者并列。这一融合形式多样，最后以国学告终。除了佐藤直方(1650－1719)这位信仰坚定的新儒家以外，几乎没有学者反对这种结合。①令人惊奇的是佐藤直方是山崎暗斋的学生，而山崎暗斋同时信仰神道教和儒学。学者们通常意识到要努力通过儒家人本主义来同化本土宗教传统。林罗山和山崎暗斋对神道教的理解以及新井白石和德川光国(1628－1701)所做的研究都体现了这种努力。②

尽管儒学在中国以考试和进入官场为目的，但是在日本，虽然儒学在国家控制之下，它仍属于个人学习。并且日本大多数人可以通过寺子屋③接触到儒学及其思想；而在中国，儒学在很大程度上仅停留于统治精英阶层，因此对百姓影响较小。儒学作为学者们的个人学习，其发展从“内”到“外”，十分迅速。因此，儒学很快与十八世纪初期入侵日本的西学相结合。

同时，日本在创建纵向社会上超越了中国。中国思想以“个人在

---

① 参见 T. H. Kang 的著作 *The Making of Confucian Societies in Tokugawa Japan and Yi Korea*，第 146 页。

② 参见 *Japanese Religion, A Survey by the Agency for Cultural Affairs*，第 21－23 页。

③ 译者注：寺子屋是日本江户时代寺院所设的私塾，是主要以庶民子弟为对象的初等教育机构，学童年龄大都是六至十多岁，以训练续、写及算盘为主。

社会上各尽其职”为原则。江户时代的日本严格遵循这种原则并且不存在社会流动性。因此先室町时代相对自由和流动的社会被迫受到了长达约二百五十年的制约。

一、藤原惺窝(1561—1619)

藤原惺窝被认为是江户儒学之父。他首先以学说形式阐述了朱熹教义。在江户时代，藤原惺窝深受那些与其观点相仿的学者们爱戴与追随。

藤原惺窝曾是一位相国寺禅僧。该寺的僧侣们沉浸于儒学和佛教中。和其他五山的僧侣们一样，他将两种教义置于折中的“儒佛合一”的教义中。之后藤原惺窝舍弃佛教，向新儒家立场转变。这种转变是因为受到儒家经典影响。丰臣秀吉入侵朝鲜之后，儒家经典传至日本。而更直接的原因则与朝鲜学者姜沆(1567—1618)有关。姜沆于1597年被俘虏带至日本。他成为藤原惺窝的助手和朋友。1600年，德川家康邀请藤原惺窝做客，藤原惺窝身着儒家服饰会见德川家康。①自那时起，藤原惺窝成为一位儒家。“四书”和“五(六)经”代替佛经，成为他传播的教义。藤原惺窝和姜沆一道为著作添加训点记号。因此1600年在日本思想史上意义重大。

藤原惺窝用日语假名所写的《假名性理》算得上表达了他的新儒学信仰。他以简单的日语假名形式为其母亲写了这部著作。在简短的章节里，藤原惺窝陈述了植根于古代和宋朝的儒家世界观箴言。他发现了万物之上的“天道”，并以以下章节为其专著开篇：

> “天道乃天地主宰，无形而不可见。四季交替，花开花落，人生人灭……皆为天道所为。人心亦为形，而为人之主宰……天下万物皆生于天道。水中之鱼生于天道，人心亦生于天道。因此善恶植于天，治者须审慎，不忘天道。”②

---

① 参见 M. Hane 的著作 *Japan, A History Survey*，第93页。

② 参见 K. Murakami 的著作 *Rinrigaku*，第375—378页。

在之后的章节中,“天道”成为主要推动者以及人类事务之上的最高神意。人们同样发现了“大道”即造物者。无论人们如何理解它,“天道”都暗示着人们对于“天”满怀崇敬。

《假名性理》中的大多数内容与儒家著作相似。在“天道”之下,人们可以发现所有常见的儒家分类:“诚”、“敬”、“五伦”、“五常”以及“明德”。它们皆受赋于“天”,存于人性中。心即性,“天道”即“天之心”,为性和心之上层,然而“人之心”源于世俗欲望,为性和心之下层。“天道”类似于“天理”,因此藤原惺窝的学说属于“天一道一理”的思想。他很明确地说:“天之道即理。”在他的著作中并没有出现“气”这一字,然而当他谈论欲望和感情时,他明确提到“气”的概念并予以否定。人们应以“天人合一”为目标,同时推动“道”从而使明德照亮生活。最终目的在于不断穷理,即获得启迪。

所有尘土须被清除,这样灵魂之镜方显明净。关于“德”,藤原惺窝说道:“人若日夜不净明德之镜,私欲的灰尘即会沾满镜,而人则会失去其本心。明德和人欲互相为敌,开展斗争:双方各取胜负。”①

藤原惺窝对于世界失去幻想。在他的《寸铁录》一书中,藤原惺窝公开谴责松散的习俗和态度以及这个依靠伎俩或者诡才而存在的充满欺骗的世界。在这种极端情况下,藤原惺窝致信林罗山:“人们为了坚决追求某物,甚至都不曾注意到彼此刺伤对方背部而淌出的淋漓鲜血。”他对自己生活在这样一个错误的时代深感遗憾。问题是无论在什么样的地方或者处于什么样的年代,这种情况都不会有所好转!②

藤原惺窝在接触儒学时展现出开明的思想态度。他接受朱熹的“理性”精神,同时也接受陆象山的“非理性”教义。因此,藤原惺窝被称为朱陆折中主义者。他的折中倾向进一步发展并以“二教合一”和“三教合一”闻名。他首先融合了神道教和儒学,接着又融合了佛教、儒学以及神道教(道教)。中国的圣人之道类似于如日本的神明之道抑或佛道。因此藤原惺窝的儒学不仅仅关于朱熹思想。他是江户儒学中最早将中国圣人之道等同于日本神明之道的儒学家(但他不是最后一个)。他认为所有的教义通常都拥有相同的最终目标,可以修身养性,通过直觉启人深省,使人心怀居敬,对社会无私同情。藤原

① 参见 Y.—I Fung 的著作 *A Short History of Chinese Philosophy*,第 271 页。

② 参见 *Nihon Shiso taikei*,第 27 页。

惺窝喜爱静坐,常与学生隐于京都山坡练习静坐。

二、松永尺五(1592—1657)

藤原惺窝的学塾在松永尺五的带领之下持续发展。[①] 木下顺庵(1621—1699)出自该学塾,继而成为新井白石和室鸠巢的老师。宇都宫遯庵亦是他的学生。[②] 甚至伊藤仁斋(1627—1705)也曾短暂地听过他讲课。木下顺庵在东京创建了自己的朱子学塾。在其晚年,他受德川纲吉之邀去伊豆执教。同样出自该学塾的雨森芳州(1668—1755)是十八世纪初期朱子学派的学者之一。雨森芳州维护幕府统治,严格定义社会等级秩序,由于武士“思想开明”、“理想崇高”、“智慧深远”,他们是日本的统治阶层。他反对新井白石,因为后者希望赋予幕府将军以“日本国王”的称号。

三、林罗山(1583—1657)

藤原惺窝出身于贵族血统,因此他很可能蔑视即将到来的军人阶层。他宁愿选择做一位充满教养的京都隐居者,过着自己古老有序的生活。伊豆曾邀请藤原惺窝从政,但遭到他婉拒。他推荐了自己最喜爱的学生林罗山。林罗山为了伊豆的名利欣然离开了他的老师。从1600年直到逝世,林罗山曾参与四代将军的幕政。作为一名抄书吏、讲学者、故事员以及行猎和参访日光的陪同者等,他总是响应德川家康的号召。在从政期间,他必须削发,身着佛袍。林罗山以“道顺”为其佛名,是江户幕府的第一位儒者。[③]

---

① 参见M. Ruttermann的文章“Die Schreibregularien (Shorei kuketsu) des Kaibara Ekiken. Ubersetzung und Kommentar. Erster Teil”,发表于*Japonica Humboldtiana*,卷二(1998),第103—163页。

② 参见P. Nosco主编的*Confucianism and Tokugawa Culture*,第12页。

③ 1691年前,儒家和佛僧归为一类。

从哲学上来说，林罗山沿袭了藤原惺窝的思想：他以超自然的“天一道一理”思想以及“理一气”现象阐述了正统朱子学。之后他又讲述了通过世上万物之“五行”而产生阴阳变化，从而带来永不停息的造物过程。从二元论和一元论上来说，万物皆由“理一气”构成。他说：“理气一而二，二而一。此宋儒之意也。”他还说：“然阳明子曰：理，气之条理，气，理之运用，归乎一而已矣。”①林罗山从未偏离朱子学。当他从简单的“理一气”思想发展到二合一的儒家神道教之时，他仍然是朱熹忠实的追随者。林罗山更专注于“穷理”而非“静坐”和“居敬”，因此与其老师藤原惺窝相比，林罗山更接近朱熹思想。

从政治上来说，朱熹教义就像一副合适的手套，适用于统一不久的日本。政治实用主义者德川家康内心一定十分喜悦，因为他找到了一位哲学家，而这位哲学家赋予了他建立的国家以“天”之存在的理由。江户幕府应该并且的确遵循了这种社会和政治的正统观念。当时的现实必须要有以“忠”和“孝”为特点的严格等级秩序以及良好道德行为。林罗山在以下陈述中表达了这种理想：

> “从古至今便已存在父子、君臣、夫妇、兄弟、朋友这五种人际关系，即为‘五伦’。这些基础关系从未有所改变，因此它们被称为最高之‘道’……天道行于上，而人伦明于下也。……万物皆有分离上下之秩序……我们不能允许君臣关系，即上下关系出现混乱。关于四种阶级的划分（武士、农民、手工业者和商人）为‘天理’的一部分，是圣人（孔子）所授之‘道’。”②

因为“天”在上，“地”在下，知晓“天道”即尊重“天”，“地”归顺于“天”。该道理同样适用于人。君主应受尊重，臣子归顺于君主。只有上下区别分明，方才有礼有序。君主越受尊重，臣子越谦卑，分化越明显，国家越容易治理。③

尽管林罗山攻击基督教、佛教以及其他异教徒教义，他认为神道

---

① K. Murakaimi 引自林罗山，参见 *Rinrigaku*，第 379—381 页。

② C. Totman 引自林罗山，参见 *Early Modern Japan*，第 171 页。

③ 参见 D. J. Lu 的著作 *Japan, A Documentary History*，第 246—247 页。

教①有助于国家社会的文明秩序。此外神道教的神明与“天道”之间存在联系。林罗山歌颂古代神道教教义并且接受吉田学派将朱熹的形而上学融入神道教的观点。②这在他的儒家神道教中得到具体体现，儒家道德与神明为世界带来平静和安全。儒家之“理”等同于神道教之“神明”。如果人们服从神明，便是遵循“天道”。林罗山明确指出“我们的国家是神明之地”以及“神道即为圣人之道”。③因此林罗山的著作以儒学和神道为主题。他的《春鉴抄》鉴于孔子、孟子以及朱熹的观点，描述“五德”。另一方面，尽管他的著作《神道传授》带有儒家教义色彩，却阐述众多神道的思想和概念。

人们对林罗山的《三德抄》颇感兴趣。(《春鉴抄》写于同一时期)。《三德抄》中的第二章以“理气辩”命名。其开头十分简短：

> “天地开化，之后‘理’为‘太极’。太极动而生阳，动极而静，静而生阴。阴阳相合，一气浑然。一气分阴阳，阴变阳和，化生五行，木、火、土、金、水，五行相生，化生万物。五行聚而生形与人。土为其形，木为其发，水为其体液，金为其骨腱，火为其体热。至于五脏，火为心，木为肝，土为胃，金为肺，水为肾。人形以具，其运行谓之气。理存于气。此皆太极所为，谓之道……”

然“气”有粗精善恶之分。物聚生形于“气”，私欲随“气”而生。望其双眼，闻其所言，观其手足……以此知其善恶。万物始于气。心不可无“气”。故善事，为之；恶事，不为之，皆因有心。如不食其不应食之物；“气”统摄于心。故虽气有善恶，而心唯有善而无恶。

阴阳生人与飞禽草树。真理，谓之“道”。曰：一阴一阳为道。阴阳即称一阴与一阳。阴阳静时，呼吸无时空。理赋于人形、人心，由人性及天令所生。道理亦称性。

孔子之《中庸》曰“天命之谓性”，孟子则曰“人性本善”。故谓之善人，其乐；谓之恶人，其怒。故恶人之心亦知善恶。然知善而为恶，皆因其气与恶俗之风。若教人以善，则习以为善，恶习亦从善。故言

---

① 译者注：神道教从日本原始宗教发展而来，最初以自然精灵崇拜和祖先崇拜为主要内容。神道教信仰多神，特别崇拜作为太阳神的皇祖神——天照大神。

② 有关林罗山对儒家神道的研究，参见 H. Ooms 的著作 *Tokugawa Ideology*，第 94—105 页。

③ 参见 D. J. Lu 的著作 *Japan, A Documentary History*，第 247 页。

及万物之善恶，善为先，恶为后。言及对错，则对为先，而错为后。若不知此理，则人之气长，人之心退。为恶之气日长，为善之心日弱。故较之于气，人因常用其心。①

以上仅仅是重复新儒学教义，并没有出现新教义。之后的章节亦是如此，皆可直接在朱子学中找到原型。此为一段摘录的首段：

> 理未尝离乎气。若理气皆于心，则运行良好……若理气和谐，则心强大，自然无错。尽孝父母来自心中之理。

心统摄人体。人有其性与体。“性”源于“天理”，“体”源于“地气”。人、天、地三位一体，人与万物共存。世间万物皆来自“理”与“气”。人无例外。然人为万物之极，优于万物……“气”使人明智抑或愚钝。人可成为圣人抑或要人，然亦可成为痴愚之人……道德及教育之培养以实现内心觉悟为其宗旨，以此服务和平世界。②

人们无需通过想象便能将朱熹思想和神道思想联系起来，最终将中国抽象的“天”的概念等同于日本拟人化的“天”的概念。“神道教和新儒学之间没有严格的区别；神道教的概念常常出现于江户政治言论中。”③这一始于藤原惺窝的现象一直持续到整个十七世纪直到其转变为国学、民族主义和非传统主义。从某种意义上来说，藤原惺窝和林罗山是江户儒家神道教的创始人。林罗山曾写道：“君主之道转变为神明之道，神明之道转变为儒家之道。”④

林罗山酷爱读书并且拥有一个属于自己的藏书楼。他虽然大量写作，却算不上是一位创新的思想家。与其说他创造不如说他再创造。林罗山的许多关于其他主题的著作都体现了他的思想，比如说关于历史的著作。因此我们可以得知他视新儒学为统治和人类的真正基础；儒家之道即为神明之神道；人类社会生来等级分明；井然有序的世界体现了不可摧毁的普遍之“理”；神道是一个民族道德秩序的基础；人类有责任坚持这种严格的伦理秩序。国家是一个由不同

① 参见 *Nihon Shiso taikei*，第 161—162 页。

② 参见 *Nihon Shiso taikei*，参见 152—186 页。

③ 参见 H. Ooms 的著作 *Tokugawa Ideology*，第 82—83 页。

④ 参见 M. Maruyama 的著作 *Studies in the Intellectual History of Tokugawa Japan*，第 155 页。

部分构成的连贯整体，每一部分的待遇有所不同，“天令”使得这种阶级划分神圣化。①

因此新儒家的世界观是一种符合新时代的意识形态，而林罗山所办的学塾成为整个江户时代新儒学的支柱。继林罗山之后，该学塾在其子林鵞峰(1618—1680)的带领下继续发展。1691年，林罗山的孙子林凤冈(1645—1732)将学塾迁至昌平坂的汤岛圣堂。汤岛圣堂位于城堡附近。此后直到江户时代末期，该学塾都不曾迁移并且一直在林氏家族的领导之下。

以神道信仰为附属品的林罗山思想没有对朱熹教义进行评判。然而林罗山称自己与佛教和基督教为敌。其著作《反耶稣》②(1620年)不仅体现他对基督教的厌恶之情，同时也说明他对世界所知甚少。当时葡萄牙开始探索世界，而巴比庵已向他做过相关介绍。

人们对巴比庵很感兴趣，因为他最初是一位学习儒家教条的禅僧。但是在他十九岁时，却皈依基督教并且在他的《妙贞问答》(1605年)中以基督名义批判佛教和儒教。之后巴比庵又回归禅宗并且在《破提宇子》中为朱熹辩护。因此他是一位二度背叛者。《妙贞问答》是他早期的一部阐述朱熹教义的重要著作，它对朱熹教条、佛教以及神道教进行猛烈抨击。他举证说：

> 儒学家们将“天”、“地”以及“阴阳”视为“太极”以及“天道”，未曾提及造物主；并称人类、鸟兽及草木之性无异，只“气”和经验有所不同。现在这些统统都为谬见！就三教而言，儒为善，因此“三教合一”。③

1605年，巴比庵狂热地信仰基督教。一年后他又皈依佛教。在其著作《破提宇子》(1620年)中，巴比庵认为上帝是神的立法者同样是一种谬见。④他将“理”与佛教中的“佛性”和“真如”进行比较，但是

---

① 参见 I. P. McGreal 主编的 *Great Thinkers of the Eastern World*，第347页。

② 参见 G. Elison 的著作 *Deus Destroyed, The Image of Christianity in Early Modern Japan*，第149—153页。

③ 同上，第171—172页。

④ 参见 T. Maruyama 的著作 *Nihon no kokoro*，第10页。

没有进行深入研究。①《妙贞问答》和《破提宇子》的惊人之处在于巴比庵对佛教、儒教以及神道教的全面了解以及他的批判精神。巴比庵必然聪慧过人，性格通达开明，这使得他很容易能与杰出学者以及僧侣建立良好关系，比如林罗山和耶稣会的传教士们。这也使得他对于当时的思想界状况十分熟悉。人们很难想象出学者们接受所有教条的现象。巴比庵也许是江户政权初期唯一一位对复杂的宗教哲学状况进行阐述的学者，当然同时也是唯一一位最终将它们全盘推翻的学者。巴比庵之所以不被同代人，即大多数耶稣会作者所铭记的原因可能是由于在他们眼中巴比庵是一位二度叛教者。②巴比庵的同代人不理解“适宜的折中主义”，该主义的各种信仰与关原之战(1600)前后互相交织。③巴比庵的日本名字不为人知。

此外值得一提的是莱布尼茨(1646－1716)，他从单细胞动物的思想中获得灵感，对中国思想抱有浓厚兴趣。伏尔泰(1694－1778)在研究自然神论时亦是如此。他们可能已经认识到了其拟人倾向与(新)儒家神论思想互相一致。

四、中江藤树(1608－1648)

在中国明朝思想的影响下，日本学者强调“气”的概念甚于“理”的概念。中江藤树(1608－1648)对王阳明的思想颇感兴趣并在日本创建王阳明学派。因此中江藤树宣扬心之“理”远甚于竹之“理”。他认为“心”即为“天”赋予人的宝石。“孝敬”使得宝石熠熠生辉，天地内外由此构成。人们必须不断地对这块宝石进行打磨抛光以使其照亮万物。“心”成形于人类中，即为“敬天爱人”。

人的内在直觉或者“良知”与心的运转相一致，存在借此等同于非存在。这引起了一种类似于“开悟”的精神超然性。④中江藤树的

① 参见 M. Anesaki 的文章“Japanese Criticism and Refutations of Christianity in the Seventeenth and Eighteenth Centuries”，发表于 *TASJ*，卷六(1929)，第1－3页。

② 巴比庵的日本原名未知。

③ 参见 H. Bolitho 的著作 *Bereavement and Consolation*，第21页。

④ 王阳明学派后来被指近似禅宗。

思想接近于《中庸》格言。《中庸》曰：“天命之为性，率性之为道。”人应以“明德”至诚修身，并注重思想启迪和行为的统一。只要人的行为符合内心之光，必得蓬勃发展且一切井然有序，反之人将难逃天惩。显然这种教义充满神的色彩，即使不是神之“天”，至少带有万物之上神之拟人化的特点。与朱熹学说相比，中江藤树赋予了新儒学更多的宗教意义。人们不禁会问中江藤树在使用“天主”这类词语时是否受到了基督教的影响。

孔子在写《孝经》之时就已了解人们的困惑。在《孝经》中，“孝”被比作神圣的宝石，它是宇宙的基础道德力量。中江藤树的思想逐渐从探寻事物之“理”向直觉和孝道发展。正如他所说：“孝为品德之极与天、地、人之精华。孝为天、地、人以及万物带来了生命。它是人之根基。故求学之人只需学习孝道。”①因此孝的含义既与个人有关也与宇宙有关。孝敬父母成为比热爱父母更高尚的道德。它成为一种“维持人际关系和宇宙自身顺序的个人品德”。随着人们“迈向一条更加神秘的神道”时，它也是一种对天地万物的热爱。② 不仅是万物，个人也上升至中心地位。

与王阳明一样，中江藤树发现每个人的“心”都是一个真实世界。在这个世界中人们可以找到自己的精神，并且选择正确的行动方向。“理”体现于“内在”心性而非“外在”世界中。③如果人可以培养其自身的内在感受力并且遵循其内心指令，那么首先便能够获得成圣之道，接着便可以实现世界和谐与稳定。

中江藤树肯定了“心”的首要地位，认为“心”是“天”以及“天理”的根源，因此他属于宋朝思想中的主观唯心论派，将事物内在化。与程氏兄弟和朱熹相比，宋朝的陆象山以及明朝的王阳明更算得上是中江藤树的前辈。

中江藤树首先接受正统新儒学，然后开始阅读四书以及朱熹的评论。当时他居住在高知县。直到1634年，中江藤树为了尽传统孝道回到了他家乡的一个小村庄。

中江藤树辞去武士官职，回到了简单的农村生活以侍奉他的母

① 参见 *Toju sensei zenshu I*，第215—217页。

② 参见 M. E. Tucker 的文章“Nakae Toju”，于 I. P. McGreal 主编的 *Great Thinkers of the Eastern World*，第351页。

③ 中江藤树的思想与“孝”紧密联系。

亲。当“忠”和“孝”相互冲突时，他选择了“孝”，这种选择对于日本人而言非比寻常。中江藤树的这种自发行为使人们永远记住了他。中江藤树在家乡继续学习中国文化并且开办一所儒家学塾。他的学习使得“五(六)经”和朱熹的理性主义被以《易经》为基础的理想主义所替代。一段时间过后(1645 年)，中江藤树满怀热忱地阅读王阳明的著作，并且成为日本阳明学派的创始人。在中江藤树阅读这些著作前，他的思想就与王阳明的思想十分接近，即强调直觉和行动远甚于穷理治学。

《翁问答》由中江藤树的弟子编辑而成，该著作以对话形式表达王阳明教义。在《翁问答》中，中江藤树表达了自己对因受启迪而产生自发活动的深刻信仰。无论人们的地位和阶级如何不同，生活的基本法则皆相同。中江藤树的思想与张载民主理想主义的思想十分接近。如果人们只是按照世俗标准行事，那么便会失去真实内心。所有的真理皆于心中，而直觉为其关键。人们必须听从心的指令并且遵循时间、地点以及环境的变化。儒家信仰认为实践必须与变化环境相呼应。

中江藤树于 1648 年辞世，其生前从事教育事业不过十二年，然而他对后代学生影响之深远令人惊叹。中江藤树一心致力于个人修身和社会改良的精神直到今天仍被人们铭记。中江藤树及王阳明教义吸引并且激励了整个江户时代的自由派学者。其思想中的直觉自发性吸引了众多唯心论者，比如大盐平八郎(1793—1837)。大盐平八郎将他的信仰直接赋予行动，他带头起义，扶助平民，最终失败。另一位深受人们赏识的是当代的三岛由纪夫(1925—1970)。据说三岛由纪夫受到中江藤树思想的激励，发动伪政变后切腹自尽。

五、熊泽蕃山(1619—1691)

熊泽蕃山就学于中江藤树门下，亦主张形而上的信仰，但是他从未脱离过军人阶层。之后他更关注和强调日常生活中的世俗和政治事务，而对于“天”之运行中的主要概念“孝”的关注日益减少。他认为圣人之礼始于也应该始于饮食男女等日常事务。因此他形成了自己的独到观点。“道”为形而上，万物为形而下——法则、礼节以及学习必须符合时间、地点和环境的变化。追求夸大之“理”就如同追求奇迹，让人遗忘了实用学。然而熊泽蕃山接受“心”之“理”和“天地之气”的概念。他说：“若人心直，其内天地之气必正。”

熊泽蕃山在读了中江藤树的《翁问答》之后便投于其门下。①如果说中江藤树是一位信仰内心直觉和超自然感觉的理想主义者，那么熊泽蕃山则是一位现实主义者。他认为人若是仅仅借助“德”来获得内心平静就如同在雾气中失去了方向而盲目行走。他不仅支持朱熹的经验论同时也支持王阳明的自发直觉说。熊泽蕃山认为世上的学者都忘记了这样的一个事实：朱熹和王阳明皆以阐明圣人之道为目的，他们各自没有建立抗衡彼此的学派。

一方面熊泽蕃山接受无论在印度、中国还是日本“道理”是永恒真理的观点。它们体现了事物本性之中的超自然含义。另一方面他承认世间存在着随地点和年代改变的惯例。因此礼节惯例、法则以及伦理政治结构应该符合地点和时代的变化。这对于那些反对社会变革的统治者而言是一个变革性思想。人们应该学习研究礼节、惯例以及古代和现代历史。礼节使得人们的情绪平衡，惯例使得社会有序，历史使人知晓世纪和千年以来的政治沉浮。所有这些都为个人和社会生活提供了一系列真理。

熊泽蕃山曾出仕冈山城，侍奉池田光政，期间他成功实行一项包括水土利用的改革，因此实现了儒家理想。熊泽蕃山抗议当时政策，阐明了真正的儒家精神。这使得他失去地位，被迫辞职。②

在晚年时期，熊泽蕃山在《大学或问》③中提出了他的信仰。该著作写于1687年，四年之后熊泽蕃山与世长辞。他在这本著作中深刻批判国家现状以及幕府政治的不足之处。该著作亦使用《翁问答》及熊泽蕃山早期著作中所用的问答式风格。该著作的主题思想为“仁政”。因此熊泽蕃山及之后的荻生徂徕、太宰春台和其他学者是政治经济文学的先行者。熊泽蕃山花费了约三十章的篇幅呼吁社会经济变革。早在荻生徂徕之前，他便主张武士返本务农。他还主张

---

① 关于熊泽蕃山如何成为中江藤树的学生，参见 G. M. Fisher 的文章“Kumazawa Banzan, His Life and Ideas”，发表于 *TASJ*，卷十六，第 223－258 页。

② 熊泽蕃山在任职期间俸禄可观。

③ 参见 G. M Fisher 的文章“Dai Gaku Wakumon, A Discussion of Public Questions in the Light of the Great Learning”，发表于 *TASJ*，卷十六 (1938)，第 259－356 页。

放宽参觐交代制度，伊豆替代江户，同时贤能之士从政并参与改革，以此避免潜伏的危机。自从武士与农民和农务分离，他们变得颓废懦弱。①荻生徂徕在《政谈》(1727 年)一书中表达了相同的看法。

熊泽蕃山深受中江藤树的启发，与其思想十分接近。然而正如之前所说，熊泽蕃山的思想涉猎相对广泛。他在《集义和书》(约 1672 年)中写道："我不归于朱子，亦不归于阳明，我只是将古代圣人作为自己的榜样。朱王相似，他们的言论反映了其所处的时代。朱熹发展了'格物穷理'，而王阳明则发现了邪恶的存在发展了'良知'。朱王实则无异。"②

他还认为，"太极动而生阳，静而生阴"这一说法反映了宋朝思想。从超自然的层面上来看，"无极"对应于"道"。静止存于超然之上。从尘世的层面上来看：阴阳为生命之动力。静止包含无限运动的可能性。这种说法使人们相信造物者的存在及其驾驭力和控制力。人类等同于天地之心，备明德于其仁、义、礼、智的本性之中。然而他亦有欲望之本性，因此可能失去其心之纯正。"人应致力于上之'理'与下之'气'的统一，擦亮其灵魂之镜以使'理气'平衡和谐，以此获得仁善的生活。"③天地只有一"道"，在日本人们称之为"神道"；尊重神明的日本之道相当于尊重儒家之"天"。他说道："人们可以称之为'神道'，然而同时也可称之为中国的'圣道'。"此外他以道教和张载的思想为参考还说道："这也是无限太空之道。"④

《集义和书》大体上接近儒家思想。该著作呈现了朱熹形而上学学说的中心要素。当熊泽蕃山在暗示造物和造物者存在时，中江藤树和王阳明对其的影响便显而易见。当他在强调真理存于人心时，他亦表明自己对陆象山和王阳明教义的信奉。以下陈述表明熊泽蕃山对于德川幕府社会秩序的全盘接受："当上下尊卑有序之时，社会阶层和特性得以区分，冲突和对抗消失。因此世界获得了和平。"⑤

---

① 参见 S. R. Turnbull 的著作 *The Samurai, A Millitary History*，第 278 页。

② 参见 M. Maruyama 的著作 *Rinrigaku*，第 393 页。

③ 参见 M. Maruyama 的著作 *Rinrigaku*，第 375—378 页。

④ K. Wildman Nakai 引自熊泽蕃山，参见文章"The Naturalization of Confucianism in Tokugawa Japan: The Problem of Sinocentrism"，发表于 *Harvard Journal of Asiatic Studies*，卷四十，第 1 期，第 157—199 页。

⑤ 参见 *Nihon shiso taikei*，卷三十，第 145 页。

熊泽蕃山先于荻生徂徕区分“天道”和惯例。他认为惯例为圣人所制定以符合当时的时间、地点和环境，而古代与现代的惯例则有所不同。他还说：“如果惯例符合时代，那么它们便会与‘道’一致，反之则会有损于‘道’。”①“因此他认为惯例，也就是说制度由圣人所定并被分类为历史实体。”②荻生徂徕的思想与熊泽蕃山的思想极其接近。因此人们不禁认为当荻生徂徕将人之“道”社会化和历史化时，他只是进一步阐述了熊泽蕃山的观点。然而熊泽蕃山的确没有像荻生徂徕那样进行更深入的研究。最终对熊泽蕃山来说，“‘道’与天、地及人相互连接”。③

正如上所述，当熊泽蕃山转而考虑中江藤树从未接触过的伦理政治问题时，他扩大了自身视野。熊泽蕃山在《大学或问》中批判幕府政治并在《集义和书》中暗示统治者，坚持“日本是众神之国”的观点，这给幕府权贵带来麻烦。

继熊泽蕃山之后，三轮执斋(1669－1744)为王阳明学派最为著名的学者。他曾信仰崎门学派(佐藤直方)的外向道德主义，后来转而信仰中江藤树和王阳明的内向沉思主义。三轮执斋在伊豆成立了自己的学塾，同时他也活跃于京都和大阪。三轮执斋建立了怀德堂学派。此外，陆王学派中还有其他心学派，如石田梅岩(1685－1744)的石门心学，相对于日本它在西方更负盛名。

六、山崎暗斋(1618－1682)

山崎暗斋(1618－1682)是真正的理学家，他十分敬仰并且大力颂扬朱熹。在山崎暗斋十七岁的时候，他结识了土佐新儒学的创始人，开始学习新儒学中的朱子学。最终山崎暗斋放弃佛教，回到京都，并于1655年开办学塾。在该学塾中，他极力颂扬朱熹教义是儒学之最高体现者。自1657年起，山崎暗斋开始对神道宗教产生兴趣并投于吉川惟足门下学习神道教。之后他融合神道和朱熹的新儒

① 参见 *Edo Jidai no shiso*, *Kindai Nihon no meicho*，卷一，第284页。

② 参见 M. Maruyama 的著作 *Rinrigaku*，第203页。

③ 同上，第213页。

学，建立并发展了垂加神道教义。垂加神道教义强调神道神明和儒家之"天"的基本统一，它还进一步强调对帝王体制和封建秩序的绝对忠诚。然而和自林罗山起的其他早期江户儒学家一样，山崎暗斋保持"敬重天皇和敬重幕府将军"关系的平衡。

山崎暗斋在学校里宣扬严格的儒家伦理。他认为自己有权在课堂上向学生们灌输"敬"、"仁"、"义"、"诚"等思想。"敬"和"义"同时得以强调。人们应该"坚决"并且"孜孜不倦"地追求"敬"。他重复强调"以敬直内，以义正序——诚为内，义为外"①。苦行相对于伦理学习和判断更为人敬重。山崎暗斋在日常生活中十分注意恪守道德。他的学生佐藤直方(1650－1719)曾觉得自己每次去学校都仿佛陷入地牢，而离开学校时又如同逃离虎穴。②

作为朱子学的真正信仰者，山崎暗斋无所畏惧并且直言不讳，他一视同仁地进行批判。山崎暗斋不仅排斥佛教和基督教，而且批评林罗山学派没有严肃对待朱熹教义。他称林罗山为"庸俗的儒学家"，并认为他"狭隘肤浅"。山崎暗斋同样受到其他儒学家的排挤和轻视。然而神道教却从未遭受攻击。与林罗山一样，山崎暗斋将国家神明与儒学相结合。在山崎暗斋的《垂加神道》中，朱熹教义与吉田神道和伊势神道相结合。山崎暗斋对于朱子学中"天理"的信仰与人们敬神的神道思想密切相关。从另一种意义上来说，人与根本准则密切相关。山崎暗斋在京都开办崎门学塾，在整个江户时代，他培育了弟子数千人，包括"崎门三杰"——佐藤直方(1650－1719)、浅见絅斋(1652－1711)、三宅尚斋(1662－1741)。

以山崎暗斋的著作《辟异》为例，该著作写于1547年，它体现了山崎暗斋对于朱熹的崇拜和信仰。在这部著作中他援引了朱熹的话：

> "宇宙之间，一理而已。天得之而为天，地得之而为地；而凡生于天地之间者，又各得之……其张之为三纲(君臣、父子以及夫妇之间的义务关系)，其纪之为五常，盖皆此理之流行，无所适而不在。若其消息盈虚，循环不已；终则复始，始复有终，又未尝有顷刻之或停也……"

① 正统朱子学家高度重视"敬"的美德。

② 参见 R. Rubinger 的著作 *Private Academics of Tokugawa Japan*，第43页。

关于“气”，山崎暗斋则说：“气聚则生，气散则死。”“气聚则理居。故人体乃精气之器。”

以上来自《辟异》的引用证明了这样的一个事实：到山崎暗斋三十岁的时候，他已经采纳了朱熹的“理气”学说。山崎暗斋在结束撰写《辟异》时提到自己年轻时便已经阅读过儒家“五(六)经”中的“四经”，他在青少年时期曾信仰佛教并且在二十三岁的时候已作三教合一之论。在山崎暗斋二十五的时候，他接触朱子学并认为佛家之道为误道。他在脱离佛教之后一直信仰朱子新儒学并将神道融入其中。《辟异》一书完全体现朱熹“天道理”的思想。①

有关垂加神道儒学的解释对后来的日本民族主义者影响深远。“五伦”成为双重教义中的主要部分，支撑着个人和集体生活。它们是宇宙结构的组成部分。“义理”与“敬”以及神道义务在道德上约束信仰者。人们应该敬神、敬君、敬天之道，保持永恒不变。②儒学最后发展至爱国主义，成为一种信仰而非一种思想理解。

我们无需再举更多有关山崎暗斋著作的例子。他对朱熹的极度信仰显而易见。山崎暗斋崇拜朱熹以至于爱上了朱红这一颜色，即汉字中的“朱”，也是朱熹的姓氏。他还表示如果能和朱熹一同犯错，那么他也心甘情愿，无怨无悔。山崎暗斋通过彻底解释“理”阐述新儒学，并与神道一同触及日本民族灵魂的深处。山崎暗斋没有提出进一步思想。他的研究以有限数目的中国经典和三部宋朝的评论为主，包括朱熹的《朱子语录》③在内，同时他还研究日本神话。山崎暗斋没有过多强调林罗山学派所宣扬的博学。他的原道主义朱子学强调诚、自律以及忠的品性，适合之后国学时期的需要。山崎暗斋的崎门学派一直盛行至江户时代末期。

一方面，山崎暗斋恪守朱子正统学之理学，另一方面他又是即将到来的江户国学运动的先行者。山崎暗斋的立场代表朱熹和天照大神的思想。山崎暗斋十分苛刻严厉，但是他仍然拥有众多学生和追随者。

---

① 参见 Nihon no shiso，卷十七，第 229－250 页。

② 同上，第 171－176 页。

③ 三部宋朝评论主要包括《近思录》、《朱子文集》和《白鹿洞书院揭示》。

1. 佐藤直方(1650—1719)

佐藤直方是山崎暗斋学塾中最年长同时也可能是最优秀的弟子。1671年,二十一岁的佐藤直方开始在山崎暗斋的学塾中求学。尽管佐藤直方之后被学塾开除,他仍然一生追随山崎暗斋。他可能是所有弟子中最符合山崎暗斋严格标准的人。与山崎暗斋一样,“(外)诚”对他来说是十分重要。人必须致力于培养日常生活中的“诚”与“敬”,因为它们就如同人的第二性。人时刻都不能放松,无论是站着、坐着抑或睡觉,甚至包括独处的时候。人应重视世间万物,审慎对待,时刻警惕极为微小的离经叛道的行为。“人们应该时刻做好准备如同迎接一位重要客人的到来。”这种克己的生活需要通过“静坐”培养精神。心灵宁静才可处变不惊。山崎暗斋强调冥想,而佐藤直方则以强调培养自我的“静坐”而闻名。①“静坐”是在世俗事务中获取灵魂平静的不二之法。它即舵,“没有它对准中心进行调整,人们就会沦落于卑贱的生活之中,为世俗所困。”②

佐藤直方是日本最正统的朱子学信仰者。他从未接受垂加神道倾向并认为迷恋神道是一种浪费学术才能的行为。佐藤直方嘲笑人们为了使日本成为神州所做的努力,因为与中国相比,日本已经拥有自己的造物之说。同时他批评人们试图发现与中国圣人之道相匹敌的日本之道的行为。因此佐藤直方一直是朱子学的忠实信仰者,他从不曾把神道教中的“神明”与新儒学思想中的“理”进行比较。由于江户时代的儒学治学趋向将儒家之“天”与神道之“天”结合起来并统一两种世界观,因此佐藤直方的思想显得非同寻常,十分引人注目。佐藤直方的如下陈述证明了他的立场:“《日本纪》并不具有三朝时代教义。”③人们很难从日本传统文化中发现另一位明确反对国学教义的著名学者。

因此佐藤直方为了维护朱子学反对当时的一切新思想:中江藤树的阳明学、伊藤仁斋的古学以及贝原益轩的实学。佐藤直方对缺乏真理的佛学家和道学家进行抨击。他认为人首先应该统一看待所

① 参见 H. Ooms 的著作 *Tokugawa Ideology, Early Constructs, 1570—1680*,第230—286页。

② 参见 R. L. Taylor 的文章“The Centered Self: Religious Autobiography in the Neo-Confucian Tradition”,发表于 *History of Religion*,第17期,1977年,第73—78页。

③ 参见 H. Ooms 的著作 *Tokugawa Ideology, Early Constructs, 1570—1680*,第233页。

有存在，然后再着手研究多样化的个别事物。正如静坐反省对于平衡心态而言，“敬”的态度必不可少，它是圣学的基础。

佐藤直方很可能是江户时代最正统的宋学学者。他对“天理”颇感兴趣，并将之与“太极”以及天之阴阳两“气”联系在一起。“理”深不可测，只出现于阴阳相互作用的形而下部分。因此佐藤直方的思想与朝鲜和中国的朱子学学者的思想一致。

2. 浅见絅斋(1652－1711)、三宅尚斋(1662－1741)和若林强斋(1679－1732)

1679年，二十七岁的浅见絅斋来到山崎暗斋的学塾求学。十七岁的三宅尚斋也于同年入塾。1702年，另一位弟子若林强斋投于山崎暗斋门下，之后成为其继承人。浅见絅斋、三宅尚斋和若林强斋转而信奉山崎暗斋教义中的神道思想，同时崎门思想中的“敬”得以保留。因此他们与佐藤直方的思想有所不同。

崎门学派中很容易出现教义分歧的现象。弟子们关系不和。他们互不理睬并且断绝关系。佐藤直方和浅见絅斋甚至被学塾开除。他们甚至没有参加山崎暗斋的葬礼。无论代表垂加神道抑或崎门学派，山崎暗斋的学塾一直富于活力，激励了几代人的思想，并且“推动了平民以及武士改革家突破‘敬’的思想立即采取反抗的行为”①。无论倾向朱子学还是神道，弟子和追随者皆被称为崎门学派。

浅见絅斋设立自己的学塾。据说和山崎暗斋一样，浅见絅斋有弟子数千人。他将中国学问与神道信仰相结合同时强调效忠国家的爱国主义。“大义”则针对日本的统治者(们)，即天皇或者幕府。为了避免批评，浅见絅斋在诸如《靖献遗言》这样的著作中书写中国，而实则暗指日本。②

3. 玉木正英(1671－1736)和竹内式部(1712－1767)

玉木正英详细论述山崎暗斋的垂加哲学并编写著作《玉签集》。《玉签集》探讨山崎暗斋神道垂加教义大集成。③在论及天照大神之时，玉木正英认为她是帝王之家的祖先，他还强调了每一位帝王都是

---

① J. V. Koschmann 的著作 *The Mito Ideology*，第10页。

② 暂将《靖献遗言》英译为 *Testment Offering Peace*。

③ 参见 H. Ooms 的著作 *Tokugawa Ideology, Early Constructs, 1570－1680*，第231页。

天照大神的继承人。每项帝王法令皆来自于天令。关于“三神器”①,玉木正英认为它们是“神州的必备基础,代表着神秘神明甚至天地之理”,他还进一步认为“人类的道德之道只源自此三宝”。这种思想广为浅见絅斋的学生所接受,最终成为崎门学派的一大特色。②

玉木正英的学生竹内式部更加激进。他在京都开设学塾并面向权贵讲学,公开讨论恢复王权的问题。1757 年,权贵们又转而给十七岁的桃园天皇(1747－1762 年在位)授课。幕府得到举报后便迅速采取行动。权贵们因此遭到软禁,而竹内式部则被驱逐京都至八丈岛。

七、历史学家

有关“理”的研究可以涵盖人类的各个领域。它始于抽象的上层结构至人类再至世界。因此它同样理所当然地涉及历史。历史阐明了社会关系中无处不在的“天理”。所有人都记得在古代真理的确存在。在三大王朝期间,即夏商周时期,一切在明君统治下完美无缺。在司马迁(公元前 145? －公元前 86?)撰写了《史记》(约公元前 100 年)之后,复杂的历史得以系统化。公元前《史记》成为各王朝史学的模范之作。

几个世界以来,对于往昔的热爱以及尊崇在儒家思想界一直占据首要地位。儒家中的典范人物——孔子对历史颇感兴趣,宋朝的朱熹亦是如此。日本深受这种热情启发以《古事纪》(712 年)和《日本书纪》(720 年)开启了历史记载。与中国一样,日本编史在宋朝哲学的影响下发生变化。镰仓时代和室町时代逐渐出现用佛教和神道思想解释历史演变的宗教史论,江户时代的历史研究开始借助宋朝诸如司马光(1019－1086)等史学家们的研究以及他们所提出的有关历史变化的准则。

---

① 译者注:“三神器”一词来源于日本的神话传说,包括天丛云剑、八尺琼勾玉、八咫镜。这三种神器,一直被当作日本皇室的信物,为民众所膜拜。

② 参见 D. M. Earl 的著作 *Emperor and Nation in Japan, Political Thinkers of the Tokugawa Period*,第 61－65 页。

尽管中国和日本在社会政治方面存在不同，然而专心于新儒学中“理”的思想的学者们仍然试图将中国的儒家准则应用于日本历史中。林罗山及其子林鵞峰(1618－1680)的共同著作《本朝通鉴》(编写于 1644—1670)开启这股潮流。《本朝通鉴》反映司马光关于历史演变性和王朝合法性的观点，包含 1611 年之前的历史纪事。在之后的一个世纪里，新井白石(1657－1725)也对此颇感兴趣，其最为著名的史学著作《读史余论》(1712 年)从世界起始至秀吉时代对日本历史进行追溯。在《读史余论》中，历史被解释为在“天令”基础之上的一系列转折和传承。《读史余论》叙述连贯，在涉及政治、经济以及文化方面胜于早期史学著作。“新井白石所描述的国家历史中，现在似乎是过去不可回避的一部分。”①《读史余论》成了之后史学著作的模范之作。以江户时代末年的伟大学者和史学家赖山阳(1780－1832)的著作《日本外史》为例，该著作风格活泼，成为“唯一一部阐述江户时代末年历史的最具影响力之作”。②《日本外史》共二十二卷，讲述自源赖朝以来(源赖朝于 1192 年建立了日本历史上第一个武士政权镰仓幕府)至德川家康(德川家康通过 1600 年的关原之战夺得日本统治权)的德川幕府末期的日本历史。其他著作紧跟新井白石的步伐，带有愈加浓厚的民族主义色彩。

然而在 1657 年，德川光国(1628－1701)开创水户学派(水户学)③，从此启动了一项最为艰巨的历史研究项目。直到二十世纪(1906 年)该项目才得以完成。与之相关的著作《大日本史》共三百九十七卷，极具历史意义。著名的水户学者安积澹泊是早期《大日本史》编写工作的贡献者之一。这些著作表达了中国历史主义的观点，与早期著作如静慈円(1155－1225)的《愚管抄》以及北畠亲房(1293－1354)的《神皇正统记》(1339－1343)中的佛教和神教思想形成鲜明对照。

历史上对于普遍之“理”的追求逐渐从中国转向日本。水户学本

① 参见 H. Ooms 的文章“Hakuseki’s Reading of History”，发表于 MN，卷三十九，第 3 期(1984)，第 333－350 页。

② 参见 T. Najita 的著作 *Japanese Thought in the Tokugawa Period, Methods and Metaphors*，第 645 页。

③ 译者注：水户学派指在日本水户藩(现茨城县北部)编纂《大日本史》过程中形成的学派，以朱子学为中心，综合国学和神道，倡导尊王和大义名分。

身带有民族主义色彩，这种民族主义在后期水户学中体现得更为明显，后期水户学于十九世纪早期由藤田幽谷（1774—1826）创立。水户学和后期水户学神秘化了神话时代并且创造了“国体”这一概念，“国体”概念在后来的国家言论中起关键作用。“国体”成为居于事物之上的真理的“理”之原则。民族情感成为“国体”一部分。“国体”即为来自“天”和来自天照大神的一系列神明。中国思想被抽象用语再次神秘化并回归本土神话。这可能看似奇怪，但是正如唐纳德·基恩所言，儒家观点在一开始就已被日本改造而淡化。①

藤田幽谷的学生会泽正志斋（1782—1863）和藤田幽谷之子藤田东湖（1806—1855）以“反对蛮夷”的立场抵制西方思想，他们希望复兴传统价值观并且恢复帝王统治。“支配《大日本史》编纂工作的历史观在十七世纪编写初期至十八世纪末期编写的第二阶段之间发生显著变化。”②

《德川实纪》是另一项伟大的史学成就。它编写于 1809 年至 1843 年间。受幕府委托，约二十位学者在林述斋（1768—1841）的领导下参与编写工作。该编年史涵盖自幕府第一代将军德川家康以来至幕府第十代将军德川家治（1760 年至 1786 年在位）期间的政史。而编写于明治时代的史书《续德川实纪》是幕府最后五代将军的编年史。因此直到江户时代末期，甚至直到现代，人们对于历史的浓厚兴趣只增不减。

八、贝原益轩（1630—1714）

贝原益轩是十八世纪初期新儒学的关键人物之一，与古学哲学家并驾齐驱。贝原益轩曾在京都学习松永尺五、木下顺庵以及山崎暗斋的思想，但之后行医于九州。在其漫长的一生中，贝原益轩形成自己独特的思想观念。他从未排斥新儒学或者以“天”作为万物起源

---

① 参见 D. Keene 的文章“Characteristic Responses to Confucianism in Tokugawa Literature”，于 P. Nosco 主编的 *Confucianism and Tokugawa Culture*。

② 参见 M. Bito 的文章“Thought and Religion，1550—1700”，于 J. Whitney Hall 的著作 *The Cambridge History of Japan，vol. 4，Early Modern Japan*，第 409 页。

的观点。但是在晚年时期，贝原益轩提倡“气”的思想，对朱子学中的一些观点进行温和批判。①该思想出现在《大疑录》中。《大疑录》著于1714年，同年贝原益轩与世长辞。直到1766年该书才得以出版。在正统思想中“理”先于“气”并存于“气”中。贝原益轩在众多著作中对朱子学表达自己的中立立场，例如贝原益轩最为著名的本草学著作《大和本草》(1708)。作为一名真正的学者，贝原益轩具备怀疑精神但并非全盘排斥朱子学。

贝原益轩对物质世界颇感兴趣，他开始对自然进行实际观察。因此贝原益轩不像山崎暗斋一样关注发展精神生活和道德实践，他更注重证明事物中的“理一气”混合现象。他写道：“渴望扩充知识的人必能深入事物之中。晓‘理’使人明智。无法穷理而只关注精神是愚蠢的。如何发展智慧？人们当然必须扩充自身知识。”②“贝原益轩对于知识的理解具体体现在他对自然植物的系统性广泛研究中。他使‘实学’的概念进一步发展成为日本至今尚存的世俗学问。”③

然而贝原益轩从未轻视内心和外部事物之间的对应关系。“人在穷理之时有必要牢记培养道德心智。”④精神之平衡最为重要，人们在平衡内心后方可扩充自身知识。正如他所说：“当人们在为扩充知识努力时，他们首先要认识自身，之后再深入认识万物之中的原则。如果人能勤奋努力，直面困难，那么便自然而然茅塞顿开。这就是探索事物和‘穷理’所需的努力。”⑤他认为人的教育在先，技能教育在后。

贝原益轩的观点与朱子学派相近，而与陆象山和王明阳学派相反。罗钦顺强调事物中“气”的概念，贝原益轩受其影响着手自然研

① 参见G. Wm. Knox的文章“Ki, ri and ten”，发表于*TASJ*，卷二十，1892年，第157页。

② 参见R. Minamoto的文章“Jitsugakú and Empirical Rationalism”，于Wm. T. de Bary and I. Bloom主编的*Principle and Practicality*，第415页。

③ 参见Marleen Kassel的著作*Tokugawa Confucian Education, the Kangien Academy of Hirose Tans (1782－1856)*。

④ 参见T. Okada的文章“Practical Learning in the Chu Hsi School: Yamazaki Ansai and Kaibara Ekken”，于de Bary and I. Bloom主编的*Principle and Practicality*，第281页。

⑤ 参见R. Minamoto的文章“Jitsugakú and Empirical Rationalism”，于Wm. T. de Bary and I. Bloom主编的*Principle and Practicality*，第413页。

究。他的研究不受神圣道义的束缚，以唯一的“生理”贯穿一切存在。[①] “理”即万物之“理”。贝原益轩将“理”分为“常理”和“变理”。他的好奇心和热情成为“常理”并使他深入一种经验主义，对此他总结道：“纷纷世界，其理无穷。研究使人明其各‘理’……此乃人生最大之乐事。其乐无穷。”[②]

这意味着，在一些情况下，“理”与“气”同等重要。[③]在现代科学时代，研究应该如此。[④]正确理解自然及其相关活动是服务世界以及造福人类的正确之道，在历史学习以及冥想静坐中更是如此。正如新儒学所设想，自然不会自发显现永恒的“天”之准则而是需要经历不断的变化，因此人类必须不间断地观察自然。

贝原益轩对于造物以及天地天生有种亲近感，因此他认为尊崇宇宙十分重要。由于自然是支撑生命的生命之源，人们应该像对待自己的父母一样地对待它。人类必须造福自然以及孝敬父母以回报养育之恩。“贝原益轩的思想可以被总结为一种宗教人文主义，这种人文主义建立于体现在实际经验主义中的生机自然主义上。”这是贝原益轩思想背后的动力来源。[⑤]

贝原益轩通过“博学”深入研究朱熹思想并且承认“变化的原则”是永无止境的。人越是深入“理”，越能更好地认识“天”，即天之“理”最初存于“天”再存于世间。穷尽存于人类和世界之中秩序模式的“文理法”以及经验主义使得伦理和知识感知之间的关系得以松散。对于强调“理”内在性和不确定性的解释成为日本朱子学的新开端。

贝原益轩最可能以儒家教育普及者的身份被人们铭记。他的著作《女大学》(1716 年)谈论女子应该履行的义务，而另一著作《和俗

---

① 参见 M. E. Tucker 的著作 *Moral and Spiritual Cultivation in Japanese Neo-Confucianism, The Life and Thought of Kaibara Ekken (1630—1714)*，第 73—75 页。

② 参见 R. Minamoto 的文章“‘Jitsugaku’ and Empirical Rationalism”，于 Wm. T. de Bary and I. Bloom 主编的 *Principle and Practicality*，第 414 页。

③ 参见李约瑟的著作 *Science and Civilization in China II*，第 506 页。

④ 参见 Y. Abe 的文章“Development of Neo-Confucianism in Japan and Korea: A Comparative Study”，发表于 *Acta Asiatica*，卷十九(1970)，第 31—39 页。

⑤ 参见 M. E. Tucker 的著作 *Moral and Spiritual Cultivation in Japanese Neo-Confucianism, The Life and Thought of Kaibara Ekken (1630—1714)*，第 123 页。

童子训》(1715 年)则与儿童的道德和义务有关①。贝原益轩在《大和俗训》(年份未知)②中建议人们终生学习,启发众多学者。自江户时代至 1945 年期间,贝原益轩是拥有最广大读者群的儒家之一。

贝原益轩的思想与《易经》相近,《易经》赞美生命为“生产之父”。③ 贝原益轩在(新)儒学的基础之上撰写了《大疑录》。在该著作中,他强调所有事物于“理气”统一中相互联系。他在《大疑录》的最后一章写道:

> “天地之道始于二气,二气无离合。即为一气馄饨。此为理之极态,此时阴阳未显……太极为道及万物之源。理皆以太极为名。一气动则称阳。此为动之太极;气动然静止,气聚则称阴。气动然静止,动静循环,无始无终。一气分阴阳,然并非天地存二气。一气之散则为阳,一气之聚则为阴。此为太极之动静,永恒循环。”

通过《易经》,我们发现太极生动静(即阴阳)。阴阳之道合成太极之运转。太极阴阳以其先后各有其名。如今太极即为一气馄饨,而阴阳则为其后之名。阴阳转换,动静循环。

《易经》曰阴阳成道。如今“道”为载车之道,“气”如来往之车流,故谓之“道”。动静之气既为阴亦为阳。阴阳转换无穷无尽。故于宇宙演变之中谓之太极。太极和道连接于一前一后,道即为阴阳变换之太极。太极不以一气而动,须以二气方可动。二气以条理而动,谓之道。此为二气之本性。若万物无序,不可谓之道,失其真性。春爽夏热秋凉冬冷;常有其道。错阴错阳则失其常道。阴阳平衡,则与道性相符。所谓天之道乃阴与阳。生长丰收有序之年,即因阴阳转换,道之运行。于此万物皆符其道。

天地为气,其之运动则为阴阳。无尽之生长皆称生命。《易经》认为天地之大德即生命。其阴阳之转换则为道。道为阴阳之平衡。

---

① 《和俗童子训》的英译本参见 Basil Hall Chamberlin 的文章“Teaching for the Young”,发表于 *TASJ*,卷九(1881),第 223—272 页。

② 《大和俗训》的英译本参见 M. E. Tucker 的著作 *Moral and Spiritual Cultivation in Japanese Neo-Confucianism, The Life and Thought of Kaibara Ekken* (*1630—1714*),第131—220页。

③ 参见 James Legge 的《易经》译著 *The Sacred Books of the East*,第 381 页。

理气相和，则为一物。理气无离合，“理”不可无“气”，“气”不可无“理”。不可言理先而气后。故理气非二物，彼此不可离。

“理”不可独存，唯理于“气”。“气”之合理转换则为道。若有序，谓之“理”。“道”与“理”实为一。若理气相离，则与老子所言万物先于天地而生无异，天地之前已有物。阴阳运行为“气”之和谐，阴阳复生万物，即为万物之源。“理”不可只觑为形而下之器。

生命之生长与变化，谓之“气”。生死之规律，谓之“理”。气理形成一物。“理”为法则。循“理”则万物有序，不离正道，善则自明……而“气”又可乱序，变化突起，失其正道。此即为阴阳失调，而非阴阳之真性。

若以水为比较之例：水本清，而遇泥则浊，然不可以浊者不为水也。“气”生万物，然“理”同生万物。而“理”则为“气”中之“理”，不可谓之根与枝或先与后。两者为一，无先后之分，亦无本源之说。

朱熹在一封回信中认为理气为二物。此观点亦重复于朱熹其他著作中。反之，圣人则曰“一阴一阳之谓道”。亦有其他类似之言，故不解而质疑。①

因此，贝原益轩一直持有谨慎的怀疑态度，但是他并没有否定朱熹思想中的先进内容。他将“气”和“理”融为一体，“气”占据主要地位。作为物质之“气”中的“理”引发了他的研究兴趣。在十七世纪下半叶的思想界，人们不免会感到疑惑：贝原益轩是否听说过和拜读过山鹿素行和伊藤仁斋的著作？他是否深受他们的影响？贝原益轩的求知欲为之后几年的儒学奠定基调。他的方法论包括研究事物的规律性以及宇宙的相关性，将宋朝思想的外在部分推至前沿。尽管贝原益轩对朱熹思想表示怀疑，其怀疑主义仍旧属于儒家哲学观。②新儒学转变为“尊崇自然的研究”，它不仅包括人类关系而且涉及花与蜜蜂等自然现象。

---

① 参见 E. Kaibara 的著作 *Ekken zenshu*，第 173－175 页。

② 参见 M. E. Tucker 的文章“Kaibara Ekken”，于 I. P. McGreal 主编的 *Great Thinkers of the Eastern World*，第 370 页。

九、古学派思想家

为了回应来势凶猛的新儒家思想，古学派①思想家应运而生。人们意识到朱熹和其他宋朝学者的教义不符合中国经典中不容置疑的真理，而这种真理应该一直作为最高法则。这些学者不断解释和丰富神圣的文化遗产并使其适应己需。他们的思想因深受佛教（还有道教）的影响而令人不悦。重新阅读和理解经典显得尤为必要。古学派对新儒家思想的这一回应被称为“日本新儒学研究史上的一次哲学蜕变”。②

三位学者与这次复兴运动尤为相关。最早的一位是山鹿素行，伊藤仁斋紧随其后。他们在十七世纪六十年代追求真理的过程中回归孔孟思想。第三位是荻生徂徕，他一直研究孔孟思想，然而他为了证明经典又进一步研究“五（六）经”。这三位主要人物并非并肩作战，他们的思想观点也存在着极大不同。但是他们在拒绝朱熹教义和借助经典追求客观真理的方面却十分相似。后来人们将他们皆归于古学派的名下。

1. 山鹿素行（1622—1685）

古学派可追溯至 1665 年，山鹿素行于该年出版著作《圣教要录》。③《圣教要录》讲述他在十七世纪六十年代初期如何从朱子学中解放出来转而回归孔子思想和其他经典著作的故事。山鹿素行称自己日夜研究，终于悟出圣人要义。他对佛禅、老子、庄子以及朱熹失去兴趣。对于人性的一种新见解则随之诞生。他反对新儒学对于自我的超越并且谴责那些学者“由于对日常生活的无知以及对于枯燥

---

① 译者注：古学派是指日本江户时代儒学派别之一。古学者原多为朱子学追随者，后怀疑朱子学，认为与孔子、孟子原意不同，而倡古学，呼吁不依赖后人的注疏，而从孔孟的原著中直接探索儒学的真意。

② 参见 Y. Abe 的文章“Development of Neo-Confucianism in Japan and Korea: A Comparative Study”，发表于 *Acta Asiatica*，卷十九（1970），第 26 页。

③ 参见 J. David Japan 的著作 *Sources of Japanese History*，第 384—424 页。

文学的沉迷和追求而成为言语空洞无义的人”①。《圣教要录》主要对儒家词汇术语进行阐释。人们很难理解为何山鹿素行冒犯了保科正之(1611—1673)并于1666年被流放至赤穗。

山鹿素行在《配所残笔》(1675年)②中叙述了他的思想发展历程。山鹿素行天资聪颖，极富天才，在八岁之前便已通读“四书”、“五(六)经”和其他中国著作。在九岁的时候，山鹿素行便投于林罗山门下学习儒学并于十五岁讲学《大学》，且于十六岁讲授《孟子》和《论语》。之后他开始埋头研究朱熹和其他儒学著作。在山鹿素行的大半生中，他一直信仰儒学。他广泛阅读各种著作，包括《老子》、《庄子》和诸如《源氏物语》、《伊氏物语》、《万叶集》以及《枕草子》之类的日本文学名著。山鹿素行研究日本诗歌并且以“和歌体”③进行诗歌写作。此外，自其少年时期他便对军事科学以及神道教颇感兴趣。因此山鹿素行拥有宽广的知识面以及全面的教育背景，这使得他对新儒学教义提出质疑。之后大约在1661年，他将朱子学弃置一边而皈依孔子和其他先贤。他认同“四书”中的《论语》和《大学》而并非《孟子》和《中庸》。山鹿素行认为孟子好辩而《中庸》又与佛教和道教思想相近。这些看法最终促使他撰写著作《圣教要录》。④

最终山鹿素行将新儒学完全等同于佛教。他对实际事务有着坚定信仰。他认为“任何压抑欲望者皆非人”。如果人们克制自己的欲望和热情，即压抑人性中“气”的部分，那么便会如同“尸骨”或者“朽木”。他还提出“去人欲非人”⑤。理想人格应该将尊重内心和外部力量相结合。山鹿素行养气存心，坚定意志，成为领导者。⑥山鹿素行没有看到永恒不变的“天理”而是看到决定人们命运的古之“天

---

① 参见 Carmen Blacker 的著作 *The Japanese Enlightenment, A Study of the Writings of Fukuzawa Yukichi*，第43页。

② 参见 S. Uenaka 翻译的《配所残笔》“Last Testament in Exile”，发表于 *MN*，卷三十二，第2期(1977)，第131—150页。

③ 译者注：和歌是日本的一种诗歌。这是日本诗相对汉诗而言的。日本最初的诗使用汉字写成，用汉字的意成音。在此基础上产生了具有日本将点的诗。因为日本叫大和民族，加之写了诗要吟唱，所以便称为和歌。

④ 参见 *Nihon no shiso*，卷十七，第331—333页。

⑤ 参见 R. Minamoto 的文章“‘Jitsugakư and Empirical Rationalism”，于 Wm. T. de Bary and I. Bloom 主编的 *Principle and Practicality*，第432页。

⑥ 理想人格包括仁、智和勇。

意"。"理"的存在不可否认，但是"气"的能量，即英勇，是武士最为重要的品质且在武士生活中居于首位。因此山鹿素行运用儒学的学说建立"士道"，成为之后"武士道"理论的鼻祖。他在《武教本论》和《武教全书》中对"武士道"进行了阐述。

在《山鹿语类》(1665 年)中，山鹿素行将"圣学"等同于有效行动，这在武士生活中尤为如此。在名为"士道"的一章中，他论及武士义务，这些义务包括忠诚侍君、信任友人和军事伦理。武士应该文武双习，文学为其左臂，武道为其右臂，两者不容忽视。武士应该经常留心周围的社会政治环境并且对自己的义务有清醒的认识，同时应不断培养自己勇武、忠诚和正直的品德，务必不能使自己成为"稻草武士"。正如他所说："武士遵循和平之道，然而亦以武器以备不时之需。"①

武士通过以"气"养心实现"理"，而"条理"为"理"之内在特性。人们通过生活中方方面面的礼节来实现超越。山鹿素行的古学教义基于儒家准则和圣人之道，其思想要旨在于武士应该在和平的世界中正确生活。山鹿素行对于军事的兴趣具体体现在他的军事思想中。他的军事思想被称为"山鹿流兵学"，包括铁炮战争。山鹿素行热衷往昔，这使得一种民族优越感油然而生，该优越感将日本与孔子之国并置，并且与日本接下来几个世纪中的国学思想十分接近。日本逐渐与中国开展竞争并且试图超越中国，这一现象一直持续到西方文明入侵。②

据说帝王崇拜的思想基础最早出现在山鹿素行的思想中。③ 这种可能性的确存在，然而问题在于山崎暗斋甚至中江藤树和熊沢蕃山在山鹿素行前是否确实没有提出过这一思想基础。当山崎暗斋得出神道和儒学实则"不可思议地天然相同"的结论时，日本皇朝和天皇的地位即刻上升至儒家文化中"天"的地位，抑或更高。藤原惺窝和林罗山已提出过神明之"道"与中国的圣人之"道"实为相同这一观点。因此山鹿素行转而关注本土文化顺应了江户时代儒家思想的发展潮流。山鹿素行在《配所残笔》中明确表示历代君主皆为品行高尚

① 参见 S. R. Turnbull 的著作 *The Samurai: A Military History*，第 282 页。

② 有关中日两国数世纪以来的文化竞争，参见 D. Pollack 的著作 *The Fracture of Meaning*。

③ 参见 S. A. Thornton 的文章"Yamaga Soko"，于 I. P. McGreal 主编的 *Great Thinkers of the Eastern World*，第 359 页。

之人并且日本优于中国和其他国家。①日本之所以优越是由于皇室血统一脉相承并且文化独一无二。日本而非中国应该被誉为"中央之国"。孔子著作《论语》中的准则皆在日本独立成形并且从整体上形成了"武士道"。这与水户学中的"国体"思想以及国学家的民族主义意识较为相近。契沖(1640－1701)是最早的日本民族主义者,他声称"日本将为众神之国"。②

山鹿素行在四十三岁时(约 1664 年)以著述《山鹿语类》暂时结束讲学。山鹿素行受到数以千计的学生欢迎。一年之后,他发表《圣教要录》。当时的高官保科正之信仰朱子学,因此将山鹿素行流放至赤穗,山鹿素行在保科正之死后,即于 1675 年在其被流放九年之后终得赦免。他对《圣教要录》中所提到的古学一直有着坚定信仰并且继续排斥朱子学,他认为天地为"二气"的"完美融合","二气"即为消极的"阴气"和积极的"阳气"。③之后山鹿素行获得许可在伊豆讲学直至 1685 年于伊豆逝世。

2. 伊藤仁斋(1627－1705)

伊藤仁斋在他的日臻成熟的思想体系中做进一步思考。他认为生命是自发的"气"而非"理",他表示"天地之间一元气而已"并且"天地为一大活物"。④ 伊藤仁斋将宇宙视为无始无终的活物并且坚持"气"一元论,他的观点与中国早期的思维模式十分接近。天地之道为阴阳能量("气")之永恒交替,万物皆源于"五行"。人们不应在"理"中寻找阴阳而落入"佛教和庄子的虚无空寂思想"⑤。

"'道'为生存,'理'为死亡。""理"的原则确实存在,但是它们就如同一块玉石中的纹路和肌理,如同"死"字,然而"气"即为活物。伊藤仁斋在主要著作《语孟字义》⑥中写道:"可见非有理而后生斯气。

① 参见 C. Tolman 的著作 *Early Modern Japan*,第 173－174 页。

② 参见 T. Najita 的文章"History and Nature in Eighteenth-Century Tokugawa Japan",于 J. W. Hall 主编的 *The Cambridge History of Japan*, *Volume 4*, *Early Modern Japan*,第 596－659 页。

③ 参见 *Edo jidai no shis*, *Kindai Nihon no meicho*,卷一,第 181 页。

④ 参见 J. J. Spae 的著作 *Ito Jinsai*, *A Philosopher*, *Educator and Sinologist of the Tokugawa Period*, *Peiping*,第 102 页。

⑤ 伊藤仁斋认为《论语》和《孟子》都没有提及"静坐"。

⑥ 参见 M. E. Tucker 的文章"Nakae Toju",于 I. P. McGreal 主编的 *Great Thinkers of the Eastern World*,第 1 页。

所谓理者,反是气中之条理而已。"①伊藤仁斋的"气闸说"十分著名,他说:

"盖天地一大匣也,阴阳匣中之气也。万物白醭蛀蟫也。是气也,无所从而生,亦无所从而来,有闸再有气,无闸则无气。故天地之间,只是此一元气而已。可见非有理而后生斯气。所谓理者,反是气中之条理而已……"②

因此伊藤仁斋的所有思想皆将"气"置于首位。

天地为一"活物",而"天道"如同一匹正在驰骋的脱缰野马。"'道'展现出活动的'天',就如同'道'揭示万物变形过程的秘密。"他又进一步指出"天之能量(气)使'天'为一活物。能量于天必不可少,于人同样至关重要。"自然由平衡阴阳之气的能量构成,永恒发展,生生不息。朱熹的"理学"为伊藤仁斋的"气学"所替代。"气"先于"理","理"居于第二位:生物有生物之"理",死物有死物之"理"。然一元之"气"为本,而"理"则在于"气"之后。③ "理"只存于"气"中。伊藤仁斋又将平等的概念加入思想之中,他说:"人人皆平等……无论天之下抑或地之上(他们所居住的地方),人人皆为兄弟。"④

伊藤仁斋还公开指责新儒家学者们过于强调严肃和不苟的作风,并对他们压抑、消极以及算计的生活态度进行抨击⑤,他的批评尤其针对京都邻居山崎暗斋。⑥ 伊藤仁斋对山崎暗斋等人的道德说教感到厌倦,认为这种说教否认人类情感的正当性。他坚持认为"人情"是人们内在道德本质的重要组成部分。⑦

---

① 同上,第 74 页。

② 同上,第 73 页。

③ 参见 C. Totman 的著作 *Early Modern Japan*,第 180 页。

④ Minamoto 引自 Dojimon,参见 R. Minamoto 的文章"'Jitsugaku' and Empirical Rationalism",于 Wm. T. de Bary and I. Bloom 主编的 *Principle and Practicality*,第 181 页。

⑤ 参见 S. A. Thornton 的文章"Ito jinsai",于 I. P. McGreal 主编的 *Great Thinkers of the Eastern World*,第 363 页。

⑥ 参见 de Berry 的著作 *Sagehood as a Secular and Spiritual Ideal*,第 148 页和 151 页。

⑦ 伊藤仁斋与荻生徂徕一样,否认将《诗经》作为伦理道德的承载者。创立古学派的伊藤仁斋(1627—1705)与创立古文辞派的荻生徂徕(1666—1728)都是《诗经》热忱的研究者,同时又是积极提倡切实把《诗经》当作诗歌来读的学者,他们对于诗歌本质及功效的认识与朱子学派已大相径庭(译者注)。

当伊藤仁斋将所有存在都感知和理解为宇宙“气闸”时，他确实受到明朝思想，尤其可能是上文提到的罗钦顺的启发。罗钦顺的著作《困知记》于1658年在京都出版。罗钦顺将著作复印版借给了他的学生。“伊藤仁斋必然亲自阅读过这部著作，因为他的许多主要观点和引用字句与罗钦顺的著作相同。”①伊藤仁斋必然受到十七世纪以林罗山为开端的儒学家们的影响。② 他的思想适应了当时京都武士阶层和平民阶层的情况。

直到伊藤仁斋三十七岁时，他开始信奉朱子学并且使用名号“敬斋”，这表明他在当时承认了“理气”二元论以及儒家“四书”的权威地位。他曾说：“如果一位学者首先在《大学》和《论语》中建立圣教然后阅读《中庸》和《孟子》，他便不会犯错。”然而伊藤仁斋的古义学研究使得他认为《大学》和《论语》以及《孟子》大约有十处不同，因而不可能为孔子之作。同样他否定了《中庸》，坚持认为若干章节被插入该著作中。之后他只接受《论语》和《孟子》，这使得他开始批判朱子学并且成为一位古学“气”一元论者。他又将名号改为“仁斋”，意为“仁义”。可见，在伊藤仁斋看来，孔子代替了朱熹的地位。

伊藤仁斋的古义学③与山鹿素行的古学思想几乎同时出现。他认为通过“理”的原则来解释世界上所有现象是不可能的。正如他在《语孟字义》中说：“宋儒以‘理’阐释世界，然未意识不可单以此判断事物。而他们只靠‘理’解释天下万物。他们所言听似合理，但用于现实则不可解释万物。”④

伊藤仁斋打破了宋朝思想。和中江藤树、熊沢蕃山以及其他思想家们一样，伊藤仁斋反映了明朝和清朝思想。宇宙万物皆在不断运行中，所有造物都必须被理解为生命和生产运动。伊藤仁斋以孟子“洪水之气”的一元论代替了朱熹抽象的“理气”二元论。伊藤仁斋又以《易经》为基础，将“天道”与“地道”和“人道”进行对比。“道”各

---

① 参见 H. Ooms 在 *Journal of Japanese Studies* 上的评论，卷二十二，第2期(1996)，第386页。

② 参见 M. E. Tucker 的著作 *Moral and Spiritual Cultivation in Japanese Neo-Confucianism, The Life and Thought of Kaibara Ekken (1630－1714)*，第19－26页。

③ 参见 S. H. Yamashita 的文章“The Early Life and Thought of Ito Jinsai”，发表于 *Harvard Journal of Asiatic Studies*，第465－467页。

④ 参见 S. Matsumoto 的文章“The Idea of Heaven: A Tokugawa Foundation for Natural Rights”，于 T. Najita and I. Scheiner 主编的 *Japanese Thought in the Tokugawa Period, Methods and Metaphors*，第189页。

有其性：阴阳为“天道”，刚柔为“地道”，仁义则为“人道”。①因此伊藤仁斋拒绝接受朱熹抽象的“理”而倡导活动之“气”。一元论代替了朱熹的二元论。世界并非不变之“理”而是活动之“气”。这使得“道”成为一种“永无止息的阴阳两气的来回运动”②。

伊藤仁斋的古学强调《论语》的重要地位，他将《论语》称为“宇宙第一书”。伊藤仁斋将《孟子》视为《论语》之“必不可少的注释”。他在《童子问》中写道：“孔子为吾师，所有自称学生之人须由圣人（即孔子）所指引。后儒痴迷于得‘道’途径之辩论，不可效仿。否则终将一无所获。学生不可对圣人之说断章取义。”③

伊藤仁斋的思想对孔孟之说进行释义。“仁”为要德，与“爱”同义，“道”则将“仁”与“义”相结合。其他的道德伦理以及教义紧随其后。人皆为善，平等爱之。与熊沢蕃山和荻生徂徕不同，伊藤仁斋对政治事务不感兴趣。与其说伊藤仁斋强调“敬”不如说他十分重视“诚”的品德，他将“诚”视为“天道”。在一定程度上，伊藤仁斋与新儒家有相似之处：和朱熹一样，他强调植根于人心中的道德感。然而伊藤仁斋并不认为伦理源于“天性”，而表示“道德伦理存于社会之中，而社会作为一个整体结构包括了多种人际关系”④并且“伦理必须在行为中得以真正体现”⑤。伊藤仁斋并没有接受朱熹关于自然的观点而是赞同《易经》中的观点，即世界以生命的消长为特征。

3. 伊藤东涯（1670－1736）

伊藤仁斋幸有多子。伊藤东涯接替父亲在1705年留下的工作。他在京都崛川开设私塾“古义堂”并且将其父亲的所有著作编制成藏书，令人钦佩。他还为其撰写思想传记并且保留了古义学，使之成为古学的一大堡垒，因此伊藤仁斋的著作遗产得到完整保存，造福后代。

---

① 参见R. Minamoto的文章“Jitsugaku' and Empirical Rationalism”，于Wm. T. de Bary and I. Bloom主编的 *Principle and Practicality*，第436－437页。

② 参见C. Totman的著作 *Early Modern Japan*，第180页。

③ 参见D. J. Lu的著作 *Japan, a Documentary History*，第248页。

④ 参见M. Bito的文章“Thought and Religion, 1550－1700”，于J. Whitney Hall的著作 *The Cambridge History of Japan, vol. 4, Early Modern Japan*，第423页。

⑤ 参见P. Nosco的著作 *Remembering Paradise*，第36页。

4. 荻生徂徕(1666—1728)

荻生徂徕同样受到明朝思想影响。他将“仁”视为与“气”而非“理”相关。无论荻生徂徕承认与否,他在很大程度上受到伊藤仁斋的启迪。他们之间的主要区别在于伊藤仁斋关注“内在”层面而荻生徂徕关注“外在”层面,即前者是理想主义者,后者是现实主义者。伊藤仁斋比荻生徂徕更愿意相信人皆善。荻生徂徕的确承认“仁”为最重要的品德,但是他并不相信这种品德的社会效能。①他承认自己受到明朝思想的影响以及王世贞(1526—1590)和李攀龙(1514—1570)的启发。②

荻生徂徕只认同气质之性,即个人的不变之性。正如他在著作《弁名》中所说:“气质可改乎?!”性为活物,深不可测,难以理解。每个人的“气质之性”各不不同。对于荻生徂徕来说,“理性”是“一大活物”的“条理”。荻生徂徕提到了“天理”和“地理”并且并没有否认事物中“理”的存在。但是他抨击“理”普遍论的观点。认为朱熹有关宇宙之“理”的观点是一种无益推测。相反荻生徂徕承认人的内心各不相同,如同“许多不同的面孔”。

因此拥有“气质之性”的每个人都可以完善其性从而致力于建立一个文明社会。问题并不在于人们与之俱来的“理”而在于个人之性。“人道”的标准可以在阐述“天地道理”的“五(六)经”中找到。宋明思想家倡导的内省只会使人们的思想主观化而不是产生明确标准。荻生徂徕提倡全面研究“五(六)经”以获得真理。他认为新儒家只是通过“格物致知”和“穷理”获得了“牵强解释”。

中国的古文辞学是荻生徂徕治学的支柱。古文辞学是真正的学问之道,它主要限定于“诗、史、礼、乐”的范围之内。“天不待解……至尊无比,莫能逾而上之者”。学者们应该学习社会政治哲学。因为“古今连贯”,全面了解历史至关重要。③ 荻生徂徕对实务技能亦颇感兴趣,他曾研究弩炮、弓、医药、军事策略,甚至数学。

荻生徂徕对“四书”十分感兴趣并且撰写了所有与其相关的评

---

① 荻生徂徕认为“仁”是一种美德,而非人性。

② 参见 O. G. Lidin 的著作 *The Life of Ogy Sorai, a Tokugawa Confucian Philosopher*,第 99—100 页。

③ 参见 K. Yoshikawa 的著作 *Jinsai, Sorai, Norinaga*,第 84 页。

论。他对《论语》的评述《论语徵》被视为其代表作之一。其他评述还包括《大学解》、《中庸解》和《孟子识》。①荻生徂徕并没有对哲学家进行明确区分，但是他在《弁道》中认为孟子好辩而偏离圣道。然而荻生徂徕没有完成后三部评述。

荻生徂徕在除去圣人的神秘色彩和区分“人道”和“天道”时显得最为激进。在正统思想中，“人道”被视为“天道”的一种延伸或者反映，是一种与原物本身一样永恒的复制物，即“天人合一”。然而，和荀子相似，荻生徂徕对“人道”和“天道”进行区分，他认为“人道”是受“天”启示的圣人先王的创造，因此并非道家所认为的“自生”。我们必须巧待“人道”。世界发生变化，“道”也相应发生变化。因此并不存在适应所有历史情形的自然法则。江户之“道”不可能是室町之“道”的副本；它只能大致反映出三朝的轮廓和精神并且展现出同样的理想。这意味着“道”成为一种相对现实，可以随着新知识的出现发生改变。因此自然的统一性被打破。然而荻生徂徕并没有否认“天道”和“地道”。他只是谨慎地在《弁名》中发表见解：

> “谓之天道和地道。深玄也不可测，杳冥也不可度。万物资始……静而观之，亦似有其所由焉者，故谓之天道。载华岳而不重，振河海而不泻，磅礴不可穷，深厚不可尽。徐而察之，亦似有其所由焉者，故谓之地道。皆因有圣人之道，借以言之耳。”②

“礼、乐、刑、政”这一综合术语是“圣人之道”的体现。该术语出自荀子。人们可以明确辨明个人内在与社会外在。这两个层面同等重要。人们会想荻生徂徕可能会将“刑政”置于前面，然而他却将“礼乐”放在首位，这揭示了他基本的儒家思想。

荻生徂徕没有提到“义”这一品德，然而“义”体现了符合“圣人之道”的正确行为和社会责任。“仁”贯穿于所有品德中，荻生徂徕称其为品德中的品德。“仁”体现于社会同情，与政治尤为相关。为了给世界带来和平和福祉，“为民父母”是统治者的第一要务。合理的制度十分神圣，专为人而创造。他们并非为“天”所赋之“理”。中国的

① 荻生徂徕的所有评论在其生前未发表。

② 参见 R. Minamoto 的文章“Jitsugaku and Empirical Rationalism”，于 Wm. T. de Bary and I. Bloom 主编的 *Principle and Practicality*，第 440 页。

先王已为世世代代建立了模式和标准。他们皆被"提升至宗教绝对真理的高度"①。他们高高在上却基于现实。荻生徂徕对于中国先王有着全然的信仰。正如他在《弁道》中所说:"圣人教义所能尽哉……圣人未言之事无需再言。"古代中国被理想化,荻生徂徕则被认为是"颂华者"。

荻生徂徕将"道"的概念外在化、相对化以及世俗化,因此他的思想具有一定的现代性。荻生徂徕思想的现代性也体现在他认为人们的外貌和内心皆有所不同的观点中。个人应该根据相应的社会地位和天生才能来履行任务和义务。儒家之"天"存在于人们的"气"的世界之上。"天"有其意,是"圣人之道"的根源。然而神道之"天"、先人以及勇猛、忠诚、正义的品德同样存在。荻生徂徕认为日本国家的神明之"道"即为中国的神明之"道"。②因此他没有排斥神道教义。

荻生徂徕在《政谈》中全面阐释了他的宇宙思想:

> "《易经》中'万物自下而上生长'之道理绝非愚谬之谈。一年之中,春夏之时,天之'气'降,而地之'气'生,二者协调,故万物生长。秋冬之时,天之'气'升,而地之'气'降,天地分离,二者失调,故万物枯死。此亦与人类世界无异。"③

荻生徂徕有关宇宙和人类的思想带有宿命论色彩。万物由于"天恩"而得以存在。"天生错综复杂之万物并予之支撑。"④荻生徂徕借用孔子的话说:"不知命无以为君子。"⑤他表示幸有"天恩"他才得以实现生活中的目标。

荻生徂徕曾是朱子学理学家。在晚年时期,即大约在五十岁时,荻生徂徕改变观点,成为气学家。之后他否认世界上"理"的永恒存在。荻生徂徕思想日臻成熟,他意识到在之后的时代里只存在明智

---

① 参见 M. Maruyama 的著作 *Studies in the Intellectual History of Tokugawa Japan*,第 241 页。

② 参见 K. Yoshikawa 的著作 *Jinsai, Sorai, Norinaga*,第 252 页。

③ 参见 S. Matsumoto 的文章"The Idea of Heaven: A Tokugawa Foundation for Natural Rights",于 T. Najita and I. Scheiner 主编的 *Japanese Thought in the Tokugawa Period, Methods and Metaphors*,第 190 页。

④ 参见 K. Yoshikawa 的著作 *Jinsai, Sorai, Norinaga*,第 252 页。

⑤ 参见《论语》。

的统治者而非圣人。德川家康便是后来出现的天才。这位明智的统治者需要学习圣人思想并将神圣永恒的范式应用于江户时代的社会现实中去。既存制度因能否带来和平和福祉而非冲突和贫穷而成为试金石。

作为政治经济学家的荻生徂徕曾在主要著作《政谈》(1727 年)中曾提到他对享保年间(1716—1735)的社会状况非常不满。中国圣朝的模范在荻生徂徕的脑中留下了烙印,因此他倡导一系列改革,但终遭统治阶层忽视。①荻生徂徕尤其担心武士阶层。武士阶层在城市和平生活的一百年间日趋颓废,缺乏阳刚之气。他同之前的熊泽蕃山一样主张武士返本务农。除此以外,应该严格控制人口。

荻生徂徕强调为政,这似乎与荀子的观点十分相似。然而他不仅强调法则,同样也强调人才和教育。我们无法在荻生徂徕的思想中发现他反智主义的倾向。相反,他强调人们对文学的追求。荻生徂徕的萱园派强调全面研究经典。但是他对法学的研究不如荀子那般深入。通过培养统治者和统治阶层精英的思想以达到共同繁荣的目标。②《政谈》告诉我们统治者最大的责任就是招贤纳士。③如果统治者找到了贤士那么即使法律并不完善也不重要。然而荻生徂徕并没有脱离道德的束缚。他的一生正直诚实,但他并不希望将恪守道德转变为禁欲主义。

仅靠个人行为创造一个生机勃勃的社会是不够的。依靠提升道德来统治国家就如同手握糙绳骑马抑或不经测量造房。外在的客观准则必不可少。和亚里士多德一样,荻生徂徕将人类视为需要依靠社会发展自身的"政治动物"。因此将伦理道德置于政治之上是一种错误做法。这些社会政治目标遭到正统思想家的否定并被认为带有功利主义的倾向。然而荻生徂徕坚持认为这些目标正是圣人们希望建立的合理社会秩序。在二十世纪,像荻生徂徕这样的人将被认为是为最广大人民谋取最大福利的先进分子甚至社会主义者。

荻生徂徕的古文辞学使得十八世纪的思想界活跃起来。哲学家们对他的评价褒贬不一,直到今天亦是如此。荻生徂徕没有很多学

---

① 参见 O. G. Lidin 的著作 *Ogyu Sorai's Discourse on Government (Seidan), An Annotated Translation*。

② 对荻生徂徕来说,人的才能可以看做"理",其余为"气"。

③ 朱熹在《静思录》中表达了相同观点。

生。但一旦谈到他的学生，人们往往会先提起太宰春台。

5. 太宰春台（1680－1747）

太宰春台是荻生徂徕最有名的学生。太宰春台追随荻生徂徕的脚步，十分关注政治经济事务。他的主要著作《经济录》与荻生徂徕的《政谈》十分相似。他同样相信历史始于中国的圣人先王。此外，和荻生徂徕一样，太宰春台认为“圣人之道”即为治国之道。人们必须在古代经典中而非自然或其本身中找到真理。太宰春台与其师观点相近，认为人们生而不同。养性需循“礼”、“乐”以和睦。然而在“圣人之道”适用任何时代情形的有效性上太宰春台并不乐观。因此他援用一系列原则作为永恒存在和发展的补充。统治者在了解其特定时代的状况后便可以根据历史现实制定政策。太宰春台得出人们生活在等级制度中的结论。只有在鸟兽生活的“自然”中，人们才处于平等地位。此外，每个人都有才能和本领。因此太宰春台提出的制度比荻生徂徕在《政谈》中提出的制度更加多样化。与荻生徂徕相比，太宰春台进一步认为幕府财政政策应该发展制造业和贸易而不能完全依靠农业。他和荻生徂徕都对享保年间的社会状况持悲观态度。

和荻生徂徕一样，太宰春台同样批判新儒学。然而太宰春台的思想体现出一种超然的态度，他建议统治者采取道家的“无为”思想（《经济录》）。这一观点始于熊泽番山，由山鹿素行、荻生徂徕和太宰春台等古学派学者的著作继承。在之后的江户时代，诸多学者开始关注这一主题。在这之前除了就职上任，政治事务一直属于禁忌。如今，这种局面得以打破，诸多学者开始转而研究政治和经济事务。其中新井白石算得上是最为杰出的思想家。随着为政和生产以及利益逐渐成为中心话题，人们对人际关系的关注日趋减少。

十、新井白石（1657－1725）

新井白石求师于木下顺庵，他在思想界的地位可与荻生徂徕相匹敌。自 1694 年起，新井白石开始辅佐幕政，以儒者身份成为甲府藩主即德川纲丰（1709－1712 在位）的侍臣。之后新井白石统计他曾给德川纲丰进行讲学总计1299次！新井白石学识广博，兴趣广泛，通晓地理学、本草学和语言（甚至荷兰语），并且别出心裁地将历史进行编年整理。他将西方科学和西方宗教进行区分，但是他认为西学仅仅关注“气”的概念，缺乏“理”的层面。新井白石可能参考了向井元升（1609—1677）的著作《乾坤弁说》（1658年）。①《乾坤弁说》中曾提到：“蛮学之人不知阴阳之理；因此不知‘天’何谓之‘天’，其所言‘天’非万物起源如同只知其母却不知其父。”这种观点是当时哲学对于现代科学的典型回应。②

从哲学上来说，新井白石属于朱子学派儒学家。从政治上来说，他是一位主张“仁政”的政治家。和大多正统朱子学家一样，“天理”和“礼”对新井白石来说就是“天”、地以及人类之间的生命线，因此在社会政治结构中也同样至关重要。正如他所写道：

> “天人为一气，其作用强于月与潮。故人类世界有序之时，天地之气得以维持，相符相称。反之，宇宙失调，难以维持。若阴阳失调，则万物失其正道。‘礼’使天地各居其位。‘乐’使阴阳平衡。故‘礼’、‘乐’非仅为先王教导改造人类之工具，其亦使天地各得其所，阴阳和谐有序。”③

尽管新井白石相对较少关注（“理”）形而上学，但是他和其他好奇和求知的思想家们一样寻求世界之“条理”。然而他始终牢记平衡品德和知识之间的关系。例如新井白石阅读上述著作《乾坤弁说》，世界变迁于前，而孔子和孟子的“天道”于后。新井白石关于历史的著作《读史余论》（见上）亦是如此。《读史余论》被认为是江户时代最伟大的学术成就之一。在新井白石的其他众多著作中，《藩翰谱》（1701年）、《西洋记闻》（1715年）④以及《采览异言》[（1713年，修订于1725年）都十分著名。第一部著作主要描述武士的战场生活，第二部著作主要关于意大利传教士西德蒂（1668—1715）]的到来和尤

① 新井白石曾学医，之后在东京办学。他以反对亚里士多德的宇宙观而为人所知。

② 参见 A. Craig 的文章“Science and Confucianism”，于 M. B. Jansen 编写的 *Changing Japanese Attitudes toward Modernization*，第140—141页。

③ 参见 K. Wildman Nakai 的著作 *Shogunal Politics*，第186页。

④ 参见 *Nihon Shiso taikei*，第8—82页。

以地理为主的西方事物。兰学在之后的十八世纪得到发展。新井白石则被认为是兰学“精神之父”。①

西德蒂(1668—1715)是耶稣会传教士,于1708年非法进入日本,交由新井白石审问。新井白石很快发现西德蒂的思想明显带有两重性:一方面他是“非理性主义”的基督徒,另一方面他又是“理性主义”的思想家。②西德蒂精通自然知识,他身上所体现的两面性使得身为新儒家的新井白石惊叹不已。

新井白石将自己与西德蒂的对话以及他听说的基督教义写入《西洋记闻》之中,因此人们便可以理解为何新井白石当初如此震惊了。新儒家教义必然会认为基督教义不合逻辑甚至荒诞难解。例如西德蒂声称上帝创造了天地。新井白石对此则感到十分不解,为什么天地不能创造自身呢?③新井白石和其他儒学家一样相信“天地就是天地”④。他以十分明锐的洞察力提出疑问,为什么西德蒂所提到的上帝没有行使其无所不能的权力去掌控人类而要眼睁睁地看着他的儿子被钉死在十字架上呢!

十一、室鸠巢(1658—1734)

室鸠巢是另一位求师于木下顺庵并间接师从新井白石的著名新儒家。他得到新井白石的推荐进入幕府辅政,成为德川吉宗的智囊。室鸠巢被认为是一位对朱子学有着坚定信仰的武士道学者。他紧随正统儒学,排斥伊藤仁斋和荻生徂徕的古学教义。室鸠巢的著作之一《明君家训》强调了武士阶层的忠贞精神,告诫武士不要偏离侍君之道。德川吉宗对这部著作给予了极大赞赏并与其同僚共享。结果

① 参见 Li Suping 的文章“The Philosophical Concept of li in Chinese and Japanese Neo-Confucianism: A Comparative Study”,发表于 *The Japan Foundation Newsletter*,卷二十三,第4期(1996),第13页。

② 有关西德蒂,参见 J. Murdoch 的著作 *A History of Japan*, *The Tokugawa Epoch*, *1652—1868*,卷三,第304—306页。

③ 参见 *Nihon Shiso taikei*,第79页。

④ 参见 S. Kato 的著作 *A History of Japanese Literature*, *vol. 2*, *The Years of Isolation*,第170页。

该书迅速流传至千家万户。① 很多哲学家深受室鸠巢思想影响。

十二、元禄年间实学

元禄年间还有其他学者对事物中的“理”也颇感兴趣。然而他们不像那些研究高尚哲学的思想家们那样常常被人提起。比如说有多少人听说过稻生若水(1655－1715)？他曾钻研草本药用并撰写诸如《庶物类纂》之类的著作。他被人们称为日本的“草本学之鼻祖”。②稻生若水曾求师于木下顺庵门下，属于正统朱子学派儒学家，并和其他学者一样受到贝原益轩的影响成为医师和草本学家。或者又有谁知道宫崎安贞(1623－1697)？宫崎安贞的著作《农业全书》(约1697年)十分有名，在农事活动中极具影响力。许多生活在乡村的“技术家”、平民以及大多数农民从不关心政治，但他们极富创造力，撰写了许多诸如农业、蚕育、林业以及农技之类的著作。正是由于他们的存在，乡镇工业得以繁荣。虽然他们不为人知，但是他们所撰写的文献却足以丰富我们的图书资源。③ 他们为江户时代国家经济的发展做出了重大贡献并且为明治经济工业的快速发展奠定了基础。

荻生徂徕受人敬仰，常常被人们所提及，他的名字被每一个受过良好教育的日本人铭记。即使与那些研究语文学和高尚哲学的学者们相比，诸如稻生若水和宫崎安贞这样的“技术家们”为日本人的日常生活做出了巨大贡献，但是他们却不为人知。然而事实是元禄年间实学逐渐壮大并于十八世纪稳步发展，到十九世纪实学得到迅猛发展。人类世界逐渐褪去神秘外衣，“天理”也被渐渐搁置，而“条理”则越来越成为人们努力提升思想的重心。医学、天文学、本草学、动物学以及数学成为流行的研究领域。之后兰学也对日本的原始科学

① 参见 K. Kasaya 的文章“The Identity of Samurai in the Tokugawa World”，于 *Two Faces of the Early Modern World: The Netherlands and Japan in the 17th and 18th Centuries*，第168－169页。

② 参见 M. E. Tucker 的著作 *Moral and Spiritual Cultivation in Japanese Neo-Confucianism, The Life and Thought of Kaibara Ekken (1630－1714)*，第127－154页。

③ T. S. Smith 曾在“Okura Nagatsune and the Technologist”一文中介绍一位技术家，参见 A. M. Craig 和 D. H. Shiverly 主编的 *Personality in Japanese History*，第127－154页。

产生影响，因此哲学和技术之间的差距逐渐减小。人们认为荻生徂徕和其他儒学家们也有不足之处，即他们没有扩大自己的视野，也没有积极承认古代圣人主张之外的研究。

十三、折中学派和十八世纪儒学

儒家思想尤受荻生徂徕萱园派的推动出现多样化趋势，诸多新学派相继出现。其中最为有名的要数折中学派。折中学派的学者们从正统朱子学的理气学说和古学的气学中汲取部分观点。他们一只脚踏入荻生徂徕的现实主义中，另一只脚又立于王阳明的理想主义中。至于他们终究归属何派主要根据他们的个人偏好。他们主要以反对荻生徂徕古学思想的姿态出现。折中学派的内部形成诸多学派，他们并没有过多补充儒家思想。“他们几乎无所创新。”①直到今天他们所表现出的一些创新都没有使他们为人所知。折中学派在十八世纪八十年代达到巅峰。

片山兼山（1730—1782）、井上金峨（1732－1784）、皆川淇园（1735－1807）、细井平洲（1728－1801）以及亀田鹏斋（1752－1826）都属于折中学派。人们很难辨别他们究竟是理学家还是气学家，只有对他们进行个别研究才能明确他们在有关“理”和“气”的学说中的立场以及他们对朱熹和荻生徂徕思想的看法。例如即使片山兼山倾向古学思想，但是他并不排斥朱熹的理气学说。他赞同朱熹的观点认为“‘气’因‘理’而无处不在，‘理’使万物各归其道”，并且“人人皆可实现其‘理’成为圣人”。因此片山兼山接受朱子学而批评荻生徂徕对于道德教育的否认。② 然而总的来说，折中学派的学者们试图从两个或者更多的角度来看待问题，由此可见朱子学逐渐失去了支配地位。

井上金峨提供了一种可以灵活选择历史意识形态的理论，因此荻生徂徕的思想和新儒学能融合于一个大构架中。在这个构架中，

---

① 参见 T. Maruyama 的著作 *Nihon seiji shiso-shi kenkyu*，第 10 页。

② 参见 M. Kinski 的著作 *des Weges, Katayama Kenzan als Vertreter des eklektischen Konfuzianismus im Japan des 18. Jahrhunderts*，第 94 页。

（视情况而定）不同情况都能得到强调。① 皆川淇园是一位十分博学的儒学家，能诗能文。他将古代思想和朱子学结合起来，在他开办的京都私塾中对此进行讲学，受到众多学生的欢迎。

其他“异端”学派也纷纷出现。“独立”学派、“古注”学派，“古本”或者“书证”学派，它们皆受到中国思想的影响和启发。这些学派力求创新和认可。“他们突破前辈的约束，力推自己的理论并且自称儒学权威。因此，儒学的传统要义逐渐丢失，这种思想氛围与中国晚清时期的思想氛围颇为相似。”②然后国学出现，该学说是对当时盛行的新儒学的一种反抗。水户学与国学十分相似。之后西学得以传播，学院纷纷出现，兰学成为人们的关注焦点。除了西方礼节和伦理之外，意识形态的多样性也使得幕府当局深感不安而采取行动。

十四、怀德堂学者

另一批学者也值得一提，他们在大阪建立了一所商学院，即怀德堂学塾。尽管怀德堂学塾和相关学者们不像江户时代的其他学塾和学者们一样经常被人提及，但是他们对于纵观江户时代的思想界全貌非常重要。怀德堂在十八世纪初期（建立于1726年）刚建立时，规模较小，后来逐渐发展壮大成一所兴旺的教育机构。怀德堂最初由三宅石庵（1665—1730）和中井庵（1693—1758）创建，后涌现出一批学者和老师，例如富永仲基（1715—1746）、五井兰洲（1697—1762）、中井竹山（1730—1804）、中井履轩（1732—1817）、草间直方（1753—1831）和山片蟠桃（1748—1821）等。

怀德堂坐落于江户时代的商业中心——大阪。该学塾通过上述杰出文人的努力，在十八世纪下半叶的日本占据一席之地，而山片蟠桃更使其达到鼎盛时期。学者们通常将学塾的学习研究与商业活动

---

① 参见 T. Najita 的文章“Method and Analysis in the Conceptual Portrayal of Tokugawa Intellectual History”，于 T. Najita and I. Scheiner 主编的 *Japanese Thought in the Tokugawa Period*，第 15 页。

② 参见 T. Okada 的著作 *Zazen To Seiza* 和 R. L. Taylor 的著作 *The Confucian Way of Contemplation, Okada Takehiko and the Tradition of Quiet Sitting*，第 217 页。

结合起来。由于怀德堂优越的地理位置以及与商业之间的密切联系，该学塾与日本东部和西部有着直接联系。东部诸如海保青陵和西部诸如三浦梅园等知名学者常常访问怀德堂。“适塾”起源于怀德堂，坐落于其附近，由绪方洪庵（1810—1863）所创建，是一所教授兰学的私塾。因此绪方洪庵和福泽谕吉使得怀德堂从江户时代发展至近代。

“怀德堂”意为“寻德之塾”。对于品德的追寻可以说自一开始便是治学的象征。之后学生们无论社会地位的高低都可以入学。如果说“德”是首要目标，那么“正序助人”即为第二目标。始于孔孟的中国文化成为教学的主要内容，中国的人文主义即如何以礼相待，如何造福社会以及如何推进公正。换言之，现实生活而非来世悲喜是人们所关心的事情。该思想最初由三宅石庵于1726年提出。它主要针对商人，但是并没有偏离正统的新旧儒学教义。

在怀德堂的第二代和第三代学者中涌现出许多思想鲜明的思想家。首先是富永仲基，其次是五井兰洲，之后是中井竹山和中井履轩两兄弟，最后是他们中最为著名的山片蟠桃。

1. 富永仲基（1715—1746）

富永仲基富于怀疑精神，因此受罪不少。在十五岁时，富永仲基便对荻生徂徕的古学教义提出大胆质疑。他抨击经典文本并且否认宜古宜今的准则只存在于中国著作之中。富永仲基认为这些准则过于好辩并且不适合之后的历史时期。在著作《出后定语》和《翁之文》①中，富永仲基坚持认为古代的著作使人误解，扭曲了他们所要描绘的事物，只可用作对于某一特定时期和地域的参考。他认为这些缪论被历代重复并不断补充，引得轻信的人们误入歧途。

这种欺骗的行为尤其可以归咎于宗教。富永仲基具有过人的洞察力。他发现所有宗教都面临相同指责。富永仲基是日本文明中首次承认文化、宗教以及传统具有地理相关性并以完整模式描绘历史的人物之一。他用批判的眼光看待佛教、儒学、神道以及其他宗派，最终对它们予以否定。富永仲基指责佛教没有根据地进行神秘揣测并且狡猾地利用思想手段成功地欺骗人们。在国学思想开始日益兴盛的时候，富永仲基又指责神道扭曲事物，挑起争端并且以它晦涩难

---

① 有关富永仲基的生平、著作和哲学，参见 M. Pye 的 Emerging from Meditation。

解的灌输误导人们。他还尖锐地指出关于“帝王之道”的理论并非源于古代。不过富永仲基发现神道教义的确符合江户历史传统以及当时的国家精神。

富永仲基批评儒学关于古代的观点并指责儒学花言巧语，违背事实。他得出结论认为所有历史都是有条件的，不能作为政治引导的可靠来源。另一方面，富永仲基在很大程度上又受到荻生徂徕著作的影响，他认为主观道德这一所谓“糙绳”在个人和公共生活中同样可靠。他又更加尖锐地指出一个国家照搬别国的历史会使历史愈加扭曲。之后山片蟠桃又进一步发展了这种文化相对化理论。

富永仲基对所有“编造”的宗教和意识形态进行公然抨击并且提出他自己的“所有教义之上”的教义，即“道中之道”，此“道”为实践于日常生活之中的“真理之道”。他强调只有直接经验才能获得“真理”。“求诚之道”才为真正之“道”。①

虽然富永仲基在怀德堂求学时十分优秀，然而由于他的“异端”思想遭到开除，终未赦免。富永仲基的激进主义冒犯了当时的权力机构，因此所有学塾都不敢冒险招收他入学。尽管富永仲基在三十一岁时便英年早逝，但是他不仅成为江户时代屈指可数的怀疑论者之一，而且还提出了自己的教义。

2. 五井兰洲(1697—1762)

五井兰洲曾求学于怀德堂，与富永仲基处于同一时代，他在文学上不常被人提及。然而五井兰洲的著作，尤其是他抨击荻生徂徕思想的著作值得一提。他是一位新儒家，因此他站在新儒学的立场上以《非物篇》一书对荻生徂徕的理论进行抨击。②他认为荻生徂徕的理论对儒家的伦理哲学造成了巨大破坏。五井兰洲同意伊藤仁斋的看法认为道德源于孔孟。然而荻生徂徕将“道”和所有准则置于“五(六)经”中并且要求人们研究古代经典的做法使学者们学习古文成为一种必须。五井兰洲认为这种做法体现了自大的精英主义优越感，妨碍了人们对于“道”的理解。“道”的存在是为了让人们遵循对社会有益的诚实之“道”。因此五井兰洲不认同荻生徂徕认为大多数人都无法彻底了解“道”之准则的悲观观点。

---

① 参见 M. Pye 的 Emerging from Meditation，第 53 页。

② 参见 T. Najita 的著作 *Visions of Virtue in Tokugawa Japan*，第 130 页。

五井兰洲为平民进行辩护并且认为在怀德堂接受教育的群体正是平民。好高骛远的学习并不适合以孔孟为中心的教学。他认为理性和实用主义都要求教育简明。

五井兰洲乐于接受新知识。大阪地理位置优越，位于九州和伊豆之间。旅游的学者们带来了东西方有关科技进步的信息和想法。五井兰洲与往返于长崎的荷兰学者们进行接触后对他们的天文造诣颇感兴趣。自十八世纪五十年代起，怀德堂成为一所将儒学的自然研究和荷兰的新知识相结合的学塾。在这种开放的氛围中，富于科学精神的学者受到怀德堂的欢迎。麻田刚立(1734－1799)建立了先事馆私塾并在私塾中学习西方天文学和医学。①三浦梅园的学生胁愚山（1764－1814)和帆足万里(1778－1852)②曾听五井兰洲讲学。三浦梅园也曾亲自访问私塾。我们不禁想象在十八世纪五十年代中期还有其他学者前来访问的情景。同时我们也可以推测在中井竹山和中井履轩讲学时情况亦是如此。因此五井兰洲对于知识的客观追求成为促使中国经典研究向更为广阔的自然研究转变的原因之一。怀德堂在五井兰洲之前没有开展此类兰学研究，而之后逐渐向新的知识敞开了大门。五井兰洲可以说是日本学术向新认识论发展的重要纽带。

和富永仲基一样，五井兰洲批评荻生徂徕将“道”分为“天道”、“地道”以及“人道”的观点。然而五井兰洲没有像富永仲基那样贬低历史的重要作用。无论五井兰洲发现历史如何相对化，他从未否认历史在教育中的价值。五井兰洲以同样的教育理由信仰朱子学中的“天理”并且指责荻生徂徕使寻求真理的道路变得漫长和艰辛。朱熹之“道”基于“四书”，易于教学；然而荻生徂徕的历史主义基于“五(六)经”，复杂难解。因此五井兰洲辩护朱熹的理气思想以及孟子的“人性善”学说。③

① 有关麻田刚立及其研究，参见 M. Sugimoto 和 D. L. Swain 的著作 *Science & Culture in Traditional Japan*，第 354－357 页。

② 有关帆足万里及其科学工作，参见 M. Sugimoto 和 D. L. Swain 的著作 *Science & Culture in Traditional Japan*，第 305 页。

③ 参见 T. Najita 的文章“History and Nature in Eighteenth-Century Tokugawa Japan”，发表于 J. W. Hall 主编的 *The Cambridge History of Japan*，*Volume 4*，*Early Modern Japan*，(1981)，第 625－627 页。

3. 中井竹山(1730－1804)和中井履轩(1732－1817)

中井竹山和中井履轩兄弟是怀德堂的第二代学者。在中井兄弟长达四十年的领导下,怀德堂达到了巅峰时期。兄长中井竹山是一位温和的朱子学派儒学家。然而他同样敢于批判,反对迷信思想和凭空臆造的事实。他的观点与孔孟十分接近并且常常避开那些提出先验原则的思想家。

和他的老师五井兰洲一样,中井竹山反对荻生徂徕提出的历史主义思想。他对五井兰洲的《非物篇》进行补充,其代表作《非徵》(1785)批判了荻生徂徕关于孔子《论语》的评说。中井竹山认为荻生徂徕对于古代帝王的信仰并非原创而是借鉴了明朝思想家的思想。同时他不赞成伊藤仁斋的古学思想,但是认同伊藤仁斋对内心之“诚”的信仰。因此,中井竹山坚持认同孟子的假设,即人类具备了解同情和诚实的永恒准则的潜力。中井竹山乐观地认为国家的教育体系有助于培养良好礼仪和国家文化团结。

中井竹山的弟弟中井履轩是一位“梦想家”。他选择远离官场并与学塾保持一定距离。他的理想是像庄子一样地生活。中井履轩在他的道教“梦想”王国中自得其乐,沉浸于“自然原则”中,并且冥思道教炼金丹和追求长生不老。1804年中井竹山去世后,他不得不回到怀德堂讲学以继承中井竹山的事业。中井履轩不像他的兄长那样雄心勃勃,怀德堂在他的领导之下(1804－1817)逐渐衰败。

1818年中井履轩逝世后,怀德堂逐渐失去了之前的活力。山片蟠桃是怀德堂最为有名的学者。山片蟠桃的跨时代著作《梦之代》成为怀德堂学塾的至上荣耀。该著作的名字使人联想到他与五井兰洲、中井竹山以及中井履轩之间的关系。在整个十九世纪,怀德堂继续存在,并且于二十世纪初期进行翻修,但是最终在太平洋战争中遭到毁坏。我们可以发现在追求学问的过程中存在着这样一种延续性:这个过程始于五井兰洲,山片蟠桃使其到达鼎盛时期,而后又得到绪方洪庵和其他无以数计的学者们继承而持续到今天。因此,怀德堂与现代教育之间的关系不应该被人们遗忘和低估。

4. 绪方洪庵(1810－1863)和适塾

十九世纪初期,怀德堂逐渐开始衰退,新的学塾出现。绪方洪庵(1810－1863)于1838年建立适塾。绪方洪庵曾在荷兰学医,因此适塾成为一所兰学学塾。学生们在适塾中学习医学、航海术、工程学、化学、数学以及其他新领域的学说。在荷兰语教学开设之后，英语和法语教学也相继出现。伦理教育退居次位的现象成为新时代到来的征兆。即使学生们被寄予接受中文培训以及儒家道德教义的希望，孔子和其他哲学家很少甚至几乎不再被人提及。

自宋朝朱熹以来，一直备受尊崇的"穷理"似乎朝着一个新的方向发展。人们在这个失去精神价值观的世界获得越来越多的知识。这对东方世界来说是一个新现象，在西方也是出现不久。

福泽谕吉(1834—1901)是适塾最为杰出的知名校友。①这位思想巨人曾求师于绪方洪庵门下，之后将欧洲的自由主义引入明治日本。因此我们可以沿着这样的一条学术主线：山片蟠桃的科学主义至福泽谕吉的现代主义和实用主义以及全面的西学研究。

在这种认识论的新风尚中福泽谕吉这个名字十分重要，常被人们提及。在此之后，信奉西方思想的学者名单要比唐璜的征服录还要长。②

十五、国学和儒家思想

无论从儒学还是神道教层面上来说，朱子学和神道教之间有着密切联系。如果说山崎暗斋将神明纳入垂加神道的教义中，那么荷田春满(1669—1736)则通过(新)儒学传统建立儒家神道的二教融合，其中包括了"五行"、"阴阳"、"理气"，这些概念与《古事纪》和《日本书纪》中的宇宙玄秘并存，其中以"气"的概念最为突出。非物质的"天"由静态的"气"填充而成；而处于变化之中的活动的"气"又凝结于地构成万物。人性既有善又有恶，儒家之"气"和神道之"神明"统一于人心。人之心统摄身体，依附于"气"，人可辨别善恶对错。

荷田春满有关儒家神道的折中思想与贺茂真渊(1697—1769)、本居宣长(1730—1801)以及其他国学家有所不同，这些国学家日益反对中国文化。他们谴责"汉意"并且排斥儒家之"道"，转而信仰神

① 参见 Eiichi Kiyooka 的译著 *Fukuzawa Yukichi on Education, Selected Works*。

② 参见 T. Najita 的著作 *Visions of Virtue in Tokugawa Japan*。

道教中完美无缺的“真心”。神人同形的神明们成为日本的“天理”，万物受其摆布。①国学的“气”学最后成为古典主义(以《古事纪》和《日本书纪》为基础)和被中国伦理和告诫所堆砌而成的宗教信仰。②

从某种意义上来说，国学③始于林罗山。他将佛教弃置一边并且使早期神道教义理想化。在林罗山之后，思想家们纷纷开始批判和抛弃佛家思想，逐渐将神道思想与(新)儒学信条并置。这种现象在之后的哲学著作中得到清楚体现，比如说山片蟠桃的《梦之代》。《梦之代》明确展现作者的儒家立场及其对佛教的批判。国学原道主义者则更为激进，在批判佛教的同时也谴责儒学。神道的“神明”代替了儒家的“理”，日本的道德体系开始拥有其本土特征。

然而我们可以进一步发现尽管儒学家们试图除去宗教的神秘色彩和废除迷信做法，国学家们却另行其道。他们再次神化国学体系中的古代神话和习俗并且引进影响后代的宗教神秘主义，其中以学者本居宣长最为著名。本居宣长提出并形成神秘主义言论，歌颂包括语言、树木、山岳等在内的大地万物，歌颂它们的神圣和独特，同时赞美所有造物生命论。本居宣长研究《古事纪》长达三十余年，在此期间他对中国和儒学的厌恶感与日俱增。④平田笃胤(1776－1843)和之后的学者们皆以其“天守”(天皇)一元论展现了他们偏执的宗教性。⑤

十六、水户思想

水户学与国学十分相近，它同样带有民族主义和爱国主义色彩，

---

① 参见 D. Pollack 的著作 *The Fracture of Meaning*。

② 参见 P. Nosco 的著作 *Remembering Paradise, Nativism and Nostalgia in Eighteen-Century Japan*，第 86 页。

③ 译者注：日本国学是一门发生于江户时代元禄年间(18 世纪 20 年代前后)的学问。它是在西学东渐的国际背景下，日本本土文化自觉产生的标志之一。“国学四大人”指荷田春满、贺茂真渊、本居宣长、平田笃胤，他们以文献实证的方法研究日本上古文献，以阐明日本古道为研究目的；试图最大程度摆脱中国文化的影响，其研究具有明显的“日本中心主义”倾向。

④ 《古事纪》为本居宣长的研究成果。

⑤ 参见 M. Conte-Helm 的著作 *The Japanese and Europe*，第 8 页。

但是与其神秘性相比，水户学可能更富于政治性。水户学产生于水户藩，藩主德川光国(1628－1701)是德川家康之孙，他计划以司马迁的《史记》为例编纂日本的新历史。该编修工作于1657年启动，但于1740年中断，重新启动于1804年，直到二十世纪早期才得以完成(见上文)。德川光国的决定不仅仅是受到中国朱子学的影响，同时也源自于他对帝王和帝国历史的耿耿忠心。朱舜水(1600－1682)来自中国，流亡于日本，他与崎门学派的学者们一同参加编修日本史的工作。在编修工作开展的早期阶段直至1740年，一切处于平衡状态，幕府没有感到受威胁。然而1800年之后的第二阶段，在新的政治和思想氛围之中，日益衰弱的幕府统治与国学思想形成冲突，水户和伊豆之间出现紧张局面。如今出现了与日本神明精神有关的国体的神秘色彩。

受中国思想影响的道德观在藤田幽谷(1774－1826)的领导下发生转变。此时国学思想与国学运动时期的国学思想一样，显得十分突出且富于爱国性。比如说藤田幽谷曾写道"在永恒性上，世界上没有一个国家能与我国帝朝相比"，并且"大日本自其帝王祖先建立以来，以'天'为父，以'地'为母，统领四海"。此时的日本已经敏锐感受到西方入侵，因此需要一种新的强势态度以防御自身以及击退外夷。另一位水户派学者会泽正志斋(1782－1863)进一步发展了国学思想，即"日本民族被视为一个具有鲜明特色的大家庭，其中天皇不仅为君主同时亦为民族之父"。会泽正志斋的著作《新论》写于1825年，是后期水户运动的巅峰之作，受到人们的广泛欢迎。藤田幽谷之子藤田东湖(1806－1855)是新水户运动的第三位也是最后一位杰出学者。他大力拥护国体民族主义的宗旨，即归权于王。儒家之道即为神明之道。通过儒家之道和神明之道，日本之道在天照大神的庇佑下得以形成和发展，人们应该效忠皇室，无私献身于民族事业。①此时，非理性主义战胜了理性主义，天照大神战胜了朱熹。②

① 参见 R. Tsunoda 等编写的 *Sources of Japanese Tradition*，第592－603页。

② 这最终导致了明治维新的尊王攘夷运动(Revere the Emperor and Oust the Barbarians)。

十七、理性思想

如果非理性主义在国学和水户民族主义中得到蓬勃发展，那么朱子学在宣扬“穷理”的过程中则体现了理性主义。这种朱子学倾向旨在抨击迷信思想同时建立“理气”形而上学。

日本思想家们没过多久便开始质疑“理气”平衡的合理性，动摇中国新儒学结构，同时他们开始深入观察和研究外部世界。这种现象很可能始于贝原益轩，其研究表明与宋朝学说中所描述的外部存在相比，现实的外部世界更加丰富。贝原益轩对自然的研究是经验主义学习的开端。古学派学者推动实用主义思想向前迈出新的一步，其中尤以荻生徂徕为主，他认为社会制度、惯例以及习俗皆由人所创。自从十八世纪二十年代起，兰学进一步扩充人们的知识。起初兰学规模不大，只与诸如天文、医学、兵器等实用学问有关，儒学家们对此很少问津。然而在十八世纪晚期以及十九世纪上半叶，兰学蓬勃发展，转而进入全新领域。咸宜园建于 1817 年，位于九州大分县。该学塾的课程包括数学、解剖学、医学、天文学、地理学、物理学、本草学、地质学、艺术以及其他兴起不久的欧洲学问和礼仪。然而这些学问早在一个世纪以前就已出现在怀德堂中，却直到最近才被人们提及！① 1853 年后，这些学问被冠以“西学”之名，如同洪水般地席卷日本，成为所有日本国民的治学之源。总而言之，日本儒学家们放弃了理想主义的“理气”二元论转而信仰现实主义的“气理”一元论。他们走出了柏拉图的理想世界转而进入亚里士多德的生命世界，即从高高在上的思想到事物之中的生命。加藤周一对此做出评价：“荻生徂徕褪去了新儒学体系的神秘外衣，因此他无疑发挥了至关重要的作用。”②然而他忽视了这样一个现实：在中国也存在着类似的现象，同时也有许多日本思想家要求回归到朱子之前的思想。但是尽

---

① 参见 M. Mehl 的著作 *Private Academies of Chinese Learning in Meiji Japan*，第 15 页。

② 参见 S. Kato 的文章“Tominaga Nakamoto，1715－46，A Tokugawa Iconoclast”，发表于 *MN*，*XXII*，*1－2*，第 178 页。

管这样，人们还是“只承认物质层面的一元本体论”。①

1. 安藤昌益(1703?—1762?)

安藤昌益是十八世纪早期思想家，他将自然视为“一气之进退”。②“进气”和“退气”处于无限循环的永恒流动之中。③ 所有二元论皆遭否定，神明和佛都是文化的产物，伦理道德亦是如此。“天地”是自然的综合表述，“气”则包含了全部生命力量。西川文夫在《安藤昌益的自然观》一文中指出安藤昌益与欧洲十九世纪自然主义者谢林的思想十分接近。而雅克·乔利在《安藤昌益眼中的自然》中认为安藤昌益与中国本土的道家思想相似。

安藤昌益的思想十分创新，他揭露所有的思想体系尤其是儒学皆以剥削世界为目的，凌驾于农民之上，其中尤以依靠神圣之“道”创建民族的圣人先王为最甚！安藤昌益指责学者，又进一步抨击了“教士、医生、武士、盛行的教条以及统治秩序的本身”。唯一值得尊敬的是“直耕”农民：“自耕者安食、自织者安衣，因此不贪衣食，井然有序，为真正的自然之子。”④安藤昌益是第一位(也可能是唯一一位)反对江户时代社会等级制度的学者，甚至比富永仲基更为大胆。而安藤昌益之所以能够逃脱严惩很可能是由于他在伊豆不为人知。⑤大多数学者，以荻生徂徕为例都是等级社会的忠实拥护者。

安藤昌益在北部过着普通人的生活，他发展了乌托邦式的平等理想主义。他表示：“自然之道，此无上，彼无下，人人无差别。”贵贱差别以及拥护苛刻等级制度的抽象概念皆由自私的人创造，同时使百姓贫穷的现象合理化。⑥对于安藤昌益来说，理想的人类社会意味着一个自然和未遭人为腐蚀的文明社会。

---

① 参见 S. H. Yamashita 的著作 *Master Sorai's Responsals, An Annotated Translation of Sorai sensei tomonsho*，第 18 页。

② 有关安藤昌益，参见 E. H. Norman 的文章“Ando Shoeki and the Anatomy of Japanese Feudalism”，发表于 *TASJ*，卷二，第 3 期，1949 年。

③ 有关安藤昌益的“气”的学说，参见 K. Murakami 的著作 *Ando shoeki*，第 77—116 页。

④ 参见 C. Totman 的著作 *Early Modern Japan*，第 361 页。

⑤ 安藤昌益直到 1899 年才为人所知。

⑥ 参见 T. Najita 的文章“History and Nature in Eighteenth-Century Tokugawa Japan”，发表于 J. W. Hall 主编的 *The Cambridge History of Japan, Volume 4, Early Modern Japan*，第 632—633 页。

2. 山县大贰(1725－1767)

山县大贰是十八世纪中期另一位杰出学者。①起初他受到伊藤仁斋和荻生徂徕的启发,同荻生徂徕一样认为天地运行即为“气”相互作用的过程。之后山县大贰通过三宅尚斋和竹内式部接触了崎门思想。他对国家历史颇感兴趣,因此他十分强调忠义品德。山县大贰与倡导“恢复王权”的竹内式部(1712－1767)一道成为恢复王权运动的先行者。

山县大贰的忠义思想体现在著作《柳子新论》(1759年)中。这是第一部公开倡导“恢复王权”的著作。1752年山县大贰流浪至伊豆并在此开设学塾。据说在1759年和1767年间,一千多名学生前来求学。山县大贰以孔子思想为基础认为武家政权的幕府统治否认了君王地位,他转向神道思想并且支持国学教义。

因此山县大贰在其教学中同样倡导恢复王权,这使他遭人举报。权力当局认为他正在策划推翻幕府统治的阴谋。他们的反应显得过激苛刻。由于自十八世纪中期开始,忠义思想开始盛行,因此他们有理由感到紧张不安。荻生徂徕在其《政谈》(1727年)中早已提出过警惕潜在的恢复王权的趋势,而如今权力当局不得不公开面对山县大贰著作及教学中“恢复王权”的现象。这最终导致了宝历明和之变②。山县大贰于1767年被幕府处死。同年竹内式部(1712－1767)在流放八丈岛的途中身亡。

3. 三浦梅园(1723－1789)

江户时代“气”的思想在三浦梅园的《玄语》中得到最终和最佳阐释。《玄语》写作历时二十年,易稿二十三次才得以完成。在该书中,“气”等同于天地,是存于万物之上和万物之中的最高原始之“气”。“气”通过阴阳运转得以扩散,形成人与万物。“气”无边无界,是一个整体。它形成人体和万物,同时“气”又为万物之神明。万物皆由物和神明融合而成。三浦梅园用复杂的术语表示统一体中双重两极的对称性,该对称性与天地和阴阳双重性密切相关,在世界万物皆有体

① 参见T. Najita的文章“Restorationism in the Political Thought of Yamagata Daini (1725－1767)”,发表于*The Journal of Asian Studies*,卷三十一,第1期(1971),第27－31页。

② 译者注:明和是日本的年号之一,指1764年到1771年的期间,在宝历之后、安永之前。

现。所有力量，无论积极或消极，无论盛或衰，无论动或静皆为“气”。天之“气”在上，地之“气”则在下。正如三浦梅园所说：“如果人们仔细思考，就会发现‘气’或能量填充万物：有物和形的地与无物和形的天都由‘气’渗入。万物皆遵循其‘条理’。”①“我们再次平衡了‘理气’的关系，但却将其盛装于新服中。”②三浦梅园所说的“气”位于上层的“天”，它也存在于对立的下层并通过阴阳转换而聚散升降——无始无终。总而言之，三浦梅园提出了构成天地的“气”一元论。在某种意义上，这种“气”一元论是始于“一元气”和原始爆炸的道家一元论——它与近代科学理论中的宇宙大爆发不同。

三浦梅园写道：“在我三十岁的时候，我意识到天地皆为‘气’，而且天地皆有‘条理’。”③他倾尽余生向人们传递“条理学”这一学说。深受启发的三浦梅园认为世界的统一性可以归结为一个字“气”。这种原始的“气”体现于“条理”的结构之中。④乍一看，人们似乎很难区别三浦梅园的“条理学”和朱熹的“理气学”。然而如果人们经过深入思考便会发现三浦梅园的“条理学”反映了江户时代外部现实主义的氛围，而朱熹的“理气学”则反映了宋朝的内部理想主义。三浦梅园的思想与伊藤仁斋十分相似，他提出元气一元论，即天地为“一元气”，然而他的一部分思想也源自西方。他在《价原》一文中写道：

> “佛教徒中的天文学和地理学最为粗糙，而中国人中的天文学和地理学则较为精细，中国人通常猜测摸索，而对于实验证明几乎一无所知。西方人制造仪器并将其用于造船；他们踏遍了世界每一寸土地。因此他们视天地为其手背。这确实是千年以来的一大乐事。西方医生也表现出了相同的精确性……”

因此三浦梅园意识到西方在科学上的巨大优势并且悲叹中国学问遭到遏制，长期以来墨守成规。三浦梅园认为“西方人不断地发现和测量，他们的实验日益清晰”。他拒绝“五行”思想并且怀疑鬼神的

---

① 参见 Miura Baien 致 Taga Bokkyo 的信，发表于 *MN*，卷二十，第 428 页。

② 参见 M. Yanagizawa Minami 的文章“Miura Baien to sono shuhen”，发表于 *Nihon shiso-shi kaza 4*（*Kinsei no shiso I*），第 114－115 页。

③ 参见 R. Mercer 的著作 *Deep Words, Miura Baien's System of Natural Philosophy*，第 5 页。

④ 同上，第 4－5 页。

存在。三浦梅园受到中井竹山和中井履轩的影响——或者说是他影响了他们;然而他们三位学者的思想激发了山片蟠桃和福泽谕吉。

因此三浦梅园开始对诸多十八世纪的哲学思想表示怀疑。不过他的思想与贝原益轩在《大疑录》一书中阐述的条理主义十分接近,同时他被兰学所带来的新学问唤醒。早在1745年,即在他二十二岁时,他前往长崎学习西方数学和天文学,甚至学到了一些荷兰语知识。1778年,三浦梅园再次来到长崎,据说他当时已学过哥白尼的日心说。①之后他还访问了位于大阪的怀德堂,在那里他对源自长崎的新知识产生兴趣。②

三浦梅园学会质疑事物,同时也包括对西方人提出质疑。他认为西方人应该置身日本之外。他认可西方人有关物质的知识,比如说天文学——但是他认为西方人“除此之外别无其他”。③人们不禁会想当山片蟠桃在撰写《梦之代》第一章节并使其成为著作基础时他是否读过三浦梅园在1777年推荐的著作。④还需补充的是,三浦梅园和新井白石都没有意识到西方人缺乏对“天之道”的理解!

超越“条理”辩证法之外的学习不适合像三浦梅园这样的气学家,因此这些研究留给“注重实际”的人。三浦梅园的研究寻找世界上宏观宇宙和微观宇宙的对称性。他提出“对立统一”这一术语,用黑格尔的话说就是如何辨证地获取平衡。人体就是一个恰当的例子。人体是精神和物质统一的例证,即“统一之中见对立”。“条理学”被译为“辩证逻辑学”。⑤ 这一创造性的学说体现了互补性。⑥

三浦梅园同样在政治经济中寻求内在平衡,以平衡资源和需求为目标。他在九州乡间行医,因此能够直接洞察人们的状况,这使他能为组织社会出谋划策。

---

① 参见R. Mercer的著作 *Deep Words, Miura Baien's System of Natural Philosophy*,第194页。

② 参见M. Yanagizawa, Minami的文章“Miura Baien to sono shuhen”,于 *Nihon shiso-shi kaza 4* (Kinsei no shiso I),第106－113页。

③ 参见Miura Baien致Taga Bokkyo的信,发表于 *MN*,卷二十,第156页。

④ Miura Baien致Taga Bokkyo的信写于1777年。

⑤ 参见G. K. Piovesana的著作 *Miura Baien 1723－1789*,第401页。

⑥ 参见R. Mercer的著作 *Deep Words, Miura Baien's System of Natural Philosophy*,第165页。

三浦梅园曾在一封信中①使用经纬线的比喻，十分有趣。宇宙就如同一块经纬线交织的织物，而"气"则游走于其间。

> "在了解了经纬一说之后，人们就会明白天地万物类似地交织在一起。时间与经线永无止境地运转。这是万物的必经之道。它成为万物之所。天地在容纳一切的无尽空间里各居其位，因此东西与上下得以确定。既然经纬被理解为起源，那么我们是否能了解到事物之中的经纬呢？当然它们不是由人织成而是遵循自然的法则。天地为一大机体，它们所产生的能量源源不绝，并且不断地发生各种变化并形成了不同的特征。最复杂的事物由最简单的事物形成。万物皆有经纬交织而成。"②

我们能够从小事物着手研究从而了解大事物中的"经纬"状况。在理解了经纬一说之后，我们就会明白天地万物通过经纬相互交织。如果我们希望直接了解宇宙，那么我们应该首先理解天地和水火之经纬。③

三浦梅园还用了另一个意象来描述"气"。直线与经线相交，圆与纬线相交。"气"的能量为原动力。三浦梅园的所有思想都体现在下面的这首诗中：

> 一直线，一圆，一经，一纬。
> 人置物于气中。

这与道家思想十分相似。万物皆有平衡两极。"只有将弓向右后方拉，箭才能够射向左方。""树干下有根，树枝则在其上。树根和树枝逐渐分成更多的树根和树枝。"这种两面性在三浦梅园的著作中不胜枚举，并为其阐述润色不少——万物皆源自对立统一的天地阴阳。三浦梅园的相对性宇宙观使万物皆有两面性——就如同必须

① 这封信意义特殊，三浦梅园在信中首次表达了自己的思想。

② 参见 G. K. Piovesana 的著作 *Miura Baien 1723－1789*，第 434－435 页。

③ 同上，第 434 页。

符合普洛克路斯忒斯之床①的要求。②

当时人们只是追求一部分西方学问，直到后一代的学者才全面接受西方的治学方法。三浦梅园的哲学并不是人们通常认为的现代科学概念的前期酝酿而是后期儒家自然哲学发展的巅峰。三浦梅园的哲学属于“气”学。③

十八、兰学学者

在江户时代，学者们日益将目光从道德哲学转向与世界相关的新知识。贝原益轩研究本草学，新井白石则对地理学和许多世俗学科颇感兴趣，这些现象都体现了学者们的关注焦点发生变化的趋势。这一趋势在兰学的推动下得到迅猛发展。新井白石很快认识到西方治学有众多可取之处，人们不必对四分五裂的欧洲心怀畏惧。尤其从西多蒂的身上新井白石学到了很多。因此从新井白石开始，即自大约 1720 年起，人们对于西方治学的兴趣开始形成。德川吉宗理解人们对于这种新知识的需求，因此他允许西方书籍的存在。这些书籍皆为汉译本，内容涉及天文学、地理学、医学、兵器、造船、食品、钟表装置以及其他领域。之后此类学问于十八世纪逐渐发展为兰学。山片蟠桃(1748－1821)使西方成为人们兴趣的焦点，于是社会效益和人们的求知好奇心使人们日益承认西方思想。十八世纪见证了一场思想革命：革命始于新井白石，发展至山片蟠桃接受西学。山片蟠桃的著作《梦之代》将实用主义思想与事物中的“条理”而非事物外的“理”相结合。从某种程度上来说，该发展经历了从道德至真正科学的转变。在短短数十载内，世界出现了多大的不同啊！

---

① 译者注：普洛克路斯忒斯是古希腊神话中的一个强盗。据公元前一世纪古希腊历史学家狄奥多罗斯所编的《历史丛书》记述：普洛克路斯忒斯开设黑店，拦截过路行人。他还特意设置了两张铁床，一长一短，强迫旅客躺在铁床上，身矮者睡长床，强拉其躯体与床齐；身高者睡短床，他用利斧把旅客伸出来的腿脚截短。现在普洛克路斯忒斯之床按其形象意义，与汉语成语“削足适履”相同。

② 自古代起，相关性就是中国思想的一部分，例如“地”与“天”相关，“阴”与“阳”相关。

③ 参见 R. Mercer 的著作 *Deep Words, Miura Baien's System of Natural Philosophy*，第 196 页。

1770年后，具有创业精神的医生们开始对西方医学产生好奇。具有开拓精神的学者们开始关注很少涉及"天"的概念的"兰学"，杉田玄白(1733—1817)就是其中一位代表学者。与欧洲一样，人们不需要获得绝对真理，而是关注对知识的纯粹追求。人们开始在欧洲而非中国寻找真理。具有超前意识的学者们着手学习荷兰语。人们将语言学习置于首位。在当时，新井白石的荷兰语词汇量已达340个。在十八世纪四十年代，青木昆阳(1698—1769)和野吕元丈(1694—1761)正式开始荷兰语的早期研究。

荷兰语研究最初主要以医学为向导，就像之前的南蛮学①研究。今人们需要掌握的是荷兰语而非葡萄牙语。学者们在翻译名为《解体新书》②的人类天文学著作之前必须刻苦学习语言。杉田玄白是一位翻译学者，前野良泽(1723—1803)和其他学者也参与了杉田玄白的翻译工作。大槻玄沢(1757—1827)对《解体新书》的译本进行修订。该书于1826年被重印。虽然《解体新书》并不是第一部兰学著作，但它却是一个重大突破。《解体新书》标志日本治学新纪元的开端，也标志日本文学日趋丰富，不仅涉及医学还涉及诸如物理学和本草学等其他领域。曾有学者罗列出二十七部译著以及1773年至十九世纪五十年代期间的翻译学家。③

1790年的"宽政异学之禁"④只是放慢了兰学发展的脚步，而没有将兰学镇压下去。儒学家强烈反对西学入侵，他们认为新思想对于儒家道德观存在极大威胁，然而这些儒学家并不能阻止新思想的传播。之前的欧洲也曾遭遇过相同情况：保守的教会大力抵制可能削弱教会力量的新学问。

新兴兰学在十九世纪得以完全西化，而杉田玄白只是其中一位兰学开拓者。⑤平贺源内(1728—1780)置身于两个世界中：一方面他信仰古代智慧，而另一方面他对兰学颇感兴趣。1753年，平贺源

---

① 南蛮学是欧洲(主要是在日本学习的葡萄牙人)掀起的第一股研究潮流。参见M. Cooper主编的*The Southern Barbarians, The First Europeans in Japan*，第180—184页。

② 《解体新书》由德国教授Adam Kulmus (1689—1745)所写，于1722年出版。

③ 参见M. Sugimoto和D. L. Swain的著作*Science & Culture in Traditional Japan*，第330—331页。

④ 译者注：在思想文化上，幕府定朱子学为正学，其他学派为"异学"，禁止在幕府的昌平坂学问所讲授异学，言论出版受到严重限制，镇压反对朱子学及批判幕府者，实行封建专制的思想文化统治。

⑤ 有关杉田玄白和西方科学的引进，参见Sugita Genpaku的著作*Rangaku kotohajime*，1815年。

内前往长崎学习西方本草学和药理学，之后又赴伊豆林氏学塾学习，同时学习草本医学。平贺源内致力于发明创造，学习烧制荷兰陶器制造术。最令人惊叹的是，他发明了摩擦起电机。他还撰写小说和剧本，最后于狱中结束了颠沛流离的一生。在传统价值观和制度与经济实用新思想交织的年代里，平贺源内是一位名副其实的开拓者。人们可以理解权力当局当时的心态：他们倍感不安并且希望整个制度体系在儒家框架中保持完整无缺。早期学者林子平(1738—1793)因改变研究方向，着手研究军事并且撰写著作《海国兵谈》而入狱。

十九、江户时代后期儒家学派

整个江户时代有成千上万的正统朱子学信仰者。数据表明在十八世纪大约有两千名学生就读于朱子学堂，约三百名学生就读于暗斋学塾，约二百名学生就读于荻生徂徕的学塾。江户时代后期，教育体制迅猛发展，大多数地方纷纷开设学塾。①无论私塾或者公塾都没有一致的办学模式，但是它们皆以中国学问为教学基础。整个武士阶层以及普通百姓都开始识字并且培养自身的儒家道德态度。

随着教育开始常规化，创造性显得十分罕见。大多数师生的名字都被人们遗忘了。只有那些敢于突破正统的人才名留青史。在诸多私塾中，崎门学派弘扬参战精神，猛烈抨击其他学派和学者，因此最常被人们提及。②令人感兴趣的是在崎门学派创建者逝世一个世纪后，该学派因得到众多学生的拥护而兴盛起来。

1691年，德川幕府第五代将军德川纲吉(1680—1709在位)建立昌平坂，成为捍卫新儒家正统朱子学的支柱。林罗山之孙林凤冈(1645—1732)被赋予大学头一职，成为学问所的第一位校长，也是林氏十代中最年长的负责人。在德川纲吉的支持下，昌平坂成为整个

① 参见 K. T. Hosuck 的著作 *The Making of Confucian Societies in Tokugawa Japan and Yi Korea*，第195页。

② 参见 T. Cokada 的文章“Neo-Confucian Thinkers in the Nineteenth Century”，发表于 P. Nosco 主编的 *Confucianism and Tokugawa Culture*，第215—250页。

江户时代正统儒学的中心。①然而人们逐渐发现到了十九世纪，昌平坂成为一所保守机构。但是在江户时代结束以前，昌平坂的确在教育上发挥了核心作用。此外，无论是正统朱子学的左派学者还是右派学者，他们归根到底都以研究正统（新）儒学为主。几乎所有学者的观点仍然属于主流朱子学。直到明治时代（1868－1912），人们才鼓起勇气进行改变，转而开始“现代研究”。②

十八世纪末期，古学和折中学派与新儒家学派展开竞争。折中学派人数激增。广濑淡窗注意到了“十位学者中有七八位属于折中学派”的现象。③当时学塾共计九十三所，而这些学者的学塾就已占据了三十七所。折中学派并不像新儒家学派总是关注道德教育。当时异端学说泛滥，圣学逐渐消失。龟田鹏斋的折中学派拥有旗本④弟子多达一千人。这使得权力当局深感不安，因此采取行动予以回应。1764 年至 1781 年间，正统朱子学堂建立于大阪、广岛和佐贺。在这些学堂中，任何被认为异端的思想皆遭排斥，包括荻生徂徕、折中学派以及阳明学思想。之后松平定信（1759－1829）对此作出解释：

> “新儒学几乎不存在可疑之处。而如今众多思想和学者恶意相对。因此必须有人使其统一。这些学者就像沸水之泡或缠绕之绳。因此必须有人支持治学。在这一方面，德川家康为我们提供了林罗山的例子，与其他所有理论不同的是，林罗山教义历年来都保持不变。”⑤

这成为改革的政治理由。自从德川家康统治以来，朱熹教义一直保持永恒不变。朱熹教义的纯粹性应该得到保留。1790 年担任幕府老中一职的松平定信发布政令，实行“宽政异学之禁”。该政令

① 参见 D. H. Shively 的文章“Tokugawa Tsunayoshi, the Genroku Shogun”，发表于 A. M. Craig and D. H. Shively 主编的 *Personality in Japanese History*，第 114－115 页。

② 参见 R. Rubinger 的著作 *Private Academics of Tokugawa Japan*，第 24－33 页。

③ 参见 M. Kinsiki 的著作 *Knochen des Weges*，第 4 页。

④ 译者注：旗本是江户幕府时期石高未满 1 万石的武士，是将军的直属家臣，他们拥有自己的军队。

⑤ 参见 H. Ooms 的著作 Charistmatic *Bureaucrat*，第 132 页。

要求昌平坂的第五任校长加强新儒家教学同时抑制“颠覆教义”的发展。之后林述斋就任昌平坂第六任校长，此时异学在各学塾中遭到禁止(1795 年)。获生徂徕和伊藤仁斋提出的古学以及阳明学成为学者们攻击的对象。这是一次力图回归朱熹和孔子思想世界以及德川家康时代美好时光的尝试。这次尝试与始于林罗山并由林罗山学塾继承的“理气”思想有关。在“宽政异学之禁”年间，昌平坂得以重建和重组。此次改革旨在重振新儒学以及加强普及教育。①江户时代的著名学者佐藤一斋(1772－1859)以及其他学者尾藤二洲(1745－1814)、古贺精里(1750－1817)和柴野栗山(1736－1807)参与昌平坂的重修工作。另外还有两位学者参与重修工作，其中一位来自崎门学派的的冈田武彦(1740－1816)，另一位是出身古学派的西山拙斋(1735－1798)。朱子学最终在学派竞争中胜出。在江户时代结束前，新儒家思想一直是当时的标准教义。事实上，所有出现于江户时代最后一个世纪的学者最初都属于朱子学派，只是后来他们偏离了朱子学转向了古学研究。

1. 松平定信(1759－1829)

松平定信是名副其实的新儒学信仰者，他认可与武术相结合的儒学。松平定信信仰柔术家建立的“神武之道”。武术与正统朱子学相结合。人类被设想为天地之缩影，“神气”充盈其间。自然宏观之“气”等同于人类微观之“气”。天之“气”聚成阳气，地之“气”则聚成阴气。人即天之子，天人一理。然而人亦尘世之子，并受困于“七情”之动物本性。人肩负保持天地和谐的重任，必须控制好自己的世俗之性。因此，一切罪恶可被战胜。“神武之道”为松平定信提供了追求充实和自我完善的标准。军事训练旨在通过身体姿势舒缓气流。正如孟子“人性本善”的思想，人之初与圣人无异，皆可通过努力获得圣道。明德来自“天”，人类有保持原始美德的伦理任务。

这成为松平定信的一种生命哲学和宗教。经过大约三十年的自我培养，松平定信在五十多岁时认为自己的精神已经完善，他把自己

---

① 参见 R. L. Backus 的文章“The Kansei Prohibition of Heterodoxy and Its Effects on Education”，发表于 *Harvard Journal of Asiatic Studies*，卷三十九，第一期(1979)，第 66 页。

奉为神明,坚持对自己行礼。① 松平定信的故事非常有趣,展现了一位新儒学信仰者实现自我、获得圣道的历程。他在自传中讲述了自我发展的过程。其自传表明松平定信喜欢简单宁静的新儒家生活,排斥奢侈浮华的私生活。②

2. 佐藤一斋(1772—1859)

佐藤一斋值得特别一提。他是林述斋门下的弟子。佐藤一斋在外声称自己是朱子学家,但在著作《言志四录》中,他的思想与陆王学派十分接近。和中江藤树一样,佐藤一斋认为只有寓于内心的"天理"才是判断正误的标准。因此他是宋朝儒学主观层面,即"唯心论"的倡导者之一。在《言志四录》③中,佐藤一斋提出了生死皆注定的宿命论观点。

后来,佐藤一斋可能受到政令"宽政异学之禁"的影响,它的观点逐渐朝朱子学方向发展。他是十八世纪末期和十九世纪上半叶的重要学者。佐藤一斋在昌平坂教授朱子学,但在他自己的私塾中,他讲授阳明学的理想主义和主观主义。据说佐藤一斋"对外为朱子学学者,对内为陆象山学派学者"。他于私研究阳明学,于公致力于朱子学,因此被人们铭记。④佐藤一斋的《言志四录》体现了朱子学的理气思想。

佐藤一斋的思想反映了他所处的时代。他对当时的新学问有着清醒的认识并且批判新知识中体现的物质主义。他说:

> "西方的终极真理即为物质世界的数学原则,而《易经》中的真理则为形而上学世界的原则。如果将《易经》中的真理比作树根和树干,同时将数学原则比作树枝和树叶,那么最终的真理源于《易经》中的原则。"⑤

---

① 参见 R. L. Backus 的文章"The Kansei Prohibition of Heterodoxy and Its Effects on Education",发表于 *Harvard Journal of Asiatic Studies*,卷三十九,第一期(1979),第 40—48 页。

② 松平定信提倡"气"的思想,认为"气"渗透一切存在。

③ 暂将《言志四录》英译为 *Four Records of Word and Will*。

④ 参见 T. COkada 的文章"Neo-Confucian Thinkers in the Nineteenth Century",发表于 P. Nosco 主编的 *Confucianism and Tokugawa Culture*,第 218 页。

⑤ 参见 W. W. Smith 的著作 *Confucianism in Modern Japan*,第 27 页。

3. 尾藤二洲(1745－1814)

尾藤二洲是“宽政异学之禁”年间另一位重要的朱子学家。他最初研究古学，后来和其他人一样受室鸠巢著作的影响转而成为朱子学者。1772年，尾藤二洲就已在著作中提出以新儒学为中心以达到思想和治学统一的观点。

在尾藤二洲思想日臻成熟的时候，他清楚地解释了“理”和“气”之间的关系：

> “父子为‘气’。父爱、子孝和臣敬为‘理’。由此可推，万事万物皆是如此。如果我们将孝道、父爱以及尊敬弃于一边便说父子和君臣即为‘道’，那么这真的能让人们接受吗？诸如天地、阴阳、风雨以及冷热之类的有形之物皆为‘气’。因为它们是‘气’，故有‘理’。事实是‘气’因有形而易识别，‘理’则因无声无味而难以描述。因此众人皆知父子与君臣，却不知父子与君臣之‘道’。他们皆知天地与阴阳，却不知天地之‘道’与阴阳之‘道’。”①

十八世纪后期还涌现了其他许多属于朱子学派的儒学家。他们互相学习并且通过广泛研究开阔自身视野。著名学者松宫观山(1686－1780)将儒家教育与兵学相结合，同时把国学与诗歌体联系在一起。

4. 大桥讷庵(1816－1862)

佐藤一斋并不是唯一一位反对西方创新思想的学者。除了他以外，大桥讷庵也持类似态度。大桥讷庵是十九世纪早期杰出的朱子理学家之一。他强烈反对本国对外开放的政策，并认为西方知识削弱了儒家宇宙论的地位，因此与之展开斗争。1857年，他在《辟邪小言》②中写道：

---

① 参见 R. L. Backus 的文章“The Kansei Prohibition of Heterodoxy and Its Effects on Education”，发表于 *Harvard Journal of Asiatic Studies*，卷三十九，第一期(1979)，第79页。

② 暂将《辟邪小言》英译为 *Short Scripture about the Elimination of What Is Wrong*。

"西学的追随者们偷窃光荣称号，称自己为自然哲学家，并且不知羞耻地声称只有西方熟谙宇宙之'理'。孔孟弟子应该举起旗帜，打败这些虚伪的学者们。他们应该从居于'天'中的先圣精神中得到自己应有的回报……火水皆为'气'；火之燃烧，水之流动亦为'气'。但是水只会流动而不会燃烧，火只会燃烧而不会流动，此为自然法令，即为自然之'理'……西学的拥护者的确细究外在表象，但是他们无权盗窃自然哲学之尊名。若'气'毁灭，'理'亦消失；同样，若'气'之分析遭到破坏，'理'亦毁灭，'仁'、'义'、'信'以及真理皆荡然无存……夷人如同禽兽。他们不尊崇'天'并且无视圣人之圣旨，他们只顾沿袭本地习俗，研究一切具体事物，测量距离，观察星体，玩转天文学。于西方人而言，光、彗星以及流星皆为平常之物而非天责，他们对此缺乏敬畏之心……西方夷狄之国的医学认为解剖人之内脏至关重要。这足以说明盛行西方的习俗是何等残忍野蛮！

这就是西方治学。它只知道'气'的存在和处理那些可被感知的事物。分析和显微镜增强了精密性却无'理'可言。尽管显微镜作用巨大，但它永远不会了解永恒之'理'……西方不知寓于内心中的明德之'理'，亦不知仁与义。它只研究眼前可见之物而视'天'为静止不动之物……天人同'理'。宇宙唯有一'理'，即一主。该理是支配者以及伟大的人类之父，谓之'天'……西方认为'天'无征兆之说，视其为静止无生命之物。若支配者无德，受支配者无法，天地会感知邪恶。北极光、彗星、冬雷、夏雪、地震、饥荒等接踵而至。这些征兆让我们审视自身行为。罪恶招致灾难和征兆。将天人分离并且使人无畏这些征兆是何等愚蠢，何等盲目！……若日月之蚀出现，崇'天'之人曾像远古圣人一样击鼓、拜祭、斋戒、停乐；如今人人皆称日月之蚀乃平常之物，无需畏惧……人们对'天'进行测量却不知其心，因此灾祸接踵而来。"①

大桥讷庵曾在信中提到基督教《圣经》十分"肤浅、狭隘、诡秘、虚伪"，并且认为它缺乏东方对"天"的敬畏感。

---

① 参见 R. L. Backus 的文章"The Kansei Prohibition of Heterodoxy and Its Effects on Education"，发表于 *Harvard Journal of Asiatic Studies*，卷三十九，第一期(1979)，第 25 页。

大桥讷庵所处的时代正值江户时代至明治时代的过渡时期。他见证了江户时代结束之前正统朱子学作为主导思想的哲学地位。“一维”理性主义对于那些儒学家来说是不够的。这些学者不愿意为了无神科学主义而舍弃之前对宇宙的理解和从宋朝学者那里继承而来的自然观念。正如大桥讷庵所说:“与新儒家思想一致,宇宙即‘气’,人体即‘气’,而‘理’则为支配宇宙和人体的天道和法则。”人们会想到这样一句话:“只知母(气)而不知父(理)乃禽兽之道!”不过必须公正地补充一句,基督教一直有“天”以及万物之上的“天父”。

二十、山片蟠桃(1748—1821)

山片蟠桃在后期的儒学家中占据特殊地位。他代表了一个开端和一个结束。山片蟠桃结束了传统儒家思想,开创了新的思想时代。他一只脚站在中国古老的文化遗产中,而另一只脚又立足于西方学问。他指明通往新时代的道路,可以说是驻足国土又面向外界。

山片蟠桃出生于大阪,曾求学于怀德堂,是中井兄弟,即中井竹山和中井履轩的弟子。他将学问与商业活动相结合。幸运的是,他禁止商业阻碍治学发展。和其他人一样,山片蟠桃受到中井兄弟的鼓励,撰写了代表作《梦之代》。《梦之代》一直是日本思想史上的伟大著作之一。1804年,山片蟠桃将该书上交至中井竹山,中井竹山又将其移交给中井履轩。后者批评该书并且要求山片蟠桃返工并重新命名著作。1805年至1807年间,该书完稿。在山片蟠桃逝世前,即1821年前,该书又被再三修改。《梦之代》是一部恢宏巨著。它的现代版本总计十二卷,共四百七十二页。①在撰写《梦之代》以前,山片蟠桃博览群书,广泛研究,令人叹服。山片蟠桃必然拥有一座大型藏书楼,比如说怀德堂。他对自己没有时间完善著作而深感遗憾。然而,拥有一部不完美的著作也许更好。如果山片蟠桃当时有更多时间完善,那么今日我们便无法体会它所体现的坦率与光彩。对那些希望探究江户时代成熟时期,即1800年左右西方文化涌入日本之前的思想界状况的人们来说,《梦之代》是一座丰富金矿。

① 参见 *Nihon Shisei taikei*。

山片蟠桃从根本上来说是一位新儒家。他尊崇圣人之道、朱熹以及获得智慧的“穷理”之“道”。他从不抨击新儒家世界观、自然观以及人类观；他只是希望通过新知识来解读世界、自然以及人类。他将这种方法与兰学相结合。山片蟠桃拜麻田刚立为师学习天文学。受兰学影响，他对治学进行从普遍到个别的分类。所有知识都必须经过科学即天文学的检验。各知识领域以各种形式互相关联，无论是地理学、历史学和经济学等等。山片蟠桃证明了自己是一位“具有鲜明唯物主义世界观”的怀疑论者。①

随着兰学出现，新的宇宙逐渐形成。日本出现了望远镜和显微镜并且引进了万有引力定律，同时人们发现了地球围绕太阳运转的事实。如果来自荷兰的新学问能够得到人们的承认，那么过去的错误便能改正。山片蟠桃对天文学和其他领域著名欧洲学者的思想十分熟悉。他参考了尼古拉·哥白尼(1473－1543)、第谷·布拉赫(1546－1601)、牛顿(1642－1727)和其他学者的思想。同时他也熟知西方文化及相关评介。例如与中国各个时期的编史工作相比，西方的线型大事记则更具实用性。山片蟠桃感叹日本必须掌握所有汉字。相比之下，欧洲人能够很快学会“a，b，c”二十六个字母表，而中国人不掌握汉字表便不能生存！山片蟠桃对日本文化了解透彻，并且拥有极为丰富的宗教、哲学、文学以及经济等相关知识。在山片蟠桃撰写《梦之代》时，他已对整个传统有所研究。他主要参考中井兄弟的思想并且大力赞扬他们的博学多才。

山片蟠桃也许可以被看作日本现代化道路上的一个转折点。“他使有关自然秩序的研究不再局限于‘理’的抑制思想中，而是直接参考西学中事物的‘条理’模式。”②

西方实践中的经验主义方法逐渐被认为是一种正确传统。正如他在《梦之代》中写道：

> “西方的发现层出不穷。随着日本和中国也开始采用西方方法，古人所犯的一些错误便通过实验不断暴露。此外由于人

① 参见 S. Kato 的著作 *A History of Japanese Literature*，第二卷，*The Years of Isolation*，第174页。

② 参见 R. E. Kristensen 的文章“Western Science and Japanese Neo-Confucianism: Interpreting a History of Interaction and Transformation”，发表于 *Japanese Religion*，卷二十一，第2期，第266页。

们不断发现一些未知知识，许多当代错误得以凸显。而之后人们会因错误知识而犯相同错误。那么如此颂扬古人又有何益处呢？”①

山片蟠桃在《梦之代》中用了七十三页的篇幅叙述天文学，又用了四十五页的篇幅叙述地理学。《梦之代》体现了他对世界，尤其是欧洲的惊人了解。他对世界抱有丰富幻想；他具备的知识零零散散。在此，我们得知东方人吃稻米，美国人吃玉米，西方人吃小麦。在有些地方，人们只吃肉类，有些地方甚至存在着食人者；我们得知西班牙于1492年发现了美洲！首先是南美，之后是北美。南美首先沦为殖民地，那里大量的金银和其他财富被运至欧洲。欧洲人在全世界范围内征服各地并使它们沦为殖民地。他们将利益置于首位，而将基督教信仰（儒学家称其为罪恶教义）置于次位。如下章节则相对简短：第三章，“神代”，三十一页；第四章，“历代”，二十八页；第五章，“政道”，三十二页；第六章，“经济”，三十九页；第七章，“经典思想”，二十六页；第八章，“杂经”，十八页；第九章，“异教”，三十四页；第十章，“无鬼”第一部分，三十二页；第十一章，“无鬼”第二部分，六十三页；第十二章，“杂论”，三十页。

山片蟠桃曾赞扬西方之道。他写道：“西人思想基于精确观察之上。”他还说：“他们不会为没有亲身到达过的地方绘制地图。”然而中国人“口出妄言，错误百出，他们并没有真正地确认过，而印度和日本承认自己的弱势”。②因此中国资料的来源并不可靠，充斥着谎言和捏造。

欧洲航海家周游世界，发现了土地和水源，因此山片蟠桃尴尬地指出虽然日本声称拥有一切地理发现，但是他们却没有以本土称呼来命名。他们只使用与欧洲发现相关的称呼：Asia（亚洲），Africa（非洲），America（美国），Australia（澳大利亚）等等。甚至“大日本”也被称为Yapan！他如是指出。③ 人们可以理解日本对欧洲扩

① 参见T. Najita的著作*Visions of Virtue in Tokugawa Japan*，第130页。

② 参见S. Kato的著作*A History of Japanese Literature, vol. 2, The Years of Isolation*，第175页。

③ 参见T. H. Kang的著作*The Making of Confucian Societies in Tokugawa Japan and Yi Korea*，第195页。

张主义的愤恨之情①。山片蟠桃也对日本从一个东方大国摇身变为世界地图上极微小的一座岛屿的事实而深感愤慨。他一直骄傲地认为崛起的日本"犹如东升旭日"②。与之前的富永仲基一样，山片蟠桃承认这个世界充斥着不同宗教、教义和习俗，日本在这个多样化的世界中并不特殊。在此环境下文化确实具有偶然性和相对性。当他在五大洲上罗列各国及其相关的地理位置时，他以亚洲和"大日本"为始，欧洲、非洲、南美洲和北美洲居后。③

山片蟠桃在研究天文学和地理学之后，又转而研究历史学。他拒绝将历史起源神秘化，这不仅针对日本历史，中国历史亦是如此。他不承认中国和日本的早期历史。因此他批判荻生徂徕和日本国学者。他认为这些学者只是试图"美化起源"。然而他同意荻生徂徕的观点认为每个时代都有所不同且有特定制度。神话出现于书写发明前，而历史则出现于书写发明后。东方和西方的史前神话都是一种"捏造虚构"。正如之前的山井白石、五井兰洲和中井竹山，山片蟠桃以关键转折点来描述日本历史的形成，最后以江户封建社会结束描述。之后他又讨论了政治经济、经典文学、异教、鬼神以及医学等话题。他审视当局，分析和维护江户统治，还为国家的物质福祉出谋划策。

山片蟠桃的研究着重评价孟子思想。他通过引用五井兰洲和中井竹山的观点抨击荻生徂徕和伊藤仁斋的古学信仰。最后山片蟠桃发现大部分中国思想毫无益处。他戳穿了一切神秘事物和缺乏理性的信仰以及人们对于孔子被问及"有关死亡、生命、灵魂和人类事物"时所言之事的引用。迷信是一种愚蠢的"梦"（也许正如《梦之代》书名所隐射的那样）——包括神道中的天照大神，佛教中的万神庙，基督教中天和灵魂拯救的思想以及盛行的民间信仰。他抛弃这些信仰，最终以如下文字结束了《梦之代》，体现了他的坚定之心：

"在这个世界上不存在神与佛，也不存在兽，更不要说存在

① 参见 *Nihon Shisei taikei*。

② 参见 S. Kato 的著作 *A History of Japanese Literature*，第二卷，*The Years of Isolation*，第175－176页。

③ 参见 *Nihon Shisei taikei*。

奇迹了。”①

“还有死后并无地狱、天堂和来世之说。世界上只存在人类和万物。这个世界没有神、佛和魔鬼,因此必然没有神秘和奇异的事情发生。”②

山片蟠桃的著作《梦之代》(1802—1820)被称为“后代的思想向导”。他是“前哥白尼”和“后哥白尼”研究的分界线,即为过去和未来之间的分界线。他还预测将来。望远镜和放大镜的时代已经到来,在宋朝思想的地位出现动摇以后,系统观察、计算以及数据收集的时代也已显现。治学的轴线以贝原益轩为开端,再至诸如三浦梅园等一系列熟谙哥白尼思想的创新思想家,最后至山片蟠桃。山片蟠桃将知识对分为“前天文学”和“后天文学”,而他自已成为这种划分的重要纽带。朴素的世界观开始形成。而必须强调的是,山片蟠桃在由运动事物构成的“理气”存在中进行研究,③并且利用“穷理”来揭示“气”中的伦理“条理”。

因此人们不禁会得出这样的结论:从山片蟠桃的立场来说,“太极”已被天文学代替。他的探讨皆以天文学为始末。这表明新儒家“理气”学说具有极大灵活性。西方天文学进入浩瀚的宇宙之中,而如今又进入更为浩瀚的网络空间。中国思想认为无论是“元理”还是“元气”,一切事物都可从宇宙中得以追溯。山片蟠桃指出:“一切事物都通过‘理’基于统一原则之上。”

对于山片蟠桃来说,包括自然和社会事物在内的眼前现象必须被置于宇宙“中心”中。宇宙“中心”无法通过常识“观察”即可掌握。植物、动物、生物、自然风景、历史、社会阶层等一切事物必须根据宇宙的最终准则进行重新解释并再次被置于“中心”地位。④

---

① 参见 S. Kato 的著作 *A History of Japanese Literature*,第二卷,*The Years of Isolation*,第 180 页。

② 参见 *Nihon Shisei taikei*。

③ 参见 T. Najita 的著作 *Visions of Virtue in Tokugawa Japan*,第 222—284 页。

④ 同上,第 253 页。

二十一、江户时代后期政治经济思想

继山片蟠桃之后，十九世纪涌现了诸多学者。他们以儒家道德哲学为基础，为缓和当时的政治经济局势提出许多新建议。我们只需提到其中的一小部分学者即可：(1) 海保青陵(1755－1817)(见下文)；(2) 二宫尊德(1787－1856)提出农业全面改革；(3) 本多利明(1743－1821)(见下文)；(4) 草间直方 (1753－1831)(见下文)；(5) 佐藤信渊(1769－1850)(见下文)；(6) 广濑淡窗(1782－1856)(见下文)；(7) 帆足万里(1778－1852)；(8) 大盐平八郎(1793－1837)为救济世界发动起义。

1. 海保青陵(1755－1817)

海保青陵是十九世纪初期最早出现的一位政治经济学家。在这个国家日益衰弱的新时代，深感不安的儒学家们逐渐参与政治事务而不会因此受到惩罚。海保青陵通过荻生徂徕门下的弟子宇佐美灊水(1710－1776)进入荻生徂徕的私塾学习。因此他很有可能对荻生徂徕的政治经济著作十分熟悉，尤其是荻生徂徕最后一部著作《政谈》。同时他也十分了解荻生徂徕的弟子太宰春台的著作《经济录》。《政谈》的主题在《经济录》中得以重复，海保青陵最重要的著作《稽古谈》(1813)也重复了同一主题。①海保青陵对儒学家中诸如新井白石的现实派印象十分深刻。他指责正统朱子学家是“世间寄生虫”，并称他们为“腐朽儒学家”，以此隐射安藤昌益。此时，“天”的地位让位于新的概念。

在海保青陵的哲学中，他在儒家范围内表达了自己的独立立场。尽管海保青陵受荻生徂徕古学思想的影响，但他仍然信奉形成万物并且决定一切存在性质的“天理”。当他在探讨事物虚无性的时候，人们甚至会发现他亦受到道家思想的影响。海保青陵承认“理”的原

① 参见 M. Kinsiki 的文章“Talks about Teachings of the Past, Translation of the First Part of Kaiho Seiry's Keiko dan with a Short Introduction”，发表于 *Japonica Humboldtiana, Jahrbuch der Mori－Ogai－Gedenkstatte Humboldt－Universitat zu Berlin*, vol. 1 (1997)，第143－195页。

则处于无穷无尽的长期变化和发展之中。然而海保青陵对形而下的兴趣则以形而上的教义为适当背景，“理”成为经济世界中的“条理”。“理的模式”成为流通、买卖市场以及商品生产中的货币，该模式是世界的正确标准。海保青陵希望经济生活和商人的原则能够符合和改善世界。“天理”还需要一个有关金钱的解释以适应新的历史局势的需要。若在几十年前，海保青陵的这种思想必会受到严惩。

海保青陵离开武士生活后便投身于大阪的商业生活中。商人之家的生活使他深刻认识到“天理”和人类之道的区别，他开始修改自己的教义并将“利益”的含义加入新儒家“理”的概念中。“理”和“利”这两个字的中日发音相同。对于商人来说，“利”与“天理”相一致。之后海保青陵逐渐脱离孟子认为利益是一种社会罪恶的观点。因此当他意识到相对于道德性，社会更具有经济性后，他引入“利益原则”。该原则契合当时状况：商人和农民的地位日益重要，而处于统治地位的武士阶层逐渐失去权力。

2. 本多利明（1743－1821）

本多利明充分证明了人们可以从新的方向中发现真理的观点。他倡导海外扩张、殖民主义以及贸易运输。在他的《经世秘策》和其他著作中，本多利明大力提倡国际贸易，认为它是“仁政”基础。他提出政府应该允许对外贸易以改善经济萧条的局势，同时从商人手中拿走运输权和贸易权，移交中央政府。本多利明支持荻生徂徕的观点认为国家因缺乏正确制度而深受其害。所以他希望建立正确的制度体制。这些制度将代表政府的自然状态，即与“天”和“道理”相一致。不出所料，本多利明十分赞赏熊泽蕃山和荻生徂徕。他必然是在熟读了荻生徂徕的《政谈》后才开始撰写著作《交易论》。

本多利明认为危机和贫穷的解决方案并非仅仅局限于日本国内，还存在于海外扩张中。这种思想在德川家康统治之前闻所未闻，因此体现了新时代特征。他以“荒原毫无价值”的英格兰为例，认为这个例子极好地说明了应该如何建立“制度”。如果英格兰的模式得以沿袭，那么一个“可与西方英格兰岛相提并论的伟大的东方日本岛”便会诞生。本多利明提出在太平洋和北美一带建立殖民地，他还想象日本在北太平洋建立霸权并以堪察加半岛为其首都。

3. 草间直方(1753—1831)

草间直方是一位来自怀德堂的学者。他对经济学和人类关系有着特殊兴趣。这些学科对一位成功的大阪银行家而言颇为合适。他著述了《三货图汇》,共两卷,各五百页,配有插图。《三货图汇》的撰写工作历经二十年,于1815年才得以完成。和荻生徂徕一样,草间直方同样赞同古代圣人对于货币经济的看法并且对当时的政治局势和幕府统治深感不满,认为儒家"正序益民"的伦理观没有得以实践。①

4. 佐藤信渊(1769—1850)

佐藤信渊同样对萧条的经济局势深感忧虑。他以中国经典为基础,呼吁政治和经济改革。佐藤信渊认为当前制度不够健全并对未来局势感到悲观,这也体现了荻生徂徕的思想。他的著作《宇内混同密策》进一步扩展和详解荻生徂徕在《政谈》中的建议,被称为"国家社会主义"的纲要。极权主义的中央集权体制将要替代江户封建体制并掌控一切经济政治活动。这种制度本身是一种乌托邦式的空想主义,最后当然没有得以建立。令人特别感兴趣的是,难以践行的儒家之"天"和本土的神道之"天"都被用来辩护他的计划。佐藤信渊还希望建立包括中国、东南亚、印度和中亚在内的帝国,从而使日本成为世界第一大国。这使人们不禁认为现代革命领导者在扩张亚洲土地之前必然已对佐藤信渊的思想熟稔于心。

5. 广濑淡窗(1782—1856)

广濑淡窗是1790年禁止异学法令颁布后涌现的著名学者之一。他代表正统学被强制执行以来的诸多学者。1817年,广濑淡窗在大分县设立咸宜园。从根本上来说他是一位儒家学者,但他称自己属于折中学派。②广濑淡窗博学识广,他不仅熟悉中国文学,还且精通日本历史和诗歌。广濑淡窗与和他同处一代的其他学者们一样,研究古学教义并且十分赞佩伊藤仁斋和荻生徂徕。他同样借助经典,只是后来又转而研究朱熹评论,并且采取折中立场。

---

① 参见T. Najita的著作*Visions of Virtue in Tokugawa Japan*,第227—248页。

② 参见H. Bolitho的著作*Bereavement and Consolation*,第107页。

广濑淡窗将“敬天”的教义融入研究中，授予人类精神之性。“天”被赋予人性，为支配世界万物生命之“道”。广濑淡窗信仰朱子学但是并没有强调“穷理”一说。他与陆王学派十分相似但他更倾向强调尊崇和实践必须合一。目的旨在希望通过不断学习认知世界以解决生命固有问题。同时存“天”于心，作为文明社会的一员应该广施仁爱。

6. 帆足万里(1778—1852)

帆足万里是另一位江户时代后期十分博学的学者。他是为数不多从政的武士思想家之一。他在怀德堂中井竹山的门下研究儒学，在皆川淇园(1735—1807)门下研究折中学派，在龟井南冥(1743—1814)门下研究文学和广博的兰学。帆足万里提倡海外贸易、殖民主义以及军事防御。他的思想体现在著作《东潜夫论》(1844年)与《穷理通》中。在这些著作中，他公开倡导政治改革来支持以市场为向导的产业。这类产业由同时代的大胆企业家创办，尤可见于乡村地区。①

二十二、“开国妥协者”——江户时代后期改革者

十九世纪具有进步思想的学者们支持人们积极应对外来压力并且希望日本有限度地对外开放进行邦交。他们设想平衡好东方道德和西方知识之间的关系并且融合新儒家伦理性和西方非伦理性。这些学者是“开国”②思想家，包括横井小楠(1809—1869)、佐久间象山(1811—1864)、吉田松阴(1830—1859)在内。他们认为面对这个越来越小的世界和持续不断的外来压力，一个国家不可能与世隔绝，拒绝外交和商业往来。同时他们具有这样的国家意识：希望通过富国强兵使日本成为世界强国从而与欧洲大国抗衡。

---

① 参见 R. P. Toby, Ronald P 的文章“Both a Borrower and a Lender Be”，发表于 *MN*，卷四十六，第4期(1991)，第483—512页。

② 在江户时代末期，出现“理性”和“非理性”二元对立。

横井小楠来自熊本县，他以自由计划，即将儒学与西方学问相结合而闻名。1839 年，横井小楠来到伊豆并于藤田东湖门下学习水户学。之后他与元田永孚(1818－1891)密切合作，提倡开国并且推进自己提出的国际儒学。1869 年，横井小楠遭明治维新反对派刺杀身亡。

佐久间象山对当时的海防状况深感担忧，他上书幕府建议筑堡造船却遭到当局拒绝。佐久间象山提出了“夫泰西学艺，术也。孔子之论道，德也”①的观点并认为两者互为补充。1854 年，佐久间象山被捕入狱，于 1864 年被保守势力暗杀。

二十三、明治时代和二十世纪

江户时代末期至明治时代期间，楠本端山(1828－1883)和楠本硕水(1833－1916)代表了诸多延续儒家传统的学者。他们与阳明学派十分相似，认为人们专注于注释经文和广泛学习是一种浪费时间的行为，他们对此深感惋惜。②楠本端山在佐藤一斋的学塾中专注于思考冥想，同样其兄弟楠本硕水对于把学问内在化颇感兴趣。他们认为自我培养应该置于颇有成效的实践行为之前。

自楠本兄弟起，学者们遵循延续至今的后期儒家传统。随着江户时代的结束，儒家思想再也不是思想界中心了。它迅速衰退，儒家学塾及相关机构逐渐衰弱最终纷纷关闭消失。最引人注目的是幕府的昌平坂也遭到废除。正如佛教命运一样，儒家思想退居后位，所有领域的西学却迅速扩展开来。诸多西学学者为新时代的到来铺平了道路。然而，所有现代主义者都曾接受过基础儒家教育，因此对他们来说转而研究另一学问并非难事。

学者福泽谕吉(1835－1901)发现儒学对于新时代而言没有价值，同时他在诸如《西洋事情》(1866 年)和《劝学篇》(1872 年)等著作中倡导全盘西化。儒家价值观在明治维新后迅速黯然失色。然而这

① 参见 W. W. Smith 的著作 *Confucianism in Modern Japan*，第 27 页。

② 有关十九世纪新儒学学者的研究，参见 T. Okada 的著作 *Neo-Confucian Thinkers in the Nineteenth-Century Japan*。

些价值观并没有被人遗忘，它们出现于十九世纪七十年代初期的新教育法律中。十九世纪九十年代，人们付出极大努力复兴与公民义务相关的社会道德。我们发现一些学者采取某种立场以支持“民族”新儒学。其中可能以元田永孚(1818－1891)最为著名，他是明治天皇的儒家侍讲和顾问。在写给天皇的一文中，他强调了孔子的重要性以及仁、义、忠和孝的品德。日本精神应该得以完整保留，同时儒家道德是这种精神的重要组成部分。标语为“东方道德和西方技术”。面对西学逐渐占据主导地位这一现象，许多诸如岩仓具视(1825－1883)等高层军人、政治家以及著名学者开始力挽新儒家潮流。同时许多社团逐渐形成以提高儒家伦理道德。支持这一政策的思想家以“国家道德理论者”为名而为人所知。日本受到物质文明侵入的威胁，因此需要一个坚实的伦理结构来支撑，这体现在《教育敕语》(1890年)中。在该著作中儒家思想与“天理”相一致并且构成日本民族的道德标准。它成为国家危机时期的教义。①

加藤弘之(1836－1916)是“国家道德理论者”之一，同时也是明治时代最具影响力的学者和政治家之一。他最初研究儒学并受到荻生徂徕仁政思想的影响。生活在充斥着西方新思想的时代里，加藤弘之在德国法律思想、达尔文进化论、斯宾塞实证主义、米尔功利主义论、洛克自由主义思想以及卢梭自然主义思想的引导下历经数次“皈依”。然而他仍然保留儒学基础并称他对孔子的崇敬是“无条件”的。仁政可以与契约立宪政府形式相结合。通过建立可使统治者与被统治者达成一致意见的“公共议会”，下层社会公民能够在管理国家事务中发表意见。加藤弘之对“天”和“天理”皆有所提及。相对于洛克和卢梭的思想，他的根本思想与孔子思想联系更为紧密。统治者进行管理，人们服从统治。1889年宪法以儒家思想为基础认为自然权利来自上层。独裁的统治当局颁布了新的“制度”法令并且剥夺了人们的普选权。洛克关于公民进行管理，统治者服从公民意志的自然权利论直到1945年才得以实现。②

明治时代中期，诸如西周(1829－1885)③等思想家引进西方哲

① 参见W. W. Smith的著作*Confucianism in Modern Japan*，第87－88页。

② 参见B. T. Wakabayashi的文章“Kato Hiroyuki and Confucian Natural Rights，1860－1870”，发表于*Harvard Journal of Asiatic Studies*，卷四十四，第2期，第469－492页。

③ 参见T. R. H Havens的著作*Nishi Amane and Modern Japanese Thought*，第131－140页。

学。西方哲学学科成为大学必修科目。1874 年西周拟定“哲学”一词来表示“philosophy”。由于“格物”一词与“天地之道”密切相关，因此“物理”一词表示“格物穷理”不足为怪。自此，西方哲学成为前沿学术，儒家思想却沦为副科。

然而儒学得以重新建立。继元田永孚之后井上哲次郎(1856－1944))以著作《日本阳明学派之哲学》(1900)、《日本古学派之哲学》(1902) 以及《日本朱子学派之哲学》(1905)，带领日本儒学迈入二十世纪。井上哲次郎一生长寿，他横跨明治时代、大正时代以及昭和时代。井上哲次郎一生多著。①他反对即将到来的机械论生命观，认为它对日本古老传统产生不良影响。自从十九世纪七十年代起，经过本土化的儒学开始发展起来，并且在十九世纪四十年代初期至 1945 年这段军国主义时期里得到迅猛发展。

二十四、冈田武彦(1908－2004)

冈田武彦可以说是当今唯物主义之风盛行之下的儒家思想代表人物。他属于王阳明学派并且在其诸多著作中大力强调冥想的重要性，尤以《坐禅与静坐》最为著名(1972 年)。②

① 有关井上哲次郎及其著作，参见 G. K. Piovesana 的著作 *Recent Japanese Philosophical Thought 1862－1996, A Survey*，第 37－44 页。

② 中国近代新儒家包括冯友兰(1895－1990)与牟宗三(1909－1995)，参见 S. －h Liu 的著作 *Understanding Confucian Philosophy*，第 260－263 页。有关 Okada Takehiko，参见 R. L. Taylor 的著作 *The Confucian Way of Contemplation, Okada Takehiko and the Tradition of Quiet Sitting*。

第三部分 结 论

结论一

儒学发展历经了一条漫长的道路：自早期的社会政治儒学发展至后期受人敬仰的儒学。孔子对宗教事务鲜有兴趣，然而朱熹却常常花费大量时间思考有关超自然现象的问题。古昔强调世界由单纯之“气”构成的观念转变为“理一气”二元论，即强调“理”为“天之理”。宋朝思想的出世立场并不表示世界已不复人们遵循。例如朱熹《近思录》中的大部分内容皆涉及这个世界上的社会及伦理生活。著作中的宇宙论引言可以被视为整部著作的“天伞”。

古代儒学和宋朝儒学都强调天地之和。自十三世纪至明清两代再至现代占据主要地位的“理一气”二元论和古代一元思想相同，承认同一个“天”和“地”。有关宇宙的观点不曾改变，只是历代强调的侧重点有所不同：宋朝强调“天”的概念，明朝强调人类之“气”，清朝则越来越强调“地”的概念。同时在外来压力下，二元论逐渐转为一元论。日本江户时代同样沿袭了这种发展趋势。明朝思想家启发了十七世纪的思想家。然而随着世俗理性日益受到关注，清朝思想在十八世纪变得十分重要。在二十世纪末现代科学技术得到全面完善之前，儒学发展经历了“理一气”二元论至“气”一元论和“理”一元论，但始终保持上“天”和下“地”的最初平衡。

经典儒学于四世纪进入日本，这意味日本结束史前时期进入历史。早期编年史表明经典儒学成为“大和”文化以及十六、七世纪帝国伦理政治哲学的支柱，并且首次出现在日本圣德太子(574－622)

于604年制定的《十七条宪法》中。《十七条宪法》是日本第一部重要的文学作品。深受儒家文化影响，十七条禁令中有十六条禁令与儒家文化有关，只有一条禁令提及佛教。之后日本出现了以儒学达到统一目的的倾向，并且自奈良时代(710－794)至平安时代(794－1192)，儒学一直起重要作用。日本通过频繁访问中国进一步了解中国。世界上最早的大学之一建于奈良，在这所大学里，中国智慧和思想随处可见。在中世纪至江户时代，世袭家庭成员成为这所学院的教师。同时新儒学引入学院，得到深入研究。

自江户时代开始，日本便对新儒学的人文思想颇感兴趣。人们接受了宋朝周敦颐、张载、程氏兄弟以及朱熹的儒家集成。自1392年李朝初期起，朝鲜思想家们几乎一直沿着朱熹的教义前进。但是，日本思想家并不像朝鲜思想家们那么俯首帖耳。

在日本将儒家教义本土化之前，儒学已经吸引大批学者的目光。藤原惺窝是江户时代新儒学的第一位学者，他将新儒学与本土神道教相结合。林罗山亦沿袭了这一思想。之后几乎所有儒学家都将朱熹和神道教联系在一起。日本天照之神的“天”与朱熹的“天”能够以某种方式共存，其精神亦有相通之处。在本书的研究中，只提到过一位排斥神道的儒学家。

中江藤树通过强调个人直觉与行动简化朱熹教义，从而出现了独立的新思想。熊泽蕃山一直重复个人作用并使其成为古学派儒学的重要内容。“道”随着环境的改变而不断调整。

这其实并没有严重背离儒家价值观及惯例制度。朱熹也一直有实用主义和怀疑主义的倾向。然而“气”一元论的出现则标志着完全背离朱熹思想的开端。“气”一元论者对朱熹“理－气”二元论的结构提出了质疑。包罗万象的“气”的概念代替了“天道”中“理”的概念。贝原益轩觉察到了这种趋势并扩展了理气学说，使理气学说承认自然的变化和多样性。贝原益轩代表了越来越多具有强烈求知欲的思想家，他们致力于研究地球上各种现象与模式，极其用心地描绘和记录它们，并在必要的时候还会求助于图像。贝原益轩从未脱离朱熹模式，但是他常以新知识的名义禁止“天理”妨碍他的气学。这与欧洲一样，上天的角色即上帝的角色随着新发现的出现而遭到削弱。贝原益轩的研究从本质上来说属于经验主义，但是又可以说它不像现代科学那样具有浓厚的经验主义色彩。①

在此之后，山鹿素行、伊藤仁斋和荻生徂徕明确表达“气”的思想。此外三浦梅园创立的“条理学”也对气学做了全面解释。伊藤仁斋和荻生徂徕将神圣之“道”平分为“天道”和独立的“人道”。“人类之道”与“天道”形成强烈对比，朱子学似乎被分成两半。这些思想家中要数荻生徂徕最为激进。他宣称尽管“天”之法则总是保持不变，但是人的直觉和习惯随着历史环境的变化而变化，从而构成了人类之“道”，而人类之“道”构成了人。

“气”一元论逐渐占据主导地位，“理”则成为事物中的秩序法则。正如早期中国思想，“理”成为“条理”——条理和纹路，存于“气”中。“条理”的概念亦被正统的朱子学信仰者接受。这些信仰者仍然是理气论者，视“理”为形而上层面的原型以及形而下层面的“条理”。②

“条理”为那些希望能同时研究古代文化和新知识的学生开辟了道路。他们将事物进行归类并且得到新发现。然而通往现代科学的道路是漫长的。“条理学”在一定程度上达到了演绎主义唯名论而非归纳主义科学的高度。③

“条理法”适用于各种事物和新问题的关注。熊泽蕃山和荻生徂徕对这种方法进行了调整以适应社会事务和政治经济的需要。政治经济通过明君治理植根于永恒之“道”中并且与道德精神原则相一致。山片蟠桃在天文学中实现了“条理”，海保青陵在货币制度中实现了“条理”，本多利明和佐藤信渊则在殖民扩张中实现了“条理”。同样地，封建等级制度也不再以“天”为来源而是为人所控。众多习俗惯例也同样由人创造。人们拒绝“先天”社会的观念。

日本转型速度之快甚于中国。其中一个众所周知的原因是日本对于改革所持的开放态度。另一个原因可能是与中国相比，日本的思想发展有更多自由，而中国人的思想则与政府和权力紧密相连。此外，中国的文化惰性甚至还有民族自豪感也可能阻碍了快速现代化的进程。

中国整个看似固若金汤的社会阻碍了改革的迅速展开。中国的优越感受到其文化延续性的支撑，阻碍着现代化和创新的发展。中

① 参见 R. Stark 的著作 *For the Glory of God*，第 146 页。

② 参见 R. Mercer 的著作 *Deep Words, Miura Baien's System of Natural Philosophy*，第 4 页。

③ 参见 J. R. Levenson 的著作 *Confucian China and Its Modern Fate*，第 158－160 页。

国拥有两千年的悠久传统，其内在秩序自公元前221年起几乎没有发生变化，直到1911年到来之前仍然十分稳定。中国一直是“中央大国”，在欧洲进入中国时，它仍然是世界上最大的帝国。中国在历朝历代都能自给自足。宣称“天”在上的中国思想形态是世界上唯一存在的文明。中国在回顾千年历史时会发现自己深受崇拜，被邻国效仿。蒙昧的欧洲新贵并没有给中国君王和高级官员留下印象，耶稣会会士的传教也并没有动摇他们天朝上国的信仰。诸如天文仪器这类的引进事物总是被看作有趣的手工艺品。这种现象在早期就已出现，在清朝更是如此。

然而问题在于清朝时期(1616－1911)欧洲人带着自己的文化和技术踏入中国。当时的大清王朝已经出现了文化滞后的现象，实力逐渐衰弱，而欧洲的技术已与中国不相上下，最终较之更胜一筹，这种现象在百年之后仍旧如此。中国开始面临挑战：另一种与之旗鼓相当的文明出现并且触及他们生活方式的核心。于是中国人发现了世界上还存在着另外一种价值观可以与之相匹敌的文明。据说许多中国人对这种新发现深感惊恐以至于忍不住哭泣和呕吐。

由于日本在思想上和政治上一直深受中国伟大文明的影响长达一千年有余，因此日本更容易接受欧洲文化。日本的国家结构由德川幕府的权力以及大约二百五十个独立的势力范围组成，其中德川势力居于首位——封建中央集权制，而中国则是一个中央集权大国。日本进行改革需要一些时间，然而“条理”逐渐使其让步，日本首先发展早期演绎主义科学，再至归纳主义科学，最后借鉴西方长处并用于东方模式——这一切都先于中国。而中国人对此难以察觉，他们一直习惯称日本为“矮子国”(今天仍然如此)。

结论二

当欧洲进入室町时代的日本时，扁平的地球变成了圆形。随着兰学的引入，地球开始围绕太阳运转。科学探索使得真理由绝对向相对转变并且随着新的发现而发生变化。知识分子们逐渐将目光从中国学问上转移而逐渐投向欧洲知识，新的认识论和宇宙论兴起并开始占据人们的思想。一千四百多年以来，思想家们一直拥护植根于中国经典中由孟子和朱熹促成的古代普遍性真理。而现在他们的目光为尼古拉·哥白尼(1473－1543)、第谷·布拉赫(1546－1601)、伽利略·伽利雷(1564－1642)、约翰·开普勒(1571－1630)、牛顿(1642－1727)和其他科学家所吸引。学者们放弃对“内圣外王”的追寻,开始研究世界。自此逐渐出现了一种单纯为了知识而求知的现象。

在十九世纪中期,“兰学”逐渐扩大为“西学”,几乎没有涉及中国和孔子。人们开始承认以严格数学知识为基础的西方科技,从而诞生了一个新的思想世界。在这个世界中,“理”和“气”得到阐释,而存于万物之上的与精神相关的“天”则被弃于一边。人们抛弃了“天”的概念,并使一个没有内在道德法则以及缺乏人类社会指南的时钟机构取代了“天”的位置。“穷理”为缺乏精神的以及“忽视人类和推测自然”的欧洲之学铺平了道路。①在此之前,充满生机的“天”和道德世界极为重要;而如今,随着新的思维模式的发展,儒家充满伦理色彩的“穷理”被毫无伦理可言的进口科技替代。这种现象与新的认识论有关。这种认识论其实在山片蟠桃所处的时代就已被人接受。

这种发展势不可挡。诸如松平定信这样的传统主义者和保守主义者也只能对此兴叹并且指出:

> “……夷狄之地精通科学,天文、地理、军事以及内外医学对其大有裨益。然而‘兰学’使人好奇,不合时宜,实则应予以禁止。但是如果正式禁止‘兰学’,它只会愈加发展。因此最好的办法即为保证与其相关之书不会落入不义之人的手中。”②

结论三

然而绝大多数的学者都不愿意脱离远古智慧。他们总是不断地回忆起往昔的黄金岁月:人们在“天”以及明君的指引下和谐共处,一

① 参见李约瑟的著作 *Science and Civilization in China II*,第 28 页。

② 参见 Numata Jiro 的著作 *Western Learning*,第 177 页。

切完美无缺。他们在探索世俗事务的时候,依然如同孩童般地追随孔子和朱熹的脚步。一切新的知识都不应该偏离古代真理。由于地球围绕太阳运转的观点“偏离了经典学说并且与‘道’相悖”,因此在最初的时候被视为一种谬论。

松平定信拥有更加广阔的世界视野。在江户时代,像他这样的思想家们通常都不会抛弃与反对中国学问。他们始于“德行”再至“科学”,并且最终可以说是“孔子中的哥白尼”。很长一段时间以来,欧洲之学都以儒家之“理”为背景。“理”仍然是骑马之人。由于在儒家的理性化中必然潜在着经验主义,因此自然秩序未受质疑。无论新的欧洲技术多么的缺乏道德,它同样与“穷理”有关并为人们所接受。我们可以看到自“穷理”的科学态度至福泽谕吉的“启蒙”哲学的发展过程:具备伦理的“穷理”被缺乏伦理的“穷理”替代。在这个快速变化的时代,我们发现像福泽谕吉这样的现代主义者以及诸如大桥讷庵的保守主义者各自代表着新旧“启蒙”。

在牛顿和笛卡儿出现后,二十世纪的科学家们接踵而至。与“天”相关的真理被抛弃,只有相对知识被保留下来。许多关于物质世界的全新发现相继出现,思想家们在这些新发现面前成了怀疑论者和无神论者。宇宙成了无需造物主和精神观念的进化物。科学作为新的标志代替了东方“天”的地位,同时也取代了西方上帝的位置。一个新的知识时代逐渐形成,即人们的思想生活中不再有神明以及佛祖的存在。①

结论四

那么从传统的“理一气”思想至当今科学是否历经了漫长的过程?儒家精英忽视和舍弃科学和进步,对他们来说真理只存于经典中。他们总是将伦理放在主要地位并且将道德领悟作为所有努力的首要目标。“兴趣不是由驾驭自然而是由自制以及正确的生活秩序引导。”静心,“即变得如同静水或者明镜”以及知“天”是孔孟以来的传统箴言。因此求知和研究都应该致力于培养个人智慧,其次致力

① 参见 W. E. Hocking 的著作 *Chu Hsi' Theory of Knowledge*,第 116 页。

于改良社会。单纯为了求知而求知并不得到提倡。信仰和思想观念不会阻挠变化发展。没有人因其信仰而惨遭重罚。

"天一道一理"的思想常被视为现代化的阻碍力量。然而朱熹的"穷理"思想包含现代科学发展的潜能。正如朱熹所说:"即凡天下之物,莫不因其已知之理而益穷之,以求致乎其极……则众物之表里精粗无不到,而吾心之全体大用无不明矣。"①由此可见新儒学亦乐于探究理性!

虽然这并不是严格意义上的现代科学研究,但也算得上是对外部世界的科学研究。② 道德总是被一再强调。即使"穷理"与科学精神协调一致,但它最终成为对于真理而非自然法则的追求!③由于个人之"理"与自然之"理"相同,人们可以在树木、草叶或者昆虫的"理"中发现真理。许多问题旨在达到圣人之道以及启发领悟,并不都以星系和原子为准。

道家更不能算是一种阻碍力量。自很早以前它便一直推动各项科学突破。④李约瑟指出道教开启了"东亚化学、矿物学、本草学、动物学和制药学"。他还认为道教哲学形成了许多科学态度最为重要的特征。但是李约瑟总结道:"他们(中国人)无法给予经验推理一个准确的定义或者使得他们对于自然的观察系统化。"因此道教和新儒学体现的科学精神与自然科学的科学精神相一致。另一方面,王阳明"对自然科学的发展最为抵触",并且"佛教对于科学来说是不幸的"。⑤

东方思想侧重综合,延伸至永恒概念,而西方思想侧重分析,关注现世。因此我们拥有东方综合无形的整体以及西方大量分裂的机械部分。

在文艺复兴前,欧洲哲学亦侧重综合。事物始于个别再至普遍和整体(上帝)。那时人们认为星球受控于灵魂以及神明的智慧。侧重分析的自然科学不断发展并且诞生一种新模式:在文艺复兴时期,

---

① W. 一t. Chan 对《朱子文集》的英译参见"The Concept of Man in Chinese Thought"一文。

② 正如 D. K. Gardner 在 *Learning to Be a Sage* 一书中所说:"学习是认识自我的通道和回归自我的过程;对朱熹而言,学习并非只是为了知识本身。"

③ 参见 P. Nosco 主编的 *Confucianism and Tokugawa Culture*,第 6 页。

④ 人们只需面对一个明朝花瓶和一把武士剑便能了解中日科学的成就。

⑤ 参见李约瑟的著作 *Science and Civilization in China II*,第 152—154 页、474—510 页。

人们接受早期希腊原子学。于是,从数学的角度理解世界成为后来科学发展以及西方崛起的起始点。统一万物的上帝不再是钟摆里的发条,最后人们将之视为没有上帝存在的钟摆。人类以及动植物都变得与机器无异。浮士德的尤里卡①精神以及拿破仑狂妄自大的作风开始出现:征服世界,发现秘密以及探索未知。一条分界线被置于物质和精神之间,一种新的"世界精神"出现:"控制力量、认知成就、科学方法、整体之外的实验以及数学。伽利略·伽利雷(1564—1642)不仅提出关于机械运动、钟摆原理以及石头以某种速度下降的理论,而且还通过实验进行尝试,将之付诸实践。"②

孔子的思想深受往昔思想的启发。三大黄金朝代时期(夏商周代),明君当道,政务开明,孔子深受影响。在欧洲亦是如此,过去的足迹影响深远,文艺复兴事实上是一次回归和复兴古代经典精神的尝试。在东方和西方,人们常常对科技创新表示不满。自十三世纪从中世纪大学发展而来的创新思维是对中世纪经院哲学的一种反抗同时也是一种延续。在东方,情况并非如此,只有在兰学和西学得到一定发展的时候才出现改革,此时人们把更多的目光投向未来。

在西方,《圣经》要求人类征服自然使其为己所用,从而推动封建主义向现代主义的过渡。学者们因此受到启发并且感觉自己正在破除上帝造物的密码。而东方民族并没有类似推动进步现象的经文戒条。它们一直生存在古代智慧之中。③

在西方,几乎所有的早期科学家都是信奉天主教或者新教的基督徒,我们从未听说过宗教曾阻碍他们前行的道路。他们所遭受的压迫来自于教会及相关机构,比如宗教裁判所。扬·胡斯(1372—1415)和乔尔丹诺·布鲁诺(1548—1600)被焚于火刑柱,他们所遭受的刑罚实则来自教会而非宗教。包括笛卡儿、伽利略、牛顿以及开普勒在内的科学家们都有着虔诚的宗教信仰,他们通过自身的科学努

---

① 译者注:"尤里卡"原是古希腊语。古希腊学者阿基米德有一次在浴盆里洗澡,突然灵感来袭,发动了他久未解决的计算浮力问题的办法,因而惊喜地叫了一声"尤里卡",从此发现了阿基米德定律。"尤里卡"表示"自我觉醒"。

② 参见 W. Heisenberg 的著作 *Physics and Philosophy*, *The Revolution in Modern Science*,第167页。

③ 译者注:在西方,哲学和理性之间存在张力。在科学革命之前,教堂和新科学处于斗争中。科学革命大约始于1543年,尼古拉斯·哥白尼出版了著作《天体运行论》,提出了"日心说"理论,质疑天主教的"地球中心说",史称"哥白尼革命"。

力阐明上帝的行为。科学和宗教之间的冲突由教士们引起。后来的启蒙运动提出无神论思想并且建立世俗化世界。①

因此，“气”的生机论在中国古代和新儒家思想中占据主要地位，而客观的数学科学至上主义占据西方。在那里笛卡儿的解理法逐渐将人们的求知欲局限于物质世界中。中国虽然历经千年，思维模式仍然得以保留，而在欧洲随着时代的变迁，思维模式出现变化。人们的好奇心和求知欲朝着全新的方向发展。在文艺复兴前被视为罪恶的变革受到赞扬，并因创新而被授予奖项(诺贝尔奖)。

结论五

气学家和理学家孰对孰错？两者似乎都没有错。“气”的概念首先出现，“理”随后出现于宋朝儒学。在之后的几个世纪里，理气辩证法出现并不断发展，“理”成为“气”的世界的理性力量。朱熹的集成论强调“理”的概念。在明朝和清朝时期，强调重心逐渐向“气”的概念转移。而在现代，“气”的概念又得以重申。首先是达尔文，他表明进化中的所有“理”都是有条件的。之后爱因斯坦又提出空间和时间的形式都是相对的。与之对应的“气”得以保留，从未丢失抑或遭到破坏，无增无减。②无论发生什么，尽管各种模式出现变化并且随着环境变化而不断调整，能量和物质仍然和谐共存，保持不变。因此函数的概念并不存于“气”中，而存于“理”中，存于不断变化的过程之中。③与“理”相关的概念并不完全相同。同样的道理，没有相同的指纹、树叶、日子、冬季。与人类、国家和政府相关的法则亦非永恒，然而作为宇宙生命力量的能量得以保存，只可为人所控却不可摧毁。卡尔·波普曾说过在科学领域，真理都是暂时的。④因此在今天看来，气学家似乎比理学家更接近“真理”。气学家是现实主义者，而理学家是理想主义者。由此看来，三浦梅园和其他学者将“气”置于首

① 参见 R. Stark 的著作 *For the Glory of God*，第 158－176 页。

② 参见 W. Heisenberg 的著作 *Physics and Philosophy*，*The Revolution in Modern Science*，第 139 页。

③ 参见 I. McMorran 的著作 *Wang Fu-chih and Neo-Confucian Tradition*，第 439 页。

④ 参见 K. R. Popper 的著作 *The Open Society and Its Enemies*，第 221 页。

位,“理”居于次位是有道理的。荻生徂徕认为“理”没有固定标准的观点合乎情理,而朱熹认为“理”不可改变的看法则显得不合理。

张载和爱因斯坦观点一致,他们都认为质量等同于能量,并且“气”和能量为最高存在,不可摧毁(能量一物质=“气”)。爱因斯坦的方程式 $E=MC^2$ 总结了宇宙间所有物质和产物,而中国“气”的概念亦是如此。张载和爱因斯坦在另一方面也持有相同观点。张载承认“天”存在于“气”之上而使万物有序,爱因斯坦亦承认其理论之外“上帝”的存在。包含一切的爱因斯坦方程式与“气”的学说看来是相同的。唯一的不同之处在于“气”含有“天”的概念,是一种活动着的存在,而爱因斯坦的能量概念不带有超自然色彩:即上帝存于想象中,而能量概念是以数学的形式表达出来的。

在以现代科技为特征的新纪元里,上帝和“道”逐渐消失,世界上的各种现象成为暂时的聚散形式,正如中国的“气”一元论思想。①道家和西方科学思想实则极为相似。它们的世界观相符一致。但是它们存在一处不同:中国思想一直认为“天”令人敬畏,神圣而不可即。无形隐秘的事物本身充满复杂性。因此上帝或者“天”很少被提及,自然秩序之谜在大多数情况下亦被规避。我们发现日本学者三浦梅园的观点正体现这种思想。他认为若“气”散于一处,便来于另一处。换言之,“气”是完整无缺的。“气”乃生命和能量,宇宙间的所有物质都只是能量。

令人惊奇的是,三千年前道学家的观点和当今爱因斯坦的观点竟然如出一辙!

西方学者开始以一种东方学者从未研究过的方式来量化有关“理”和“气”的现象。伽利略·伽利雷有一句名言:“测量一切可测量的事物,而且要尽力去使那些还不可测量的事物可测。”自从十六世纪起,牛顿和其他科学家创造了机械科学的新世界,之后传到日本被称为“兰学”和“西学”。诚然,东方有自己的知识,但是西方科学和工程学跨越国界,开启先进科学的研究。这是一个由无机理性主义主导的世界,以数学为手段开始研究并且控制事物。“理”和“气”被分离,自然被分裂为原子,大宇宙则被追随到最初的宇宙大爆炸时期。全世界范围内的快速现代化过程以有机和无机自然的系统研究为基

① 参见 A. Craig 的文章“Science and Confucianism”,发表于 M. B. Jansen 编写的 *Changing Japanese Attitudes toward Modernization*,第 140—141 页。

础，扩散至更多的领域，甚至是经验心理学。有关“理”和“气”的原始思想消失在客观的数学结构逻辑中，没有“天”的概念，取而代之的是蔚蓝的天空。宇宙大爆炸及其漫长的演变过程(迄今已有150亿年)已代替上帝、“天”以及现存自然。自然科学格言(和一系列全零数组)已代替带有主观色彩的宗教！最为糟糕的是有悖伦理的物质主义诞生了虚无主义，使得世界大战、大规模毁灭、原子炸弹种族灭绝频频出现。

在东方和西方，许多人都坚持认为现实并非一台冰冷的进化机器，也有不少人反对无神理性主义。以威廉·布莱克①为例，他强烈反对抽象思维以及有害的物质主义。此外欧洲十九世纪早期的浪漫主义运动亦反对这种理性主义。充斥着因果关系的“死气沉沉的自然”又一次成了“赋予生命的有机自然”，单一的机械人生观被如同因陀罗网般闪光的理想主义代替。

弗里德里希·谢林(1775－1854)可能是最伟大的浪漫主义作家，他的观点与日本思想家安藤昌益十分接近。安藤昌益曾说：“天地不过是自然的总和。”在十九世纪里，浪漫主义运动通常只限于诗人、艺术家以及哲学家。直到今天，它在艺术和文学领域依然生机勃勃。现代哲学家亨利·柏格森(1859－1941)在诸如《存在与虚无》、《创造的进化》(1907)的著作中表达了他类似的想法，阿弗烈·诺夫·怀海德(1861－1947)则十分排斥科学无神论。存在主义亦可被视为对当今唯物主义思想的一种反抗。如今出现了这样一种趋势，这种趋势甚至出现在科学领军人物中，即认为现实是有机且充满生机的，而并非只是与数学相关。

随着1868年后日本对西方的全盘肯定，西方思想开始占据日本思想界。一部分儒家伦理被修改后又遭舍弃，儒家的理气思想逐渐消退。但仍有诸如西周(1829－1885)和中江兆民(1847－1901)等学者充分认识到“理”和“气”的基本含义，开始再次使用“理”和“气”作为关键词汇，并且还创造了新的词汇以适应这个新的文化纪元。“理”成为一些词汇的一部分，例如“理科”、“物理学”、“心理”、“地理”、“修理”、“管理”、“管理学”等等，这些词语都与事物的结构形式有关。另一方面，“气”也成为一些新词汇的一部分，例如“电气”、“气

---

① 译者注：威廉·布莱克18世纪是英国第一位重要的浪漫主义诗人、版画集。主要诗作有诗集《纯真之歌》、《经验之歌》等。

压”、“天气”、“气质”、“磁气”，成百上千的词语都与生命和能量有关。人们以此方能明辨有机新儒学的“理一气”思想和无机数学知识的关系，以及中国传统文明和西方现代文明的关系。

那么儒学的命运如何呢？随着1868年后宋朝儒学信仰的消逝，孔子思想逐渐回归并且成为新世纪的道德规范。日本和其他东亚国家纷纷践行儒学伦理道德，直到今天亦是如此。对大多数中国人和日本人而言，世界是一种活动着的“气”的存在。

后　记

在当今这个越来越小的世界中，东方正在重整旗鼓，再次崛起。日本首先振作，其余东方国家皆把目光投向日本并以其为榜样。先是新加坡，不久之后东方国家相继使用了“瞧瞧日本”这一口号，最后甚至东方国家中的“巨人”——中国亦是如此。全球化机制将世界上迥然不同的部分联结在了一起。截然不同的中美生活方式亦开始相互融合。

科学发展的方向和新的政治理想促进这一发展。西方民主自由主义和平等主义的理想已然形成了一个新的水平面，而儒家伦理人文思想依旧是一个垂直面。新的东西方共生现象于两平面交汇之处产生和发展。和西方一样，在新旧价值观的冲撞中，东方现代性产生。

人们注意到由于儒家伦理的“非民主性”，它必须得以调整。然而，这一情况同样适用于早期欧洲的政治哲学，更不用提宗教了。在议会的意识形态生根以及各民族的人们能够开始以每人一票的方式参与管理之前，欧洲皇室秩序经历了一场翻天覆地的变革。在几百年之前，各国皆由国王和皇帝治理，拥有儒家文化的国家与西方国家并无二致。正是文艺复兴和之后的宗教改革运动才使欧洲步入了远离专权的新道。

近现代史上的奇迹——民主议会制直到近代才诞生，并且直到18世纪才在英格兰得到发展。民主议会制传到美国，之后又传到了其他欧洲国家。①民主议会制影响了当时的政治体制，比如1809年的瑞典和1849年的丹麦。在二战以前，只有少数国家接受民主议会制。直到1945年以后，它才传播到大多数国家并且成为当今世界的

①　有关民主的开端可以进一步讨论。

主要政治意识形态。这意味着人们对于现世多党制以及人民作为权力来源的广泛肯定。迅如闪电的通讯方式使得一切距离不再成为问题,人们成就了同一个世界。然而历史并非已在自由和民主的理念和消除的距离中终结。人口过剩、贫穷、宗教、仇恨以及最近兴起的恐怖主义引发了新一轮问题。因此弗朗西斯·福山关于“历史终结”的观点实则过于乐观,为时尚早。

儒学不如基督教那样阻碍现代性的发展。儒家文化既无教士又无教皇。它有“天”、文本和雕像。寻求真理以及内心的宁静沉着是每个人义不容辞的责任。儒家文化信仰人性,并且深信人类社会可臻完美。儒家社会的各种人际关系上至统治者下至平民。儒家文化以信仰天人合一与人道主义为其根基。诸如孟子和张载等思想家信奉的人道主义宣扬人人皆为兄弟姐妹。东方和西方都曾出现过一些专制统治者,他们实施的暴政力度不分上下。

人们很容易将东方在科技方面落后的现象归咎于儒学。如果当时西方出现倒退的现象,那么基督教也必然会受到类似指责。问题并不在于宗教和哲学。中国的人文思想在很早以前就已经得到高度发展。在十七世纪以前,中国在科技、文化以及商业方面一直处于领先地位,而在那段时期宗教并没有遭到人们的反对。①然而在欧洲,尽管教会遭到人们反对,欧洲仍然向前发展。在西欧,如同古希腊,竞争比宗教更为重要。人们的贪婪还是引发了技术和商业革命,随后又促进了文化科学的进一步发展,尽管当时已经出现了教士!活跃的知识分子们的思想传播于各国之间并在竞争中得以茁壮和发展,这些思想很少遭到宗教镇压,而宗教本身亦处于竞争之中——天主教和新教之间的竞争。这些知识分子并没有考虑国界的差异。丹麦天文学家第谷·布拉赫曾前往布拉格与约翰尼斯·开普勒交换有关天文学方面的看法和意见。当时正处于政治流亡中的托马斯·霍布斯仍然与勒内·笛卡儿保持联系并且拜访伽利略·伽利雷。牛顿的观点唤醒了多佛海峡另一边的哲学家。因此新的思想得以传播,由南至北,由西至东,之后又传至美国。如同古希腊一样,各种思想和发明在地域相隔的西方传播开来。同样,物质财富和人类贪欲使得欧洲人离海去发现新大陆。然而中国人的态度却截然不同。在十八世纪西方崛起以前,他们一直认为自己的文化高高在上,无可匹

① 参见 C. A. Ronan 和李约瑟的著作 *The Shorter Science and Civilization*,第 4 页。

敌。甚至佛教都被中国文化本土化。朝鲜和日本未曾与中国文化形成竞争,它们一直被视为谦恭的崇拜者而非竞争者,它们的行为亦是如此。

技术革命,尤其是武器装备方面的改革始于中世纪晚期。猎枪和大炮在西欧各民族争相征服世界的时代里发挥重要作用。如果没有枪,西班牙人在美洲就会陷入无援无助的境地,在印度和马六甲海峡的葡萄牙人也会面临同样的情况。中国的发明——指南针和火药,同样功不可没。商人们以利益的名义率先开辟道路,宗教和教会则尾随其后。之后的工业革命、资本主义以及迅猛的经济增长使欧洲居于世界前列。宗教本身与经济抑或政治的迅速发展鲜有关联或者并无关系。宗教不过成了商业帝国主义的神圣面具。

日本和中国先后决定向“现代”发展意味着两国借鉴西方模式进行政治和军事改革。“富国强军”的口号恰好表达这种雄心壮志。随之同来的政治改革则意味着摒弃封建习俗,以欧洲自由民主的模式建立现代的中央集权国家。日本迅速完成政治改革并且先于中国学会如何把玩帝国主义游戏,而中国则需平衡好相对悠久的国家传统。近几十年来,日本和中国崛起成为世界大国,它们的成就令人印象深刻。这种现代化和工业化的过程值得我们深思和研究。我们可以很清楚地看到受过良好教育的精英分子走在社会的最前端,而未受过教育的大众则欣然尾随其后。

教会和政治哲学都需要进行调整以适应人们拥有选举权利和统治权利的政治领域。西方花了几个世纪的时间才将垂直思维调整至水平思维,同时将爱的福音转变为人人平等的权利以及议会政府。因此东方并非需要立即完成这一调整过程。儒家的社会等级观念必须做出让步。这并不是没有可能。至上的美德“仁”以及其他美德都可以被视为同情和平等。

民主力量和普及教育的强有力结合使得东西方相互融合并为创造一个全球化社会提供可能。科学知识并不会成为这一融合过程的阻碍力量。东西方的科学和技术使用相同的语言,并可为世界各民族共享。中国早期的技术发明,比如火药,很早便传入欧洲。在十七世纪,利玛窦和其他耶稣会传教士将欧洲的天文学、数学以及其他西学引入中国。开明的民主思想总是乐于接受改变,永无止境。它可以适应各种不同条件。以选举制度为例,它可以一次又一次地进行调整改变。几十年以前,女性没有投票权,而如今东西方女性在愈加平等的基础上和男性共同享有投票权。

每一种传统文化都有其宝贵的智慧闪光之处值得留存并为我们的多元文化所容纳。中国思想是人文主义的金矿之一，如果我们忽视它的存在，我们就会失去它。虽然新儒学曾对它进行批判，但是它现在就如同灰烬之中得以重生的凤凰，依旧生机勃勃。而西方理性主义的局限性和不足之处日益暴露。当片面强调掌握自然的西方理性主义正当其道时，坚持正义和宁静的东方准则，尤其是儒家文化将对人类文明秩序的发展作出贡献。东方智慧悠久深远，西方知识蓬勃新颖，我们同样需要它们。西方科学知识和东方人文思想共同推动新生活模式的形成和发展。①它们教会我们与自然共存而非征服自然，珍视自然而非利用自然满足己需。②钟摆在东西方之间反复摇摆。我们将不再是“没有精神的专家”抑或“沉溺于物质富裕中的精神贫瘠者”。③我们终将领悟到“大智慧从整体入眼，小智慧从部分着手。”④

---

① 参见 D. L. Hall 和 R. T. Ames 的著作 *Thinking Through Confucius*，第 328 页。

② 参见 R. E. Carter 的著作 *Encounter with Enlightenment*，*A Study of Japanese Ethics*，第 194 页。

③ 同上。

④ 参见 T. Merton 的著作 *The Way of Chuang Tzu*，第 40 页。

英中文人名对照表

A. C. Graham　葛瑞汉
Alfred North Whitenhead　阿弗烈・诺夫・怀海德
Aizawa Seishisai　泽正志斋
Amenomori Hoshu　雨霖芳洲
Ando Shoeki　安藤昌益
Aoki Kon'yo　青木昆阳
Arai Hakuseki　新井白石
Asada Goryu　麻田刚立
Asami Keisai　浅见絅斋
B. Karlgren　高本汉
Bito Jishu　尾藤二洲
D. Shively　唐纳德・夏夫利
Dazai Shundai　太宰春台
Galileo Galilei　伽利略・伽利略
George Berkeley　乔治・贝克莱
Giordano Bruno　乔尔丹诺・布鲁诺
Goi Ranju　五井兰洲
Fabian Fucan(sai)　巴比庵
Francis Fukuyama　弗朗西斯・福山
Friedrich Schelling　弗里德里希・谢林
Fujita Toko　藤田东湖
Fujita Yukoku　藤田幽谷
Fujiwara Seika　藤原惺窝
Fukuzawa Yukichi　福泽谕吉
Hayashi Gaho　林鵞峰

Hayashi Jussai 林述斋
Hayashi Razan 林罗山
Hayashi Shihei 林子平
Henri Bergson 亨利·柏格森(1859—1941)
Hiraga Gennai 平贺源内
Hirata Atsutane 平田笃胤
Hirose Tanso 广濑淡窗
Hoashi Banri 帆足万里
Honda Toshiaki 本多利明
Hoshina Masayuki 保科正之
Hosoi Heishu 细井平洲
Ino Jakusui 稻生若水
Inoue Kinga 井上金峨
Inoue Tetsujiro 井上哲次郎
Ishida Baigan 石田梅岩
Ito Jinsai 伊藤仁斋
Ito Togai 伊藤东涯
Iwakura Tomomi 岩仓具视
J. H. Berthrong 约翰·白诗朗
J. Needham 李约瑟
J. P. Bruce 约瑟夫·布鲁斯
Jan Hus 扬·胡斯
Johann Adam Schall von Beli 汤若望
Johannes Kepler 约翰尼斯·开普勒
K. Kracht 克劳斯·克拉克
Kada no Azumamaro 荷田春满
Kada no Mabuchi 贺茂真渊
Kaibara Ekken 贝原益轩
Kaiho Seiryo 海保青陵
Kameda Bosai 龟田鹏斋
Kamei Nanmei 龟井南冥
Kang Hang 姜沆
Karl Popper 卡尔·波普
Katayama Kenzan 片山兼山

Kato Hiroyuki 加藤弘之
Keian 桂庵玄树
Kinoshita Jun'an 木下顺庵
Kitabatake Chikafusa 北畠亲房
Ko Hung 葛洪
Koga Seiri 古贺精里
Kumazawa Banzan 熊泽蕃山
Kusama Naokata 草间直方
Kusumoto Sekisui 楠本硕水
Kusumoto Tanzan 楠本端山
Leibniz 莱布尼茨
Maeno Ryotaku 前野良泽
Matsudaira Kanzan 松宫观山
Matsudaira Sadanobu 松平定信
Matsunaga Sekigo 松永尺五
Matteo Ricci 利玛窦
Minagawa Kien 皆川淇园
Mishami Yukio 三岛由纪夫
Miura Baien 三浦梅园
Miwa Shissai 三轮执斋
Miyake Seikan 三宅石庵
Miyake Shosai 三宅尚斋
Miyazaki Yasusada 宫崎安贞
Motoda Eifu 元田永孚
Motoori Norinaga 本居宣长
Muro Kyusu 室鸠巢
Nakae Chomin 中江兆民
Nakae Toju 中江藤树
Nakai Chikuzan 中井竹山
Nakai Chuan 中井庵
Nakai Riken 中井履轩
Newton 牛顿
Ninomiya Sontoku 二宫尊德
Nanpo Bunshi 南浦文之

Nishi Amane 西周
Nishikawa Joken 西川如见
Nishiyama Sessai 西山拙斋
Noro Genjo 野吕元丈
Ogata Koan 绪方洪庵
Ogyu Sorai 荻生徂徕
Ohashi Junzo 大桥讷庵
Okada Takehiko 冈田武彦
Oshio Heihachiro 大盐平八郎
Otsuki Gentaku 大槻玄沢
Rai San'yo 赖山阳
Rene Dercartes 勒内·笛卡儿
S. Egerod 易家乐
Sakuma Shozan 佐久间象山
Sato Issai 佐藤一斋
Sato Naokata 佐藤直方
Sato Nobuhiro 佐藤信渊
Shibano Ritsuzan 柴野栗山
Shimazu Tadayoshi 岛津忠良
Sugita Genpaku 杉田玄白
Takeda Shingen 武田信玄
Takeuchi Shikibu 竹内式部
Tamaki Isai 玉木正英
Tendai abbot Jien 静慈円
Thomas Hobbes 托马斯·霍布斯
Tokugawa Leharu 德川家治
Tokugawa Lenobu 德川纲丰
Tokugawa Leyasu 德川家康
Tokugawa Mitsukuni 德川光国
Tokugawa Tsunayoshi 德川纲吉
Tokugawa Yoshimune 德川吉宗
Tominaga Nakamoto 富永仲基
Tycho Brahe 第谷·布拉赫
Usami Shinsui 宇佐美灊水

Voltaire 伏尔泰
W. E. Hocking 威廉·霍铿
Wakabayashi Kyokai 若林强斋
Wei-ming Tu 杜维明
William Blake 威廉·布莱克
Wing-tsit Chan 陈荣捷
Y. Abe 阿部良夫
Yamaga Soko 山鹿素行
Yamagata Banto 山片蟠桃
Yamagata Daini 山县大贰
Yamazaki Ansai 山崎暗斋
Yi-T'oe-gye 李退溪
Yokoi Shonan 横井小楠
Yoshida Shoin 吉田松阴
Yoshikawa Koretari 吉川惟足

BIBLIOGRAPHY
(原文参考书目)

Abe, Yoshio, 'Development of Neo-Confucianism in Japan, Korea. and China: A Comparative Study', in *Acta Asiatica* vol. 19, Tokyo, (1970), pp. 16-39.

Ackroyd, Joyce, *Lessons from History: Arai Hakuseki's* Tokushi Yoron, University of Queensland, 1982.

Ames, Roger T. and Hall, David L., *Focusing the Familiar, A Translation and Philosophical Interpretation of the Zhongyong*, Honolulu, 2001.

Armstrong, Karen, *A History of God*, London, 1993.

Backus, Robert L, 'The Kansei Prohibition of Heterodoxy and Its Effects on Education', in *HJAS*, vol. 39: 1 (1979), pp. 55-106.

——, 'The Motivation of Confucian Orthodoxy in Tokugawa Japan', in *HJAS*, vol. 39: 2 (1979), pp. 275-338.

——, 'The Relationship of Confucianism to the Tokugawa Bakufu as Revealed in the Kansei Educational Reform', in *HJAS*, vol. 34 (1974), pp. 97-162.

Berling, Judith A., *The Syncretic Religion of Lin Chao-en*, New York, 1980.

Barthel, Manfred, *Die Jesuiten, Giftmischer oder Heilige?*, Gernsbach: Casimir Katz Verlag (Hamburg), 1991.

Bartholomew, James R., *The Formation of Science in Japan*, Yale, 1989.

Baskin, Wade, *Classics in Chinese Philosophy*, New York, 1972.

Berthrong, John H., *Transformations of the Confucian Way*, Westview Press, 1998.

Birdwhistell, Anne D., *Transition to Neo-Confucianism: Shao Yung on Knowledge and Symbols of Reality*, Stanford, 1989.

Bitō, Masahide, 'Thought and Religion, 1550-1700, in (ed.) J. Whitney Hall, *The Cambridge History of Japan, vol. 4, Early Modern Japan*, pp. 395-424.

Blacker, Carmen, *The Japanese Enlightenment, A Study of the Writings of Fukuzawa Yukichi*, Cambridge, UK, 1964.

Bloom, Irene, On the 'Abstraction' of Ming Thought: Some Concrete Evidence from the Philosophy of Lo Ch'in-shun, in *Principle and Practicality*, (eds.) Wm. T. de Bary and I. Bloom, New York, 1979.

Bodde, Derk, 'Evidence for 'Laws of Nature' in Chinese Thought', in *HJAS*, vol., 20 (1957), pp. 709-727.

Bolitho, Harold, *Bereavement and Consolation, Testimonies from Tokugawa Japan*, New Haven and London, 2003.

——, *Treasures among Men, The Fudai Daimyo in Tokugawa Japan*, New Haven and London, 1974.

Boot, W. J., *The Adoption and Adaptation of Neo-Confucianism in Japan: The Role of Fujiwara Seika and Hayashi Razan*, Leiden, 1992.

Bruce, J. Percy, *Chu Hsi and His Masters*, London, 1923.

Busch, Heinrich, 'The Tung-Lin Academy and its Political and Philosophical Significance', in *Monumenta Serica, Journal of Oriental Studies*, Vol. XIV (1949-1955), pp. 1-163.

Carter, Robert E., *Encounter with Enlightenment, A Study of Japanese Ethics*, New York, 2001.

Chamberlain, Basil Hall, 'Teachings for the Young, A Translation of the "Dou-zhi-keu" (Dōjikyō)', in *TASJ*, Vol. IX, Yokohama (1881), pp. 223-248.

Chan, Wing-tsit, (trans. and comp.), *A Source Book in Chinese Philosophy*, Princeton, 1963.

——, 'The Ch'eng-Chu School of Early Ming', in (ed.) Wm. T. de Bary, *Self and Society in Ming Thought*, New York, 1970, pp. 29-51.

——, 'Chinese and Western Interpretations of jen (humanity), in Journal of *Chinese Philosophy*, 2: 2 (1975), pp. 107-129.

——, (ed.) *Chu Hsi and Neo-Confucianism*, Honolulu, 1986.

——, *Chu Hsi, Life and Thought*, New York, 1987.

——, 'The Concept of Man in Chinese Thought', in *Neo-Confucianism, Etc.: Essays by Wing-tsit Chan*, (ed.) Harvard University (Oriental Society), Hong Kong, 1969, pp. 117-185.

——, 'The Evolution of the Confucian Concept Jen', in *Philosophy East and West*, 4: 1 (1955), pp. 295-319.

——, 'The Evoluion of the Neo-Confucian Concept Li as Principle', *Neo-Confucianism, Etc.: Essays by Wing-tsit Chan*, (ed.) Harvard University (Oriental Society), Hong Kong, 1969, pp. 45-87.

——, 'How Buddhistic Is Wang Yang-ming?', *Philosophy East and West*, 12: 3 (1962), pp. 203-315.

——, *Neo-Confucian Terms Explained (The Pei-hsi tzu-i)* by Ch'en Ch'un, 1159-1223, Columbia, New York, 1986.

——, *Reflections on Things at Hand*, tr. Chin-ssu lu, (The Neo-Confucian Anthology Compiled by Chu Hsi and Lü Tsu-ch'ien), New York and London, 1967.

Chang, Carsun, *The Development of Neo-Confucian Thought*, New York, 1957.

——, *Wang Yang-ming, The Idealist philosopher of 16th-Century China*, New York, 1962.

Cheng, Chung-ying, *Tai Chên's Inquiry into Goodness*, Honolulu, 1971.

Chin, Ann-ping and Freeman, Mansfeld, *Tai Chen on Mencius, Explorations in Words and Meaning*, New Haven and London, 1990.

Ching, Julia, *Confucianism & Christianity, A Comparative Study*, Tokyo, 1977.

——, *The Religious Thought of Chu Hsi*, Oxford, 2000.

——, *To Acquire Wisdom, The Way of Wang Yang-ming*, New York and London, 1976.

Chinese Science, Explorations of an Ancient Tradition, (eds.) Shigeru Nakayama and Nathan Sivin, Cambridge, Mass., and London, 1973

Choi, Hae-Suk, *Spinoza und Chu Hsi, Europäische Hochschulschriften, Reihe XX, Philosophie*, vol. 573. Frankfurt am Main (Peter Lang), 1998.

Craig, Albert, 'Science and Confucianism in Tokugawa Japan', in Marius B. Jansen, *Changing Japanese Attitudes Toward Modernization*, Princeton, 1965, pp. 133-160.

de Bary, Wm. Theodore, 'Neo-Confucian Cultivation and Seventeenth-Century Enlightenment', in *The Unfolding of Neo-Confucianism*, (ed.) Wm. T. de Bary, New York, 1975, pp. 141-216.

——, 'Neo-Confucian Individualism and Holism', in *Individualism and Holism: Studies in Confucian and Taoist Values*, (ed.) Donald J. Munro, Ann Arbor, 1985.

——, *Neo-Confucian Orthodoxy and the Learning of the Mind-and-Heart*, Columbia, New York, 1981.

——, *The Liberal Tradition in China*, Hong Kong, 1983.

——, *The Trouble with Confucianism*, Harvard, 1991.

——, (ed.) *Self and Society in Ming Thought*, New York, 1970.

de Bary, Wm. Theodore, et al., (eds.) *The Unfolding of Neo-Confucianism*, New York and London, 1975.

de Bary, Wm. Theodore and Bloom, Irene T.,(eds.) *Principle and Practicality*, New York, 1979.

Chow, Kai-wing, Ng, On-cho and Henderson, John B., *Imagining Boundaries, Changing Confucian Doctrines, Texts, and Hermaneutics*, New York, 1999.

Conte-Helm, Marie, *The Japanese and Europe, Economic and Cultural Encounters*, London, 1996.

Cooper, J. C., Yin & Yang, *The Taoist Harmony of Opposities*, Wellingborough, Northamptonshire, 1981.

Cooper, Michael, (ed.) *The Southern Barbarians, The First Europeans in Japan*, Tokyo, 1971.

Craig, Albert M., 'Science and Confucianism in Tokugawa Japan', in Marius B. Jansen, *Changing Japanese Attitudes Toward Modernization*, Princeton, 1965, pp. 133-160.

Craig, Albert M. and Shively, Donald H., *Personality in Japanese History*, Berkeley, Los Angeles, London, 1970.

Day, Clarence Burton, *The Philosophers of China, Classical and Contemporary*, New York, 1962.

Deuchler, Martina, *Neo-Confucianism as a Social Ideology: the Case of Korea, Some Preliminary Thoughts*, unpublished paper.

Dobson, W. A. C. H., Mencius, *A New Translation Arranged and Annotated for the General Reader*, London, 1963.

Durant, Will, *The Story of Philosophy, The Lives and Opinions of the Greater Philosophers*, New York, 1953.

Durant, Will and Ariel, *The Lessons of History*, New York, 1968.

Earl, David Magarey, *Emperor and Nation in Japan, Political Thinkers of the Tokugawa Period*, Seattle, 1964.

Edo jidai no shisō, *Kindai Nihon no meicho*, vol. 1, (ed.) Naramoto Tatsuya and Kinukasa Yasuki, Tokyo, 1966.

Eichhorn, Werner, *Die Westinschrift des Chang Tsai, Ein Beitrag zur Geistesgeschichte der nördlichen Sung*, Leipzig, 1937.

Eliot, Charles, *Japanese Buddhism*, London,1935.

Elison, George, *Deus Destroyed, The Image of Christianity in Early Modern Japan*, Harvard, 1973.

Fang, Thomé H., Chinese Philosophy: Its Spirit and Its Development, Taipei, 1981.

——, *The Chinese View of Life*, Hong Kong, 1957.

Ferguson, J. C., Political Parties of the Northern Sung Dynasty, in *Journal of the China Branch of the Royal Asiatic Society*, Vol. LVIII (1927), London,

1927, pp. 36-56.

——, Wang An-shih, in *Journal of the China Branch of the Royal Asiatic Society*, vol. XXXV (1903-1904), London 1904, pp. 65-75.

Field, Stephen L., 'Yi Jing (I Ching) Book of Changes', in *Great Thinkers of the Eastern World*, pp. 60-66.

Fingarette, Herbert, *Confucius – the Secular as Sacred*, New York, 1972.

Fisher, Galen M., 'Dai Gaku Wakumon, A Discussion of Public Questions in the Light of the Great Learning', in *TASJ*, vol. 16 (1938), pp. 259-356.

——, 'Kumazawa Banzan, His Life and Ideas', *TASJ*, vol. 16 (1938), pp. 223-258.

——, The Life and Teaching of Nakae Tōju, the Sage of Omi, in *TASJ*, vol. 36.1 (1908), pp. 24-96.

Forke, Alfred, *Geschichte der alten chinesischen Philosophie*, Hamberg, 1964.

Fróis, P. Luís, *Historia de Japam*, (ed.) José Wicki, Lisbon, tr. G. Schurhammer and E. A. Voretzsch with the title, *Die Geschichte Japans (1549-1578)*, Leipzig, 1926.

Fujita, Neil S., *Japan's Encounter with Christianity, The Catholic Mission in Pre-modern Japan*, New York, 1991.

Fukuzawa Yukichi on Education, *Selected Works*, tr. Eiichi Kiyooka, Tokyo, 1985.

Fung Yu-lan, *A History of Chinese Philosophy* (2 vols.), tr. D. Bodde, Princeton, 1952.

——, *A Short History of Chinese Philosophy*, (ed.) D. Bodde, New York, 1960.

——, 'The Philosophy of Chu Hsi', tr. D. Bodde, in *Harvard Journal of Asiatic Studies*, vol. 7 (1942-1943).

——, 'The Rise of Neo-Confucianism and its Borrowings from Buddhism and Taoism', tr. D. Bodde, in *HJAS*, vol. 7 (1942-43), pp. 89-125,

——, *The Spirit of Chinese Philosophy*, tr. E. R. Hughes, Boston, 1947.

Gardner, Daniel K., *Chu Hsi and the Ta Hsüeh*, Harvard, 1986.

——, 'Confucian Commentary and Chinese Intellectual History', in *The Journal of Asian Studies*, vol. 57: 2 (1998), pp. 397-422.

——, *Learning to be a Sage, Selections from the Conversations of Master Chu, Arranged Topically*, Berkeley, Los Angeles, Oxford, 1990.

——, 'Transmitting the Way: Chu Hsi and His Program of Learning, *HJAS*, vol 49: 1 (1989), pp. 141-172.

Geldsetzer, Lutz, *Grundlagen der chinesischen Philosophie*, Stuttgart, 1988.

Girardot, Norman J., Behaving Cosmogonically in Early Taoism, in (eds.) R. W. Lovin and F. E. Reynolds, *Cosmology and Ethical Order, New Studies in Comparative Ethics*, Chicago and London, 1985, pp. 67-97.

Goodman, Grant K., *Japan and the Dutch 1600-1853*, London, 2000.

——, *Japan: The Dutch Experience*, London, 1986.

Graham, A(ngus) C(harles), *The Book of Lieh-tzü*, A new translation. London, 1960.

——, *Disputers of the TAO*, La Salle, Illinois, 1989.

——, *Studies in Chinese Philosophy & Philosophical Literature*, Singapore, 1986.

——, *Two Chinese Philosophers: Ch'eng Ming-tao and Ch'eng Yi-ch'uan*, London, 1958.

Great Thinkers of the Eastern World, (ed.) Ian P. McGreal, New York, 1995.

Hall, John Whitney, (ed.), *The Cambridge History of Japan, Volume Four, Early Modern Japan*, Cambridge, 1981.

Hall, David L. and Ames Roger T., *Thinking Through Confucius*, New York, 1987.

Hane, Mikiso, *Japan, A Historical Survey*, Knox College, 1972.

Hansen, Chad, 'Individualism in Chinese Thought', in (ed.) D. J. Munro, *Individualism and Holism: Studies in Confucian and Taoist Values*, pp. 35-56.

Havens, Thomas R. H., *Nishi Amane and Modern Japanese Thought*, Princeton, New Jersey, 1970.

Heisenberg, Werner, *Across the Frontiers*, (World Perspectives, vol. 48), New York, 1974.

——, *Physics and Philosophy, The Revolution in Modern Science*, London 1958.

Hiraishi, Naoaki, *The Classics, the Interpreter, and his World: the Case of Ogyū Sorai, a Japanese Confucianist*, London (LSE), 1988.

HJAS: Harvard Journal of Asiatic Studies

Hocking, William Ernest, 'Chu Hsi's Theory of Knowledge', in *HJAS*, vol. I (1936), pp. 109-127.

Holcombe, Charles, 'Ritsuryō Confucianism', in *MN* 57: 2 (1997), pp. 543-573.

Hosuck, Kang Thomas, *The Making of Confucian Societies in Tokugawa Japan and Yi Korea: A Comparative Analysis of the Behavior Patterns in*

Accepting the Foreign Ideology, Neo-Confucianism, University Microfilms International, Ann Arbor, 1971.

Hucker, Charles O., *China's Imperial Past, An Introduction to Chinese History and Culture*, London, 1975.

Imanaka Kanshi, 'Jokyō shisō tenkai', in *Nihon shisō-shi kōza 4* (Kinsei no shisō 1), pp. 86-106, Tokyo, 1977.

——, *Soraigaku no kisoteki kenkyū*, Tokyo, 1966.

Ivanhoe, Philip J., *Confucian Moral Self Cultivation*, New York, 1993.

——, *Ethics in the Confucian Tradition: The Thought of Mengzi and Wang Yangming*, Indianapolis and Cambridge, 2002.

Jansen, Marius B., *Changing Japanese Attitudes Toward Modernization*, Princeton, 1965.

Japan and Korea, Contemporary Studies, (eds.) B. Frellesvig and R. Starrs, Aarhus University Press, 1997.

Japanese Religion, A Survey by the Agency for Cultural Affairs, Kodansha, Tokyo, 1972 and 1974.

Joly, Jacques, *Le Naturel selon Andō Shōeki*, Paris, 1996.

Jones, Eric L., *Growth Recurring, Economic Change in World History*, Oxford, 1988.

——, *The European Miracle*, Cambridge, 2003

Kaibara, Ekken, *Ekken zenshū*, 8 vols, Tokyo, 1910-1911.

——, *Yōjōkun, Japanese Secret of Good Health*, Tokyo, 1974.

——, *Yōjōkun no sekai, NHK kōza* (Tachikawa Shōji), Tokyo, 2001.

Kasaya, Kazuhiko, 'The Identity of Samurai in the Tokugawa World', in *Two Faces of the Early Modern World: The Netherlands and Japan in the 17th and 18th Centuries*, (ed.) International Research Center for Japanese Studies, Tokyo 2001, pp. 165-180.

Kasoff, Ira E., *The Thought of Chang Tsai (1020-1077)*, Cambridge, U.K., 1984.

Kassel, Marleen, *Tokugawa Confucian Education, The Kangien Academy of Hirose Tansō (1782-1856)*, New York, 1996.

Katō, Shūichi, *A History of Japanese Literature, vol. 2, The Years of Isolation*, tr. D. Sanderson, Tokyo, 1983.

——, 'Tominaga Nakamoto, 1715-46, A Tokugawa Iconoclast', in *MN*, XXII, 1-2, pp. 177-193.

Keene, Donald, 'Characteristic Responses to Confucianism in Tokugawa Literature', in (ed.) P. Nosco, *Confucianism and Tokugawa Culture*,

Princeton (1984), pp. 120-137.

Kim, Ha Tai, 'Transcendence Without and Within: The Concept of T'ien in Confucianism', in *International Journal of Philosophy of Religion*, III: 3 (1972), pp. 146-160.

Kim, Yung-sik, *The Natural Philosophy of Chu Hsi (1130-1200)*, Princeton, 1979.

Kinski, Michael, *Knochen des Weges, Katayama Kenzan als Vertreter des eklektischen Konfuzianismus im Japan des 18. Jahrhunderts*, Izumi 4, Wiesbaden, 1996.

——, 'Takai Ranzan's Shokuji kai, Introduction, Transcription and Translation. Part One (Admonitions Regarding Food Consumption)', in *Japonica Humboldtiana, Yearbook of the Mori Ōgai Memorial Hall Berlin Humboldt University*, vol. 7 (2003), pp. 123-178).

——, 'Talks about Teachings of the Past, Translation of the First Part of Kaiho Seiryō's Keiko dan with a Short Introduction', in *Japonica Humboldtiana, Jahrbuch der Mori-Ogai-Gedenkstätte Humboldt-Universität zu Berlin*, vol. 1 (1997), pp. 115-198.

——, 'Talks about Teachings of the Past, Translation of the Second Part of Kaiho Seiryō's Keiko dan', in *Japonica Humboldtiana, Jahrbuch der Mori-Ogai-Gedenkstätte Humboldt-Universität zu Berlin*, vol. 4 (2000), pp. 59-130.

Kitagawa, Joseph M., *Religion in Japanese History*, New York, 1966.

Knowledge Painfully Acquired, tr. of *Lo Ch'in-shun, The K'un-chih chi* by Irene Bloom, New York, 1987.

Knox, George Wm., 'Ki, Ri and Ten', in *TASJ*, 1st series, XX, pt. 1 (1892). pp. 157-177.

Koschmann, J. Victor, *The Mito Ideology, Discourse, Reform, and Insurrection in Late Tokugawa Japan, 1790-1864*, Berkeley, 1987.

Kracht, Klaus, *Studien zur Geschichte des Denkens im Japan des 17. bis 19. Jahrhunderts*, Chu-Hsi-konfuzianische Geist-Diskurse, Wiesbaden, 1986.

Kristensen, Roald E., 'Western Science and Japanese Neo-Confucianism: Interpreting a History of Interaction and Transformation'. Unpublished paper.

——, 'Western Science and Japanese Neo-Confucianism: A History of Their Interaction and Transformation', in *Japanese Religions*, vol. 21:2, July, 1966.

Kuwako, Toshio, *Kansei no tetsugaku*, Tokyo, 2001 (NHK Books, 914).

Lai, Whalen W., 'How Principle Rides on Ether: Chu Hsi's Non-Buddhistic Resolution of Nature and Emotion,' in *Journal of Chinese Philosophy* II (1984), pp. 31-65.

Lao, Yung-wei, 'On Harmony: The Confucian View', in S.-h Liu and R. E. Allinson, *Harmony and Strife, Contemporary Perspectives, East & West*, pp. 187-209.

Lau, D. C., *Introduction to translation of Mencius*, Harmondsworth, Penguin Books, 1970.

Le Blanc, Charles, Huai-nan Tzu, *Philosophical Synthesis in Early Han Thought*, Hong Kong, 1985.

Legge, James, tr. *The Yi Ching, vol. 16, The Sacred Books of the East*, Oxford, 1879.

Le Guin, Ursula K., Lao Tzu Tao Te Ching, *A Book about the Way and the Power of the Way*, Boston, 1997.

Leinss, Gerhard, *Japanische Anthropologie, Die Natur des Menschen in der konfuzianischen Neoklassik am Anfang des 18. Jahrhunderts Jinsai und Sorai*, Wiesbaden, 1995.

Levenson, Joseph R., *Confucian China and its Modern Fate, The Problem of Intellectual Continuity*, London, 1958, and University of California Press, 1964.

——, 'History and Value: The Tensions of Intellectual Choice in Modern China', in (ed.) Arthur F. Wright, *Studies in Chinese Thought*, No. 1, pp. 146-194.

——, *Modern China and Its Confucian Past*, Anchor Books, 1964.

——, 'The Abortiveness of Empiricism in Early Ch'ing Thought', in *Far Eastern Quarterly*, XIII, 2 (1954), pp. 155-165.

Lewin, Bruno, *Kleines Lexikon der Japanologie. Zur Kulturgeschichte Japans*, Wiesbaden, 1995.

Lidin, Olof G., *Distinguishing the Way, An Annotated Translation of Bendo*, Tokyo, 1970.

——, *Ogyū Sorai's Discourse on Government (Seidan), An Annotated Translation*, Wiesbaden, 1999.

——, *Tanegashima, The Arrival of Europe in Japan*, Copenhagen, 2002.

——, *The Life of Ogyū Sorai, a Tokugawa Confucian Philosopher*, Lund, 1973.

Li Suping, The Philosophical Concept of li in Chinese and Japanese Neo-Confucianism: A Comparative Study, in *The Japan Foundation Newsletter*, vol. XXIII/No. 4 (January 1996).

Liu Shu-hsien, *Understanding Confucian Philosophy, Classical and Sung-Ming*,

Westport (Connecticut) and London, 1998.

Liu Shu-hsien and Allinson, Robert E., *Harmony and Strife, Contemporary Perspectives, East & West*, Hong Kong, 1988.

Lloyd, Arthur, 'Historical Development of the Shushi Philosophy in Japan', in *TASJ*, vol. XXXIV, part IV (1907), pp. 1-40.

Lloyd, Geoffrey and Sivin, Nathan, *The Way and the Word. Science and Medicine in Early China and Greece*, New Haven, 2002.

Lo Ch'in-shun, K'un-chih chi, English tr., *Knowledge Painfully Acquired*, by Irene Bloom, New York, 1987.

Lu, David J., *Japan, A Documentary History*, New York and London, 1997.

——, *Sources of Japanese History*, New York, 1974.

Maruyama, Masao, *Studies in the Intellectual History of Tokugawa Japan*, tr. from Japanese by M. Hane (Hane, Mikiso), Tokyo, 1974.

Matsumoto, Sannosuke, 'The Idea of Heaven: A Tokugawa Foundation for Natural Rights', in T. Najita and I Scheiner, *Japanese Thought in the Tokugawa Period, Methods and Metaphors*, pp. 181-199

Matsuyama, Masao, *Nihon seiji shisō shi kenkyū*, Tokyo, 1952.

McClatchie, Canon, Rev., *A Translation of the Confucian 'Classic of Change'* with Notes and Appendix, London, 1876; reprint, Taipei, 1973.

McGreal, Ian P., (ed.) *Great Thinkers of the Eastern World, The Major Thinkers and the Philosophical and Religious Classics of China, India, Japan, Korea and the World of Islam*, New York, 1995.

McMorran, Ian, *The Passionate Realist, An Introduction to the Life and Political Thought of Wang Fuzhi (1619-1692)*, Hong Kong, 1992.

——, 'Wang Fu-chih and the Neo-Confucian Tradition', in *The Unfolding of Neo-Confucianism*, New York and London 1975, pp. 413-468.

McMullen, I. J., *Idealism, Protest, and the Tale of Genji, The Confucianism of Kumazawa Banzan (1619-1691)*, Oxford, 1999.

——, *Rulers or Fathers: A question of Casuistry in Tokugawa Japan*, unpublished paper.

Mehl, Margaret, *Private Academies of Chinese Learning in Meiji Japan*, Copenhagen, 2003.

Mercer, Rosemary, *Deep Words, Miura Baien's System of Natural Philosophy*, Leiden, 1991.

Merton, Thomas, *The Way of Chuang Tzu*, New York, 1965.

Milton, Giles, *Nathaniel's Nutmeg*, London, 1999.

Minamoto, Ryōen, '"Jitsugaku" and Empirical Rationalism', in (eds.) Wm. T.

de Bary and I. Bloom, *Principle and Practicality*, pp. 375-469.

——, *Tokugawa shisōshi*, Tokyo, 1973.

Minear, Richard H., *Japanese Tradition and Western Law, Emperor, State, and Law, in the Thought of Hozumi Yatsuka*, Cambridge, Mass., 1970.

——, 'Ogyu Sorai's Instructions for Students: A Translation and Commentary', in *HJAS*, vol. 36 (1976), pp. 5-81.

Miura, Baien, 'Taga Bokkyō kun ni kotauru sho', translation by G. K. Piovesana under the title of 'An Answer to Taga Bokkyō', *MN*, Vol. XX, No. 4, (1665), pp. 422-443.

Miyake, Masahiko, 'Jukyō ni okeru gōrishisō', in *Nihon shisō-shi kōza* 4, (Kinsei no shisō, 1), pp. 128-156.

MN: Monumenta Nipponica

Moore, Charles A., *The Japanese Mind, Essentials of Japanese Philosophy and Culture*, Honolulu, 1967.

Mugitani, Kunio, 'What is the Core of Taoist Thought? The Meaning of the Trinity: Tao, Ch'i and God', in *Dōkyō to Higashi-Ajia bunka, International Symposium*, no. 13, International Research Center for Japanese Studies, Kyoto, 1999, pp. 213-215. Abstract. Original in Japanese, 'Dōkyō kyōri shisō no kakushin wa nani ka', in the same volume, pp. 55-59.

Müller, Hans, Hai-Yaso-Anti-Jesus, Hayashi Razan's antichristlicher Bericht über eine konfuzianisch-christliche Disputation aus dem Jahre 1606, *MN* 2 (1939), pp. 268-275.

Munro, Donald J., *The Concept of Man in Early China*, Stanford, 1969.

——, (ed.) *Individualism and Holism: Studies in C onfucian and Taoist Values*, Ann Arbor, 1985.

——, 'The Family Network, the Stream of Water, and the Plant', in (ed.) Donald J. Munro, *Individualism and Holism: Studies in Confucian and Taoist Values*, pp. 259-291.

Murakami, Kyōichi, *Andō Shêki no sekai, 18-seiki no yuibutsuronsha*, Tokyo, 1982.

——, *Rinrigaku*, Tokyo, 2001.

Murdoch, James, *A History of Japan, Vol. III, The Tokugawa Epoch, 1652-1868*, London, 1926.

Najita, Tetsuo, 'History and Nature in Eighteenth-century Tokugawa Japan', in *The Cambridge History of Japan, Volume 4, Early Modern Japan*, (ed.) J. W. Hall (1981), pp. 596-656.

——, 'Method and Analysis in the Conceptual Portrayal of Tokugawa

Intellectual History', in (eds.) T. Najita and I. Scheiner, *Japanese Thought in the Tokugawa Period*, Chicago and London, 1978, pp. 3-38.

——, 'Political Economism in the Thought of Dazai Shundai (1680-1747)', in *TJAS*, vol. XXXI, No. 4 (1972), pp. 821-830.

——, 'Restorationism in the Political Thought of Yamagata Daini (1725-1767)', in *The Journal of Asian Studies*, vol. XXXI, no. 1 (1971), pp. 17-31.

——, *Visions of Virtue in Tokugawa Japan*, Chicago, 1987.

Najita, Tetsuo and Scheiner, Irvin, *Japanese Thought in the Tokugawa Period, Methods and Metaphors*, Chicago and London, 1978.

Nakai, Wildman Kate, *Shogunal Politics, Arai Hakuseki and the Premises of Tokugawa Rule*, Cambridge, Mass., and London, 1988.

——, 'Tokugawa Confucian Historiography: The Hayashi, Early Mito School and Arai Hakuseki', in (ed.) P. Nosco, *Confucianism and Tokugawa Culture*, pp. 62-91.

Nakamura, Hajime, *A History of the Development of Japanese Thought from A.D. 592 to 1868*, Tokyo, 1969.

Nakamura, Yoshihiko, 'Itō Jinsai', in Y. Nakamura et al., *Kinsei no shisō*, Tokyo, 1969, pp. 1-41.

Nakayama, Shigeru, *A History of Japanese Astronomy, Chinese Background and Western Impact*, Cambridge, Mass., 1969.

Needham, Joseph, *Within the Four Seas*, London, 1969.

——, *Science and Civilization in China, vol II*, Cambridge University Press, 1956.

Neo-Confucianism, Etc.: Essays by Wing-tsit Chan, (ed.) Harvard University (Oriental Society), Hong Kong, 1969.

Nihon no shisō, vol. 17. (ed.) T. Nishida, Tokyo, 1970.

Nihon rinri ihen, (ed.) T. Inoue and Y. Kanie, Tokyo, 1901-1903.

Nihon shisōshi jiten, Dictionary of Japanese Intellectual History, (ed.) N. Koyasu (Koyasu Nobukuni), Tokyo, 2001.

Nishikawa Fumio, *Andō Shōeki ni okeru shizen no gainen*, unpublished paper.

Norman, E. Herbert, 'Andō Shōeki and the Anatomy of Japanese Feudalism', in *TASJ*, 3rd ser., vol. 2, Tokyo, 1949.

——, *Japan's Emergence as a Modern State*, New York, 1940

Nosco, Peter (ed.), *Confucianism and Tokugawa Culture*, Princeton, 1984.

——, *Remembering Paradise, Nativism and Nostalgia in Eighteenth-Century Japan*, Cambridge, Mass., and London, 1990.

Ogyu, Sorai, see *Nihon shisō taikei*, vol. 36.

Numata, Jirō, *Western Learning*, Tokyo, 1989.

Okada, Takehiko, 'Neo-Confucian Thinkers in the Nineteenth Century', in P. Nosco (ed.), *Confucianism and Tokugawa Culture*, pp. 215-250.

——, 'Practical Learning in the Chu Hsi School: Yamazaki Ansai and Kaibara Ekken', in *Principle and Practicality*, (eds.), W. T. de Bary and I. Bloom, New York, 1979, pp. 231-305.

——, *Zazen to Seiza*, Tokyo, 1972.

Ooms, Herman, *Charismatic Bureaucrat, A Political Biography of Matsudaira Sadanobu Tokugawa Ideology, 1758-1826*, Chicago and London, 1975.

——, 'Hakuseki's Reading of History', *MN*, 39: 3 (1984), pp. 333-350.

——, 'Neo-Confucianism and the Formation of Early Tokugawa Ideology: Contours of a Problem', in (ed.) P. Nosco, *Confucianism and Tokugawa Culture*, pp. 27-61.

——, *Tokugawa Ideology, Early Constructs, 1570-1680*, Princeton, 1985.

Ozawa, Eiichi, 'Juke no rekishi shiso' – ryūshigaku kara buke shiron e', in *Nihon shisō-shi kōza 5*, (Kinsei no shisō 2), Tokyo, 1975, pp. 87-94.

Passin, Herbert, 'Modernization and the Japanese Intellectual: Some comparative Observations', Marius B. Jansen, (ed.) *Changing Japanese Attitudes Toward Modernization*, pp. 447-487.

Petersen, Willard J., 'Another Look at Li óù', in *The Bulletin of Sung-Yüan Studies*, no. 18 (1986), pp. 13-31, Cornell University, 1986.

——, Fang I-chih: 'Western Learning and the "Investigation of Things"', in *The Unfolding of Neo-Confucianism*, (ed.) Wm. T. de Bary, New York and London, 1975, pp. 369-412.

——, 'Making Connections: Commentary on the Attached Verbalizations' of the Book of Changes', in *HJAS*, vol. 42: 1 (1982), pp. 67-116.

——, 'The Life of Ku Yen-wu (1613-1582)', in *HJAS*, vol. 29: 1 and vol. 30: 2 (1968 and 1969).

Piovesana, Gino K., 'Miura Baien, 1723-1789, and His Dialectic & Political Ideas', in *MN*, vol. XX, No. 4 (1965), pp. 389-443.

——, *Recent Japanese Philosophical Thought 1862-1996, A Survey*, London, 1997.

Pollack, David, *The Fracture og Meaning, Japan's Synthesis of China from the Eighth through the Eighteenth Centuries*, Princeton, 1986.

Popper, Karl R., *The Open Society and Its Enemies*, vol. 2, New York, 1962 (paperback edition).

Porkert, Manfred, *Theoretical Foundations of Chinese Medicine*, Cambridge, MIT Press, 1974, and in *HJAS*, vol. 51: 2 (1991). (Die theoretischen Grundlagen der chinesischen Medizin, Wiesbaden, 1973).

Principle and Practicality, Essays in Neo-Confucianism and Practical Learning, (eds.) Wm. T. de Bary and I. Bloom, New York, 1979.

Provine, W., 'Evolution and the Foundation of Ethics', in *MBL Science 3*, 1988.

Pye, Michael, Aufklärung and Religion in Europe and Japan, in *Religious Studies 9* (1973).

——, *Emerging from Meditation*, London, 1990.

——, Religion and Reason in the Japanese experience, in *King's Theological Review*, spring 1982.

——, 'Tominaga Nakamoto (1715-1746) and Religious Pluralism', in G. Daniels (ed.), *Europe Interprets Japan*, Tenterden (England), 1984, pp. 191-197.

Reasoner, Paul, 'Sincerity and Japanese Values,' in *Philosophy East and West*, 40, no. 4 (October, 1990), pp.471-488.

Rickett, W. Allyn, Guanzi, *Political, Economic, and Philosophical Essays from Early China, A Study and Translation by W. Allan Rickett*, vol. One and vol. Two, Princeton, 1985 and 1998.

——, *Kuan-tzu, A Repositary of Early Chinese Thought, A Translation and Study of Twelve Chapters*, Hong Kong, 1965.

Robinet, Isabelle, *Histoire du Taoïsme des origines au XIVe siècle*, tr. and adapted by Phyllis Brooks under the title *Taoism, Growth of a Religion*, Paris, 1992, and Stanford, 1997.

Roth, Harold David, 'Psychology and Self-Cultivation in Early Taoistic Thought', in *HJAS*, vol. 51: 2, pp. 599-652.

——, *The Textural History of the Huai-nan Tzu*, Ann Arbor, 1992.

Ronan, Colin A. and Needham J., *The Shorter Science & Civilization in China: I*, Cambridge and London, 1978.

Rubinger, Richard, *Private Academies of Tokugawa Japan*, Princeton, 1984.

Rüttermann, Markus, 'Die Schreibregularien (Shorei kuketsu) des Kaibara Ekiken. Übersetzung und Kommentar.Erster Teil', in *Japonica Humboldtiana, Jahrbuch der Mori-Ogai-Gedenkstätte Humboldt-Universität zu Berlin*, vol. 2 (1998), pp. 103-163.

Sagara, Tōru, 'Kinsei jukyō no tokushoku-sei (makoto) no rinri' in *Nihon shisō-shi kōza 4* (Kinsei no shisō 1), pp. 55-86 ('Kohaku-ha'), Tokyo, 1977.

——, *Kinsei Nihon ni ukeru jukyō undō no keifu*, Tokyo, 1955.

Sansom, George, *A History of Japan 1334-1615*, Stanford, 1964.

Schirokauer, Conrad, *A Brief History of Japanese Civilization*, Harcourt Brace College Publishers, Fort Worth, 1993.

Schurhammer, Georg, S. J., *Die Disputationen des P. Cosme de Torres mit den Buddhisten in Yamaguchi im Jahre 1551, nach den Briefen des P. Torres und dem Protokoll seines Dolmetschers Br. Juan Fernandez S. J.* ('Mitteilungen' der deutschen Gesellshaft für Natur- und Völkerkunde Ostasiens, vol. XXIV), Tokyo, 1929.

——, *Gesammelte Studien, Herausggeben zum 80. Geburtstag des Verfassers, III*, Xaveriana, Rom, 1964.

Schwartz, Benjamin I., *The World of Thought in Ancient China*, Cambridge, Mass., and London, 1985.

Shryock, J. K., *The Study of Human Abilities, The Jen wu chih of Liu Shao*, New Haven, 1937, reprint New York, 1966. (*American Oriental Series*, vol. 11, New Haven, 1937)

Shimada, Kenji, *Shushigaku to Yōmeigaku*, Tokyo, 2000.

Shively, Donald H., 'Tokugawa Tsunayoshi, the Genroku Shogun', in (eds.) A. M. Craig and D. H. Shively, *Personality in Japanese History*, pp. 85-126.

Sivin, Nathan, 'State, Cosmos, and Body in the Last Three Centuries B.C', in *MN* 55: 1 (1995), pp. 5-37.

Smith, D. Howard, *Chinese Religions*, London, 1968.

Smith, Thomas C., *Native Sources of Japanese Industrialization 1750-1920*, Berkeley, 1988.

——, 'Okura Nagatsune and The Technologists', in (eds.) A. M. Craig and D. H. Shively, *Personality in Japanese History*, pp. 127-154.

Smith, Warren W. Jr, *Confucianism in Modern Japan, A Study in Japanese Intellectual History*, Tokyo, 1973.

Solomon, Bernard S., '"One is No Number" in China and the West', in *HJAS*, vol. 17, pp. 253.260.

Sources of Chinese Tradition, vol. I, (eds.) Wm. Theodore de Bary, Wing-tsit Chan and Burton Watson et al., New York, 1960.

Sources of Japanese Tradition, (eds.) R. Tsunoda, Wm. T. de Bary and D. Keene, New York, 1958.

Spae, Joseph John, *Itō Jinsai. A Philosopher, Educator and Sinologist of the Tokugawa Period*, Peiping, 1948.

Stark, Rodney, *For the Glory of God*, Princeton and Oxford, 2003.

Steele, John, *The I-Li or Book of Etiquette and Ceremonial*, tr. from the Chinese, London, 1917.

Sugimoto, Masayoshi and Swain, David L., *Science & Culture in Traditional Japan*, Rutland and Tokyo, 1989 (Tuttle edition).

Sugita, Genpaku, *Dawn of Western Science in Japan, Rangaku Kotohajime*, tr. R. Matsumoto and E. Kiyooka, Tokyo, 1969.

Taira, Shigehide, 'Shintō shisō', in *Nihon shisō-shi kōza 4* (Kinsei no shisō 1), pp. 170-177.

TASJ = *Transactions of the Asiatic Society of Japan*.

Taylor, Rodney Leon, 'The Centered Self: Religious autobiography in the Neo-Confucian Tradition', in *History of Religion*, 17 (1977), Chicago, 1977, pp. 266-283.

——, 'Confucianism: Scripture and the Sage', in *The Holy Book in Comparative Perspective*, (eds.) Frederick M. Denny & Rodney L. Taylor, Univ. of South Carolina, 1985.

——, *The Confucian Way of Contemplation, Okada Takehiko and the Tradition of Quiet-Sitting*, South Carolina Press, 1988.

——, *The Cultivation of Sagehood as a Religious Goal in Neo-Confucianism, A. Study of Selected Writings of Kao P'an-lung*, Ann Arbor, 1978.

——, 'Neo-Confucianism, Sagehood and the Religious Dimension', in *Journal of Chinese Philosophy*, vol. 2, 1 (1974-1975), pp. 389-415.

——, *The Religious Dimensions of Confucianism*, Albany, N.Y., 1990.

——, 'The Sudden/gradual Paradigm and Neo-Confucian Mind-Cultivation', in *Philosophy East and West*, XXXIII, 1 (1983), Honolulu, 1983, pp. 17-34.

——, *The Way of Heaven*, Leiden, 1986.

The Cambridge History of Japan, Volume 4, Early Modern Japan, (ed.) J. W. Hall (1981), Cambridge, 1981.

The Kuan-tzu, a book written probably three centuries before Christ., tr. T'an Po-fu and Wen kung-wen, Carbpndale, Illinois, 1954.

Thompson, Kenneth F., Jr., *Whitehead's Philosophy of Religion*, The Hague, 1971.

Thornton, S. A., 'Yamaga Sokō' in *Great Thinkers of the Eastern World*, (ed.) I. P. McGreal, pp. 359-362.

Tillman, Hoyt Cleveland, 'Consciousness of T'ien in Chu Hsi's Thought,' in *HJAS*, vol. 47:1 (1987). pp. 31-50.

——, *The Idea and the Reality of the 'Thing' during the Sung: Philosophical Attitudes Toward WU*, Arizona State University, 1978.

—, *Utilitarian Confucianism, Ch'en Liang's Challenge to Chu Hsi*, Cambridge, Mass., and London, 1982.

Toby, Ronald P., 'Both a Borrower and a Lender Be', in *MN*, vol. 46, no. 4 (1991), pp. 483-512.

TASJ = *Transactions of the Asiatic Society of Japan*.

Totman, Conrad, *Early Modern Japan*, Berkeley, Los Angeles, London, 1993.

Tu, Wei-ming, *Confucian Thought: Selfhood as Creative Transformation*, New York, 1985.

——, 'Neo-Confucian Religiosity and Human-Relatedness', in *Confucian Thought: Selfhood as Creative Transformation*, (1985), pp. 131-148.

——, *Neo-Confucian Thought in Action, Wang Yang-ming's Youth (1472-1509)*, Berkeley and London, 1976.

——, 'Subjectivity in Liu-Tsung-chou's Philosophical Anthropology', in (ed.) D. J. Munro, *Individualism and Holism: Studies in Confucian and Taoist Values*, pp. 215-238.

——, 'Yen Yüan: From Inner Experience to Lived Concreteness', in (ed.) W. T. de Bary, *The Unfolding of Neo-Confucianism* (1975), pp. 511-541.

Tucker, John Allen, *Discerning the Meanings of the Sages' Concepts*, unpublished translation of Ogyū Sorai's Benmei.

——, *Itō Jinsai's Gomō jigi and the Philosophical definition of Early Modern Japan*, Leiden, Boston, Köln (Brill), 1998.

Tucker, Mary Evelyn, 'Kaibara Ekken', in I. P. McGreal, (ed.) *Great Thinkers of the Eastern World*, pp. 367-370.

——, *Moral and Spiritual Cultivation in Japanese Neo-Confucianism, The Life and Thought of Kaibara Ekken (1630-1714)*, New York, 1989.

Turnbull, Stephen R., *The Samurai: A Military History*, London, 1977.

Uenaka, Shuzo, Last Testament in Exile, Yamaga Sokō's Haisho Zampitsu, in *MN* 32, 2 (1977), pp. 125-150.

Ui, Hakuju, *Bukkyō jiten*, Tokyo, 1965.

Wach, Joachim, *The Comparative Study of Religions*, New York, 1958.

——, *Types of Religious Experience, Chrisitian and Non-Christian*, London, 1951.

Wachutka, Michael, *Arai Hakuseki*, unpublished seminar paper, University of Tübingen, 1997.

Waley, Arthur, *The Analects of Confucius*, New York, 1938.

——, *The Way and Its Power*, New York, 1958.

Wallacker, Benjamin E., *The Huai-nan-tzu, Book Eleven: Behavior, Culture, and the Cosmos*, New Haven, 1962.

Wang Pi, Commentary on the Lao Tzu, tr. by Ariane Rump in collaboration with Wing-tsit Chan, *Monographs of the Society for Asian and Comparative Philosophy*, No. 6, The University Press of Hawaii, 1979.

Watanabe, Hiroshi, 'Rituals of the Tokugawa Shogunate and Confucianism', in *Courtiers and Warriors, Comparative Historical Perspectives on Ruling Authority and Civilization*, International Research Center for Japanese Studies, Kyoto, 2003, pp. 167-174.

Watsuji, Tetsurō, *Rinrigaku*, *Ethics in Japan*, tr. by Yamamoto Seisaku and Robert E. Carter, New York, 1996.

Welch, Holmes and Seidel, Anna, *Facets of Taoism*, *Essays in Chinese Religion*, New Haven and London, 1979.

Whitehead, Alfred North, *Science and the Modern World*, Cambridge, 1925.

Wildman Sakai, Kate, 'The Naturaliszation of Confucianism in Tokugawa Japan: The Problem of Sinocentrism', in *HJAS*, vol. 40: 1, pp. 157-199.

Wilhelm, Richard, trans. *The Book of the Changes: The Richard Wilhelm Translation rendered into English by Cary F. Baynes*, Princeton, 1967.

Williamson, H. R., *Wang An Shih, a Chinese Statesman and Educationalist of the Sung Dynasty*, 2 vols., London, 1935.

Wittenborn, Allen, *Further Reflections on Things at Hand, A Reader Chu Hsi, Translation and Commentary by Allen Wittenborn*, Lanham, New York and London, 1991.

Wright, W. B., 'The Capture and Captivity of Père Giovanni Batista Sidotti in Japan from 1709 to 1715'. in the *TASJ*, vol. IX (1881), pp. 156-172.

Wyatt, Don J., 'Chu Hsi's Critique of Shao Yung: One Instance of the Stand Against Fatalism'. in *HJAS*, vol. 45.2 (1985) pp. 649-665.

Yamagata, Daini, Yanagi-shi shinron, in *Nihon no shisō*, vol. 17, pp. 343-428.

Yamamoto, Makoto, *Nakae Tōju no jugaku, sono keiseishiteki kenkyū*, Tokyo 1977.

Yamaori, Tetsuo, *Nihon no kokoro, Nihonjin no kokoro, NHK Rajio dai-ni hōsō*, no. 2, Tokyo 2004.

Yamashita, Samuel Hideo, 'The Early Life and Thought of Itō Jinsai', in

HJAS, pp.453-480.

——, *Master Sorai's Responsals, An Annotated Translation of Sorai sensei tōmonsho*, Honolulu, 1994.

——, 'Nature and Artifice in the Writings of Ogyū Sorai', in P. Nosco (ed.), *Confucianism and Tokugawa Culture*, pp. 138-165.

——, Reading the New Intellectual Histories, in *The Journal of Japanese Studies*, vol. 22, no. 1 (1996), pp. 1-48.

Yanagizawa, Minami, 'Miura Baien to sono shūhen', in *Nihon shisō-shi kōza 4* (Kinsei no shisō 1), pp. 86-106 ('Kohaku-ha'), Tokyo, 1977.

Yasunaga, Toshinobu, *Ando Shoeki, Social and Ecological Philosopher in Eighteenth-Century Japan*, New York, 1992.

Yoshida, Mitsukuni, 'The Chinese Concept of Nature', in (eds.) Shigeru Nakayama and Nathan Sivin, *Chinese Science, Explorations of an Ancient Tradition*, pp. 71-89.

Yoshikawa, Kōjirō, *Jinsai, Sorai, Norinaga, Three Classical Philologists of Mid-Tokugawa Japan*, Tokyo, 1983.

Yü, Ying-shih, 'O Soul, Come back!' A Study in the Changing Conceptions of the Soul and Afterlife in Pre-Buddhist China, in *HJAS*, vol. 47: 2 (1987), pp. 363-395.

Yukawa, Hideki, 'Modern Trend of Western Civilization and Cultural Peculiarities in Japan', in (ed.) C. A. Moore, *The Japanese Mind, Essentials of Japanese Philosophy and Culture*, Honolulu, 1967, pp. 52-65.

Zee, A., *Einstein's Universe, Gravity at Work and Play*, Oxford, 1989.

Zierer, Otto, *Ideen bewegten die Welt, Die Höhepunkte der Geistesgeschichte aus zwei Jahrtausenden*, Wien 1978.

GLOSSARY
（原文术语）

A

ai (awaremi)	sorrow
ai	love
ai jen	to love people
aku (nikumi)	hatred

B

banbutsu	all things
bu	warfare
bun	scholarship
bushidō	way of the warrior
butsu	things or affairs
butsuri	modern physics
butsuri-gaku	natural science

C

chang chih (jōchi)	ordinary knowledge
chen chih (shinchi)	real knowledge
cheng	fairness
ch'eng (sei)	inner sincerity
ch'eng (makoto, sei)	sincerity
ch'eng-i (seii)	sincere intention or will
ch'i ch'ing (shichijō)	seven emotions
chidō	Way of Earth
chih (chi)	arrive at or to reach
chih (chi)	wisdom
chih-hsing ho-i (chikō gōitsu)	unity of knowledge and action
chih-san (shizen)	highest good
ching (kei)	outer sincerity
ching (sei)	stillness
ching-tso (seiza)	quiet sitting
chiri	earthly dust
chiri-gaku	geography

ch'iung-li	the pursuit or inquiry of ri
chū	loyalty
chung (chū)	equilibrium
ch'ün tzu (kunshi)	the superior man
chu-tsai (shusai)	lord

D

Dai-Nihon	Great Japan
denki	electricity
do	earth
dōgaku	Learning of the Way
dōitsu shinbutsu	oneness of spirit and material matter
dokuritsu	independent
dōri	truth

F

fūfu	husband and wife
fukoku	rich country
fukoku kyōhei	a rich country and a strong army

G

genki	the primal ki
giri	duty or ethical performance
gogyū	Five Elements
gojō	Five Constant Virtues
gorin	the five relations
gōsō	will
gu	receptacle

H

hakugaku	wide learning
hankan-gōitsu	oneness of opposite aspects or synthesis of contraries
hao-jan chih ch'i (kōzen no ki)	flood-like ki
hen no ri	changing ri
ho (wa)	harmony
honmatsu	root and branches
hsin (shin)	trustworthiness
hsing (sei)	human nature

hsing-erh-hsia (keijika)	impure ki world below forms
hsing-erh-shang (keijijō)	pure ri world above forms
hsing-p'o (keihaku)	form soul
hsin-hseh (shingaku)	learning of the mind
Hsüan (Gen)	Primal Origin
hun (kon)	soul at macrocosmic level
hun-tun (konton)	pre-existing undifferentiated chaos
hun ch'i (konki)	spiritual soul

I

i (gi)	righteousness
ichi-genki	One Primordial Energy
I Ching (Ekikyō)	The Book of Changes
i-fa (ihatsu)	manifest activity
iki	respiration
ikiru	to live
ikki	one ki
ikki-konten	one-ki chaos
ikki no shintai	advance and retreat of the one ki

J

jashū	evil creed
jen (jin)	goodness or benevolence
jen-ho (jinwa)	essential harmony among men
jiki	magnetism
jinsei	good government
jinshinron	godliness in man
jinyoku	selfish desires
jitsugaku	useful learning
jōge bunken	distinctions between high and low
jōki	steam
jōri	lines and veins
jubutsu itchi	Confucian-Buddhist syncretism
juka-shintō	Confucian-Shinto syncretism

K

ka	fire
kaikoku	open the country
kakubutsu-kyūri	the study of and pursuit of things in ri
kami	spirit

kanbun	Chinese composition
kanri	administration
katachi	physical form
katsubutsu	living thing
kei	reverence
keiten-aijin	love of people
kenkyō	forced interpretations
ki	energy-matter
ki (yorokobi)	pleasure
kiatsu	atmospheric pressure
kin	metal
kisetsu	bravery, loyalty and integrity
kishin	ghosts and spirits
kishitsu	character or disposition
kishitsu no sei	earthly nature
kisho	weather conditions
ko (kaku)	arrive at
kō	filial piety
k'o (kyaku)	guests
kochū	ancient commentaries
kōkiatsu	high air pressure
kokoro	mind-and-heart
kokutai	national essence
koshiraegoto	selfish fabrications
kōshō	philological or evidential research
kotowari	truth
ko-wu-chih-chih (kakubutsu-chichi)	to investigate things and attain wisdom
ku	fear
kuei (ki or oni)	spiritual
kusare jusha	rotten Confucians
kyōgen	frauds and cheats
kyōhei	strong army
kyokei	abiding in reverence
kyomu	empty nothingness
kyūri	investigation of li (ri)

L

lei (rui)	class or category
li (rei)	rites or ritual or propriety
li (ri)	principle

liang chih (ryōchi)	innate good knowledge
li-yüeh-hsing-cheng (rei-gaku-kei-sei)	rites, music, penal law and government

M

makato no michi	Way of truth
meitoku	bright (illustrious) or heavenly virtue
mizunomi	water-drinking, poor
moku	wood
mushi-mushū	without beginning, without end
mushin-mubutsu	without gods, without buddhas
myōgō	wondrous amalgam

N

nichigaku	a Three-Creeds-in-One School
niki	two ki
ninjō	human feelings
nu (ikari)	anger

P

p'o (haku)	soul at microcosmic level
p'o ch i (hakki)	sentient soul

R

rei	rites
reigi-hatto	law and order
reihō	inborn jewel
ri	principle
ri	profit
ri-ka	science
rō	narrow and vulgar

S

sakui	invention or creation
san-chiao (sankyō)	three teachings
san-kang (sankō)	Three Bonds
sei	nature
seido	established system

seiri	principle of life
sei-sei	growth of life
seiza	quiet sitting
sei zen nari	nature is good
shen (shin or kami)	divine
sheng-sheng (sei-sei)	generation and regeneration
shih-wu (shibutsu)	external objects and affairs
shiji	dead words
shinjubutsu-itchi	Shinto-Confucian-Buddhist eclectic syncretism
shinki ki	advances or holy ki
shinri-gaku	psychology
shizen	nature
shori	management
shōtenchi	microcosm of Heaven and Earth
shugyō-roku	religious record
shujin	Lord
shūri	repair
sodoku	heart
ssu tuan (shitan)	Four Beginnings of virtue
sui	water
suijōki	vapour

T

tai	body
t'ai-chi (tai-kyoku)	Great Ultimate
T'ai-chi-tu (Taikyoku-zu)	Diagram of the Great Ultimate
taigi	great duty
t'ai ho (taiwa)	great harmony
t'ai hsü (takyo)	Great Vacuity
t'ai-i (taiitsu)	the Great One
taiki	ki retreats
taikyoku	the Great One or the Great Ultimate
taiwatai	question and answer style
tao (dō)	way
tao-hsin (dōshin)	moral mind
tao-li (dōri)	the Way-Principle
Tao Te Ching (Dōtokukyō)	The Book of the Way
tatami	straw mat
teikiatsu	low air pressure
tencho no dōri	Way of Heaven and Earth

tendō	Way of Heaven
tenjin-gōitsu	union of Heaven and man
tenka no ri	ri of the world
ten no chōri	grace of Heaven
tenshu	heavenly lord
t'ien (ten)	Heaven
t'ien ch'i (tenki)	heavenly ki
t'ien chih hsing (ten no sei)	Heaven's nature
tien-ming (tenmei)	Mandate of Heaven
t'ien-tao-ch'i (ten-dō-ki)	vital energy matter
t'ien ti (tentei)	Celestial Lord
ting ti (teitai)	fixed specificity
toki-tokoro-kurai	time, place and circumstance
tōyō dōtoku, seyō gijutsu	Eastern morality, Western technology
tsune no ri	constant ri
tuan (tan)	the mass of seeds
tung (dō)	movement

W

wan wu (banbutsu)	myriad things
wei-fa (mihatsu)	unmanifest stillness
wu	nothingness
wu-chi (mukyoku)	Unlimited or Limitless
wu-wei (mui)	nonbeing

Y

yōgaku	Western studies
yoku	desire

Z

tso-ch an (zazen)	sitting meditation

INDEX
(原文索引)

译后记

丹麦哥本哈根大学教授奥洛夫·李丁，1926 年出生于瑞典，师从瑞典著名汉学家和文字学家高本汉，1951 和 1955 年分别于乌普萨拉大学和斯德哥尔摩大学获得学士学位，1963 年和 1967 年于加利福尼亚大学伯克利分校获得硕士学位和博士学位。他的研究领域主要包括：东亚研究、中国哲学、日本文化思想史、跨文化研究等。李丁教授深受中国哲学思想熏陶，热爱中国文化，如今虽已 87 岁高龄，依然笔耕不辍，潜心治学，令人钦佩。

初次尝试哲学著作翻译，有幸成为《从道教到爱因斯坦》的译者，最大的谢忱要献给我的导师张喜华教授。在我读研之初，张喜华教授就向我推荐这部中国哲学著作，为我开启学术之门，也使我与李丁教授和本书结下善缘。在翻译过程中，她总是从繁忙的教学、科研和管理工作中抽出时间不厌其烦地为我解惑，时刻鼓励我这个新手迎难而上，张喜华教授严谨踏实的治学精神和学术作风引导我踏上学术之路。

自 2010 年秋季开始，我着手翻译本书，期间通过电子邮件与作者李丁教授一直保持密切联系。面对我的来信，老先生总是及时回复，解难答疑，字里行间所透露的谦和与坦诚让我深受鼓舞，不断前行。2012 年春季，通过北京第二外国语学院应用英语学院与哥本哈根大学跨文化研究系的合作项目，我赴哥本哈根大学跨文化研究系交流学习，终于有幸与李丁教授见面。老先生虽已耄耋之年，但还算健朗，每周与我相约在中央火车站的 Ritazza 咖啡馆探讨中西哲学。在哥本哈根的那段日子里，李丁教授总是以无限的耐心为我阐释《从道教到爱因斯坦》中的哲学思想，探寻中西文化共生互助之道。2012 年 8 月回国后，我开始校对工作，一年后译文终于尘埃落定。

《从道教到爱因斯坦》将道家文化中"对立统一"的哲学思想与著名的爱因斯坦相对论相结合，认为两者虽然时隔数千年之久，但有异曲同工之妙，即任何于事物都不可能独立存在，万物相融相生、相辅相成。李丁教授惊叹于中国传统文化中蕴藏的深远智慧，提出中西异质文化互补互助的必要性和可行性，表达两者共存交融的美好愿景。在阅读和翻译本书时，我不时感叹李丁教授对中国传统文化理解之透彻、研究之深刻。读他的文字，如同在与一位睿智谦和的长者对话，让心灵回归平静，对中西文化交流的未来充满信心。

在翻译过程中，我遇到的难点比比皆是。首先是寻找与英文对应一致的中国哲学语录。即使我有中国传统文化的背景和知识储备，这于我而言仍非易事。我必须真正理解英文原文，把握其中深意，才能确保中国哲学语录对应无误。其次，我面临的最大挑战来自于本书第二章"日本江户时代儒学家"。由于我对中国儒学在日传播了解甚少，大量的陌生信息让我在翻译此章时倍感压力。尤其是文中频频出现的日文词句更是增加了翻译难度。在此我要感谢本科时期的同窗好友周馨，在翻译以及校稿过程中，她以扎实的日语和极大的耐心为我解释日文信息，纠正翻译错误。

此外，我还要衷心感谢上海社会科学院思想文化研究中心马驰教授在耐心阅读译稿后给予我的肯定和鼓励，良师的教导与帮助是我在学术道路上不断前行的动力。

翻译是一个求真的过程。在这个漫长艰辛的翻译过程中，我收获颇丰，不仅深入理解了中西文化之间的共性和差异，而且深刻把握了中国哲学传统的内涵，这为我今后从事中西跨文化研究奠定了必不可少的哲学基础。

然而，译事不易。无论是在语言表述还是思想内容方面，本书翻译于我而言是一次巨大挑战和大胆尝试。为忠实传达原作内容，我字斟句酌，查阅了大量古文文献。但囿于学识和水平，不足之处仍难避免。倘有错漏，烦请读者和方家批评指正，感激不尽。

在今天的全球化时代，异质文化的交流与融合是人类文化发展的必然趋势。文化之间只有通过对话和交流，理解和借鉴才能推动多元文化的发展，实现美美与共的美好愿景。《从道教到爱因斯坦》不仅为西方读者打开了认识中国传统文化的窗户，同时也为中国读者提供了深入把握传统文化内涵的契机，有助于增强中国读者的文化自信和文化自觉。李丁教授在本书中所展现的对中国传统文化的认同揭露这样一个事实：全球化语境下的中国传统文化并非是一种渐逝的文化传统，相反它逐渐成为失望于西方文明的一代求索者匡正时弊的思想武器，精神力量和文化观照。本书打破了非此即彼的二分意识，展现了中西文化互识、互补、互鉴的美好前景，是一部值得一读的跨文化著作。

张 文

2013 年重阳节于浙江湖州